SUMMARY OF DESIGN AND MANAGEMENT OF TERMINAL OIL AND GAS RECOVERY AND TREATMENT FACILITIES

码头油气回收处理设施设计与管理概要

邱春霞 何正榜 黄山倩 等 著

人民交通出版社

北京

内 容 提 要

本书共6章,内容包括油船油码头油气回收处理设施涉及的船岸基本概念与结构组成、油品装卸与运输环节油气排放量测算方法与油气组分检测分析、国内外码头油气回收处理设施技术发展与建设案例、码头油气回收处理设施设计要点与案例、码头油气回收处理设施建设与监管要求,以及老旧码头油气回收处理设施改造难点与建议等。

本书可供油船油码头油气回收设施设计、建设、使用及管理相关人员借鉴使用。

图书在版编目(CIP)数据

码头油气回收处理设施设计与管理概要/邱春霞等著. —北京:人民交通出版社股份有限公司,2024.11
ISBN 978-7-114-19715-4

Ⅰ.U656.1

中国国家版本馆 CIP 数据核字第 2024C0E112 号

Matou Youqi Huishou Chuli Sheshi Sheji yu Guanli Gaiyao

书　　名:	码头油气回收处理设施设计与管理概要
著 作 者:	邱春霞　何正榜　黄山倩　等
责任编辑:	姚　旭
责任校对:	赵媛媛　卢　弦
责任印制:	刘高彤
出版发行:	人民交通出版社
地　　址:	(100011)北京市朝阳区安定门外外馆斜街3号
网　　址:	http://www.ccpcl.com.cn
销售电话:	(010)85285857
总 经 销:	人民交通出版社发行部
经　　销:	各地新华书店
印　　刷:	北京市密东印刷有限公司
开　　本:	787×1092　1/16
印　　张:	14.5
字　　数:	340 千
版　　次:	2024年11月　第1版
印　　次:	2024年11月　第1次印刷
书　　号:	ISBN 978-7-114-19715-4
定　　价:	78.00元

(有印刷、装订质量问题的图书,由本社负责调换)

前言
PREFACE

  油码头油品装船挥发产生的VOCs(化学名为"挥发性有机物",水路运输领域一般称"油气")是形成臭氧的重要前体物,VOCs治理已经成为国家"十四五"生态环境约束性指标之一。据现有研究成果,我国油品储运销领域的VOCs年排放量约150万t,VOCs是仅次于工业涂装、石化、化工、机动车领域的第五大排放源。其中,原油成品油码头、油船年油气排放量约90万t,占油品储运销VOCs年排放总量的60%,是《中华人民共和国大气污染防治法》《中共中央 国务院关于深入打好污染防治攻坚战的意见》等提出的大气污染防治重点领域。

  近十年来,国家相继出台了多部推动油码头油船油气治理的标准,尤其是2020年发布的两项强制性排放标准《储油库大气污染物排放标准》(GB 20950—2020)、《油品运输大气污染物排放标准》(GB 20951—2020),提出了油码头油船油气治理的具体时限与排放限值等要求,包括现有相关油码头油船的油气治理设施建设期限为2024年1月1日前。在技术标准方面,国家及行业相继发布了《油气回收处理设施技术标准》(GB/T 50759—2022)、《码头油气回收船岸安全装置》(JT/T 1333—2020)、《船舶油气回收安全技术要求》(JT/T 1346—2020)和《码头油气回收处理设施建设技术规范》(JTS/T 196—12—2023)等,并于2022年修改了《国内航行海船法定检验技术规则》,提出油船油气回收处理配套设施要求,至此油码头油船油气治理工作已经具备了基本的政策和标准依据。据作者调研统计的全国码头油气治理设施建设与运行情况,截至2023年底,全国万吨级及以上装船油码头泊位约290个,已建油气回收处理设施的泊位数约280个,油气治理设施约150套。"十四五"期是国内油码头油船油气治理设施建设和改造的高峰期,2024年后油气回收处理设施将大规模运行使用。

  作者总结近十年开展的多项油码头油船油气回收治理相关科研项目,结合国内外码头油气回收处理设施建设与运行使用案例,从码头油气回收处理工作涉及的船岸基本概念、原油及成品油 VOCs 组分检测、码头油气回收处理设施设计要点、设施建设与管理要求等方面编写了本书,希望本书能为开展油船油码头油气回收设施设计、建设、使用及管理工作的相关人员提供参考。

在本书的编写和出版过程中,高洁、余扬天、张怀国、王德荣、叶成文等人对本书给予了大力支持,对此,作者表示衷心的感谢。

作　者

2024 年 5 月

目录 CONTENTS

1 概述 1
  1.1 油气化工码头基本概念与组成 2
  1.2 靠泊船型与结构 4
  1.3 油气化工码头装卸船作业流程 11
  1.4 挥发性有机物的产生及危害 13
2 油气化工码头挥发性有机物排放及减排 17
  2.1 装船挥发性有机物排放机理 18
  2.2 典型油品挥发性有机物组分测试分析 23
  2.3 油品运输环节挥发性有机物排放量测算 30
3 国内外码头油气回收处理设施发展现状 37
  3.1 油码头油船油气排放现状 38
  3.2 国内外油码头油船油气治理要求 39
  3.3 国内外码头油气回收处理设施发展现状 43
  3.4 国内码头油气回收处理设施典型工程案例 46
4 码头油气回收处理设施设计要点 53
  4.1 码头油气回收处理设施设计概述 54
  4.2 码头油气回收货种 63
  4.3 码头油气回收处理规模 69
  4.4 码头 VOCs 排放标准的执行 77
  4.5 回收处理工艺选取 84
  4.6 油气回收处理设施平面布置 105
  4.7 油气回收安全系统 110
5 码头油气回收处理设施建设与监管要求 115
  5.1 项目建设审批要求 116
  5.2 项目建设验收要求 121
  5.3 项目运营和监管要求 128

5.4 参建各方责任和义务 ·· 136
　　5.5 油气回收物处置要求 ·· 143
6 老旧码头油气回收处理设施改造 ·· 149
　　6.1 国内已建油气化工码头现状 ·· 150
　　6.2 老旧码头改造难点 ·· 150
　　6.3 措施与建议 ·· 151
附录 部分原油、成品油的 VOCs 组分谱库 ······································ 153
参考文献 ·· 223

1

概述

1.1 油气化工码头基本概念与组成

1.1.1 油气化工码头概述

水路运输是国际交流交往和货物贸易中起源最早、历史最为悠久的一种运输方式，主要以船舶作为运输工具、以港口码头作为运输终端，活动范围主要涉及江、河、湖、海等水域。随着经济全球化的推进和世界贸易需求的不断发展，水路运输作为国际贸易的重要组成部分，也得到了快速的发展。目前，水路运输已经成为许多国家和地区在贸易和交往过程中的桥梁和纽带，在经济全球化发展中发挥着基础性和支撑性作用。

2013年，我国先后提出建设"丝绸之路经济带"和"21世纪海上丝绸之路"的"一带一路"合作倡议，水路运输作为"21世纪海上丝绸之路"沿线国家共同发展的纽带，对于促进共建国家和地区在更大范围、更高水平和更深层级的领域开展国际合作起到了积极作用。到2023年，经过十年的发展，我国已经与150多个国家和30多个国际组织签署了约200份共同建设"一带一路"的合作文件，"一带一路"合作倡议已经取得了丰硕的成果。随着越来越多的国家和地区的加入，"一带一路"合作倡议的未来发展前景会更加广阔。

由于全球能源的产地及消费地分布不均衡，也促进了能源的全球贸易和跨境运输。而在所有能源运输方式中，水路运输由于船舶装载量大、航运成本低，使之成为最为经济和高效的运输方式之一，"一带一路"的建设在保障能源国际跨境运输和扩大能源运输效率方面也起到了非常重要的作用。据统计，2022年全球原油水路运输量约为19.53亿t，全球万吨级以上的油船数量共计5574艘，其总载重量为6.34亿载重吨。我国作为世界上第二大石油进口国，其石油和天然气对外依存度已经分别超过了70%和40%，其中超过80%的原油和90%的液化天然气都是通过水路运输完成的，能源水路运输安全也成为影响我国国家安全的重要因素。

随着全球工业化进程的高速发展，石油化工行业的发展也日益迅速，石油化工行业的大量原材料和产成品的运输也主要通过水路完成。而石油化工行业原材料和产成品的水路运输往往需要建设大量的装卸终端，这些石油和化工品装卸终端就是油气化工码头。伴随着我国水路运输行业的发展和完善，油气化工码头建设规模和数量也都有了突飞猛进的发展。

20世纪90年代之前，我国石油进口量较少，仅有国内石油运输需求，其码头建设规模也都较小，一般以靠泊3万~5万吨级油船为主。随着我国国民经济和石油化工行业的发展，特别是从1993年我国成为石油净进口国之后，油气化工码头的建设掀起了高潮。目前，我国建设的30万吨级油品泊位已经超过40座，其中有些泊位可以最大可靠泊45万t巨型油船。

1.1.2 油气化工码头类型

根据装卸物料种类的不同,油气化工码头可以分为原油码头、成品油码头、化学品码头、液化天然气(Liquefied Natural Gas,LNG)码头和液化烃码头等。其中,原油码头是指装卸原油的码头,由于我国原油目前主要以进口为主,且原油来源国主要为中东、非洲和南美洲等地,单票货物运量大、航程远,故我国原油码头通常都是建设专业化泊位,且泊位吨级以25万~30万吨级为主。

成品油码头是指装卸汽油、柴油和煤油等成品油的码头,我国成品油水路运输主要以国内沿海短途运输为主,泊位吨级主要以1万~5万吨级为主;对于从事外贸油品运输的码头,其泊位吨级可以达到5万~10万吨级。

化学品码头是指用于装卸液体化学品,如液体酸类、碱类、醇类、酮类、苯类等化学品的码头,泊位吨级主要以0.5万~3万吨级为主;对于部分从事外贸化学品运输的码头,其泊位吨级可以达到5万~10万吨级。

LNG码头是指用于装卸LNG的码头,由于我国LNG目前主要以进口为主,且LNG来源地主要为大洋洲、中东和东南亚等,单票货物运量大,故和原油码头一样,通常也都是建设专业化泊位,主要以8万~26.6万m^3的LNG运输船为主,其泊位吨级以15万吨级为主。

液化烃码头是指用于装卸液化丙烷、丁烷、丁二烯等液化烃的码头,其运输方式包括全压力式、全冷冻式和半加压半冷冻式,泊位吨级以3万~5万吨级为主。

但在实际建设和运营过程中,为节约港口岸线,也有很多在2000年之前建设的码头,存在油品、化工品和液化烃等货类共用一个码头进行装卸作业的情况。

根据码头平面布置的不同,油气化工码头可以分为顺岸式码头、突堤式码头、连片式码头、引桥式码头等。其中,顺岸式码头是指码头前沿线与岸线平行或基本平行的码头,该类型码头适用于岸边水深较大,不需要大量疏浚的水域,但由于是平行于岸线,对岸线资源占用较多。突堤式码头是指码头前沿线与岸线成直角或斜角伸入水域的码头,通常自陆域伸出的突堤两侧会同时设置泊位,该类型码头适用于岸线资源紧张的水域,但突堤伸出的长度会较大(至少需要满足油船长度要求),工程投资较顺岸式码头大。连片式码头是指码头前沿结构与后方陆域连接成一体的码头,该类型码头可以直接利用陆域作为码头平台。引桥式码头是指码头前沿装卸平台,通过引桥或引堤与后方岸线连接的码头,该码头适用于岸线附近水深不满足设计船型靠泊要求的水域,需要建设引桥或引堤将靠泊区域延伸到水深较深的水域,其优点是减少了水域的疏浚工程量,但需要建设引桥或引堤。该码头适用于大型船舶的靠泊作业,如运油船和LNG船等。

根据码头结构形式的不同,油气化工码头可以分为重力式码头、高桩码头、浮码头、单点或多点系泊码头。重力式码头是指利用码头结构自身的重量来抵抗水工结构的倾覆和滑动,重力式码头下部通常采用混凝土沉箱作为码头平台支撑结构,沉箱直接坐落在海底基床上。重力式码头的优点是结构坚固耐久,可承受较大码头荷载,抵抗船舶水平荷载能力高。高桩码头是指利用打入地层一定深度的钢管桩或混凝土桩,将码头上部荷载传至地层中。高桩码头适合于任何可以打桩的地质,特别是适合软基。由于为透空结构,消浪性能好,可以改善码头泊稳条件;施工过程不需要大型起重船舶作业;节省砂石料,对缺乏砂石料来源的地区尤为经济。浮码头是指由趸船、锚系设施、引桥及护岸等部分组成,浮码头的趸船可以随水位的涨潮和落潮而自动升降,从而确保码头面和水面之间的距离维持不变。浮码头适合于水位变化较大的港口,在内河中应用较多。单点或多点系泊码头是指在海上设置浮筒或塔架等供油船系泊并进行装卸作业的设施。根据船舶固定方式,可分为单点系泊码头、多点系泊码头。该类型码头需要通过海底管线将油品输送至陆域储罐,由于将码头由岸边移至海上,不占用岸线,故适合于没有深水岸线但拥有广阔水域的沿海港口;码头投资少,建设周期短。缺点是海上溢油风险高,救援难度大;输油效率慢,海底管线投资高。

1.1.3 油气化工码头组成

油气化工码头主要是用于油品和化学品等液体物料的装卸船作业,其码头设施的组成主要是围绕船舶的靠离泊和物料装卸作业进行基本需求的配置,并从生产作业的安全、环保、应急处置、人员防护以及设备操作的便利性和自动化水平等方面进行补充和完善。

因此,油气化工码头根据其靠泊船型和装卸物料的需要,通常包括系靠泊设施、工艺设备、消防设备以及配套的公用工程设备等。系靠泊设施主要包括码头装卸平台、靠船和系缆墩台、脱缆钩和系船柱、护舷、导助航设备等,主要用于船舶的靠离泊和系缆。工艺设备主要包括装卸臂、软管、机泵、管道、阀门和仪表等,主要用于油品和化学品的装卸作业,并根据工艺流程和装卸物料性质的不同,配备不同材质、规格和压力等级的工艺设备。消防设备包括消防水泵、泡沫泵、消防炮、冷却水幕、灭火器等,主要用于码头及靠泊船舶发生火灾时进行紧急灭火救援。配套的公用工程设备主要包括供电照明设施、控制通信设施、安全环保和职业卫生设施等,其中供电照明设施和控制通信设施主要用于码头装卸作业过程中的各种设备的供电和控制,以及在装卸生产作业过程中的码头、船舶和罐区的通信、联锁控制等。安全、环保和职业卫生设施主要用于码头装卸作业过程中的安全防护、废水和废气的收集处置、海上溢油监测和海上油污应急处置、作业人员的健康防护等。当前,5万吨级及以上的油气化工泊位都配置有海面溢油监测报警系统;所有码头都会配置海上防污染设备设施和应急处置设备,如围油栏、围油栏拖船、污油回收船、海上污染处置应急设备设施库等,应急库内存有吸油毡、溢油分散剂、收油机等设备。

1.2 靠泊船型与结构

1.2.1 码头靠泊船型分类

根据装卸物料属性的不同,油气化工码头的靠泊船型主要分为油船、化学品船和液化气船。由于油品和化学品的危险属性,上述船舶发生事故造成的危害和损失会远大于其他普通货船,对海洋环境造成的破坏和损失也更大。相比普通货船,这些船舶自身会有更多的安全措施,例如货舱双壳双底结构、限制货舱单舱容积、惰性气体保护、货舱溢流检测和消防系统等,并且要求在发生船舶事故后应能立即采取防止火灾、爆炸事故和减少泄漏等应急处置措施。

1) 油船

油船根据其船舶尺度可分为 ULCC(巨型)油船、VLCC(超大型)油船、Suezmax(苏伊士型)油船、Aframax(阿芙拉型)油船、Panamax(巴拿马型)油船和 Handysize(灵便型)油船。

ULCC 油船是指载重量在 30 万 t 以上的油船,其船长约 380m,满载吃水可达 24.5m,由于船长和吃水都较大,对港口航道和码头条件要求也较高。受港口条件的限制,全球能够靠泊巨型油船的港口非常少,目前实际投入航运的巨型油船仅为 4 艘。

VLCC 油船是指载重量在 25 万~30 万 t 之间的油船,其船长约 334m,满载吃水可达 22.5m,总舱容约 200 万桶❶,目前全球约有 800 艘 VLCC 油船。该类船型目前是全球原油航运的主力船型,其主要航线自中东地区的波斯湾到西欧、北欧地区、北美地区和东亚地区等。其中,从波斯湾到东亚地区的油船,通常会受马六甲海峡的航道水深限制,其通航吃水通常需要控制在 20.5m;从北非到西欧、北欧的油船受直布罗陀海峡的下限值,其通航吃水为 19.5~19.7m。除航行马六甲海峡和直布罗陀海峡外 VLCC 油船,其吃水可不受控制,基本上可满载航行。

Suezmax 油船是指以苏伊士运河的航道条件为上限的油船,其载重量为 12 万~16 万 t,船长约 274m,满载吃水可达 17.3m,总舱容约 100 万桶,目前全球约有 700 艘 Suezmax 油船。该类船型的主要航线自西非、北非、波斯湾、黑海到欧洲和北美等地区。

Aframax 油船又称"运费经济型"油船,其名称最早来源于平均运费指数(Average Freight Rate Assessment,AFRA),可以靠泊北美地区大部分港口,并具有最佳的经济性。Aframax 油船载重量一般为 8 万~10 万 t,其船长约 240m,满载吃水可达 15m 左右,该类船型目前主要作为成品油运输的主力船型。

Panamax 油船是指以巴拿马运河的航道条件为上限的油船。该类船型的船宽和吃水受到巴拿马运河船闸闸室的严格限制,允许通过的最大船宽为 32.3m,最大吃水为 12m,其载重量一般为 6 万~8 万 t。从经济性方面考虑,该类船型主要用于成品油的载运,其航线主要位于墨西哥湾和南美洲东海岸至美国西海岸、新加坡至东亚地区航线等。

Handysize 油船的载重量一般为 1 万~5 万 t,其特点是灵活性强、吃水浅、船长短、油舱数量多,对港口和航道的适应性较强,但一般不作为远洋运输。该类船型由于具有较高的灵活性,在航运市场上的需求较高。

2) 化学品船

化学品船是指运输液体化学品的船舶,通常在实际运营过程中,为了适应市场的需求,化学品船通过洗舱作业,也可以同时载运多种化学品或者油品。化学品船根据其运输功能的不同,可以分为专用化学品船、油化船和多功能化学品船。

专用化学品船是指载运特定化学品的船舶,如液态硫黄运输船、沥青运输船、棕榈油运

---

❶ 1 桶 ≈ 158.98L。

输船等。油化船是指既能载运油品,也能载运化学品的船舶,该类船型需要有完善的液货舱透气系统、加热系统、洗舱系统和污水系统等。多功能化学品船是指可以同时载运多种化学品的船舶,该类船型具有较多的货舱和独立的泵送系统,各货舱的化学品在运输和装卸过程中互不影响。

3)液化气船

液化气船是指运输的物料在常温常压下呈气态的船舶,其货物通常为运输温度在37.8℃时,蒸汽绝对压力超过0.28MPa的液化气体。其中,运输液化天然气的船舶称为LNG船,运输丙烷、丁烷、乙烯等液化气体的船舶称为液化石油气(Liquefied Petrol Gas,LPG)船。液化气船因液化气体的储存温度和压力的不同可以分为全压式液化气船、半冷半压式液化气船和全冷式液化气船。

全压式液化气船又称压力式液化气船,其货物在常温状态下运输,但货舱为压力容器,通过货舱的高压系统使货物维持液体状态。全压式液化气船一般用于运输常温丙烷和丁烷等货物,该类船型不需要货舱绝热设施和蒸发气(Boiled off Gas,BOG)再液化设施。由于受压力容器制造材料和制造工艺的限制,其单舱最大仓容为3000~3500m³,因此该类船型一般都为小型船舶。

半冷半压液化气船又称冷压式液化气船,货物运输状态可以根据不同货物的需要而控制其低温和高压状态,其温度范围通常为-104~-45℃,压力范围通常为0.3~2.0MPa。半冷半压液化气船一般用于运输液氨、乙烯、丙烯和丁二烯等液化气,目前冷压式液化气船总舱容一般不超过3万m³。

全冷式液化气船又称冷却式液化气船,货物以常压低温状态运输,其温度范围通常为-163~-45℃,压力范围通常为0.025~0.3MPa。该类船型一般需要设置货舱绝热设施和BOG再液化设施。

上述三种船舶中,由于液化气船在运输和装卸过程中,全程均为密闭状态,没有空气进入液货舱,其液货舱产生的气体均为单一的货物气体,通常会进行密闭循环或再液化处理。只有在超压情况下,才会通过货舱安全阀进行紧急排放。而油船和化学品船,其货舱都设置有透气系统,在液货舱超压时,会将部分气体从液货舱排出;但液货舱欠压时,大气环境中的空气会通过压力/真空阀进入液货舱,从而导致液货舱的货物气体含有氧气,达到爆炸极限时,会形成爆炸性混合气体。

1.2.2 船舶货物系统组成

根据载运货物的特点,油船和化学品船通常包括货舱、轮机舱、泵舱、燃油舱、压载舱和船舶管系等,其中船舶管系主要包括货油系统、惰气系统、透气系统、压载系统和消防系统等。

装船作业时,货物通过岸上的装船泵,经船舶中部的货物管汇接口,进入船舶甲板管系,然后进入各个货舱。为平衡货舱内的压力,从液货舱排出的油气通过船舶透气系统排入大气或接入岸上油气回收处理设施。

卸船作业时,利用船上泵舱内的货油泵,货舱内的货物经货舱管系、泵舱管系和甲板管系,到船舶中部的货物管汇接口输送至岸上工艺系统。卸船过程中,为平衡货舱内的压力,并且防止空气进入货舱,通常利用船舶惰气系统,向货舱内及时补充惰性气体。

因此,卸船作业过程中经过惰性气体惰化的液货舱,在下次装船时,从液货舱排出的油气,其主要成分为货物蒸汽、氮气或二氧化碳和氧气(含量≤8%)。

1.2.3 船舶惰性气体系统

油船和化学品船载运的货物通常都具有易燃、易爆特性,一旦与空气或氧气接触,碰到火花则会发生火灾爆炸事故。因此,在载运过程中,油船和化学品船需要采取相应的防火和灭火措施,相关措施应遵循"预防为主、防消结合"的理念。船舶在航行和装卸作业过程中,虽然采取了流速控制、静电消除、静止烟火、双壳防护等措施,但也难免会因静电、碰撞、触礁搁浅等,导致舱内出现火种的情况,从而引发火灾爆炸事故。随着安全防护技术的进步和安全管理要求的不断提高,现在的油船和化学品船在设计和操作过程中更趋向本质安全的要求,即通过控制液货舱内氧气气体的浓度,在液货舱内创造一个安全的油气工作环境。

《1974年国际海上人命安全公约》(简称"《SOLAS公约》")和《73/78国际防止船舶造成污染公约》(简称"《MARPOL公约》")中都明确要求:为了船舶航行安全,对于载重吨为20000t及以上的油船,当载运的原油或石油产品闪点不超过60℃时,需要设置惰性气体系统。惰性气体系统的作用就是通过在液货舱内注入氧含量极低的惰性气体,降低液货舱的氧气浓度,使舱内油气因没有足够的氧气而无法燃烧爆炸,人为地创造一种不可能发生着火爆炸的工作环境。

船舶惰性气体系统应具备的功能包括:降低各货舱内气体空间的含氧量,通过货舱惰化,使其达不到持续燃烧的条件;在港内停泊和海上航行的时候,保持货舱内气体空间的含氧量不超过8%,并保持正压;在正常作业时,确保空气不进入液货舱。

船舶常用的惰性气体主要包括氮气和二氧化碳,其来源主要有以下两种方式:一种是回收利用船舶锅炉废气来产生惰性气体;一种是通过专门惰性气体发生器来产生惰性气体。由于船舶锅炉排出的烟道气体量大,容易获得,相比于专门的惰气发生器而言,惰性气体的制造成本较低,其应用较为广泛,但烟道气存在固体颗粒物和硫化物等成分,需要采取相应的预处理措施,且烟道气体中的氧气含量控制难度较大,容易出现氧含量超标的情况。如果使用专用的惰性气体发生器,其氧含量容易控制在非常低的浓度,但需要耗费额外的燃料和惰性气体发生设备,惰性气体制造成本较高。

目前,大多大型的原油运输船采用回收利用船舶锅炉废气来产生惰性气体,对于一些对货物品质要求较高的船舶,通常采用专门的惰性气体发生器来产生惰性气体。船舶惰气系统主要包括洗涤塔、鼓风机、甲板水封等,洗涤塔主要用于对烟道气进行冷却、脱硫和除尘的功能。洗涤塔的冷却水系统应有足够的冷却水来满足惰气系统的供应,同时还应设置备用冷却水供水设施。鼓风机的输送能力应该与惰气系统的供气总量匹配,并确保输送系统的稳定性;鼓风压力应确保液货舱内的最大压力不超过该液货舱的试验压力,以确保液货舱的安全。甲板水封应在惰气供气结束后能自动形成,防止货油舱内可燃性气体逆流到洗涤塔和锅炉内的安全装置。

1.2.4 船舶油气回收系统

根据相关环保法规的要求,当油船在码头进行装卸作业时,液货舱内的油气不能随意排放,需要将装船过程中产生的油气收集起来,将其输送至岸上进行回收处理。国际海事组织已经制定了船舶油气收集装置和码头油气回收装置的设计、建造和操作的相关要求。船舶油气回收系统通常包括以下组成部分:

(1)油气收集管线:位于甲板上,连接各液货舱排气口,部分船舶会与船舶惰气系统共用管线。

(2)油气船岸连接总管(图1.2-1):位于甲板船中,与船舶中心的货物管汇连接口处于同一位置,通常在管路接口处标注一段1m长红—黄—红两种颜色(10cm—80cm—10cm)的标识,并在接口法兰上安装销钉(图1.2-2),以防止与货物管汇连接错误。图1.2-3所示为船岸连接变径接头。

图1.2-1 油气船岸连接总管
注:VAPOUR代表蒸汽。

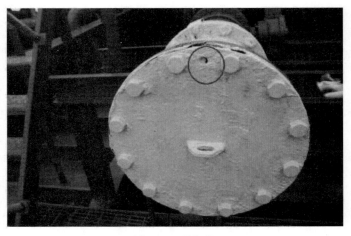

图1.2-2 销钉孔

图 1.2-3　船岸连接变径接头

（3）货油溢流保护装置：船上的每个液货舱均设置有高液位或高高液位报警系统以及溢流报警系统，并具有声光报警功能（图 1.2-4）。

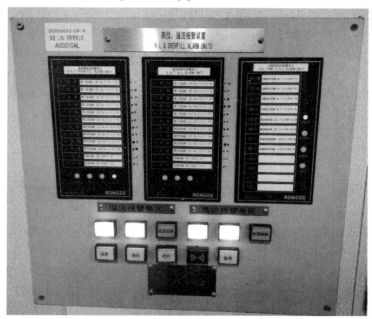

图 1.2-4　高位、溢流报警装置

（4）透气系统：在每个液货舱装有高速透气阀或压力/真空释放阀。图 1.2-5 所示为液货舱透气管。

（5）气体压力监测系统：用于监测惰气系统的供气压力，在控制室实时显示并进行报警控制，确保液货舱的压力安全。图 1.2-6 所示为液货舱监测系统显示界面。

（6）气体氧含量监测系统：用于监测惰性气体的氧含量情况，并在控制室实时显示并进行报警控制，确保所提供的惰性气体氧含量不超过 5%，以及各液货舱内的含氧量不超过 8%。图 1.2-7 所示为油气监测报警装置。

图 1.2-5　液货舱透气管

图 1.2-6　液货舱监测系统显示界面

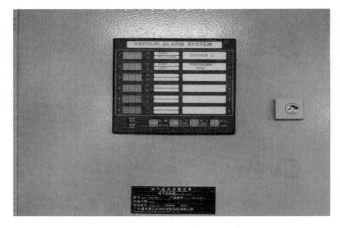

图 1.2-7　油气监测报警装置

1.3 油气化工码头装卸船作业流程

船舶作为油品和化学品的水上运载工具,因货物的来源和目的地的不同,其装船作业和卸船作业需要对不同的港口均具有较好的适应性,并具有完善的装船作业和卸船作业功能。

码头装卸工艺系统需要满足以下基本要求:

(1)应能适应不同船型在装卸效率、接管范围的差异化装卸作业需求;
(2)应能满足不同理化特性的货物在压力、温度、腐蚀性等方面的要求;
(3)应具有实现不同工艺流程相互切换的需求;
(4)应能实现安全、环保和操作便利的需求。

1.3.1 装船作业流程

装船作业(图1.3-1)就是将油品和化学品从陆域储罐装载至船舶液货舱的过程。在装船作业过程中,需要利用陆域库区的装船泵提供动力,将油品和化学品输送至船舶液货舱。当陆域储罐位置较高时,也可通过自流方式进行装船作业。装船作业流程通常如下:

陆域储罐→库区装船泵→陆域工艺管线→码头工艺管线→装卸臂/软管→船舶液货舱。

图1.3-1 油气化工码头装船作业

1.3.2 卸船作业流程

卸船作业(图1.3-2)就是将船舶液货舱内的油品和化学品卸载至陆域储罐的过程。在卸船作业时,应尽量利用船载泵的扬程将油品和化学品一次性输送至陆域最远储罐。当陆

域储罐较远时,也可设置中继泵,通过接力的方式,将油品和化学品输送至陆域储罐。卸船作业流程通常如下:

船舶液货舱→船载泵→装卸臂/软管→码头工艺管线→陆域工艺管线→陆域储罐。

图 1.3-2　油气化工码头卸船作业

1.3.3　吹扫流程

在油气化工码头装船或卸船作业结束之后,为便于船岸之间的脱离和货物计量,通常需要对码头前沿的装卸臂或者复合软管进行吹扫作业,以便将其残留的物料吹扫至船舶或者码头管道。

在吹扫过程中,其吹扫介质通常采用含氧量不超过5%的氮气,以避免吹扫过程中形成爆炸性混合气体而发生火灾爆炸事故。

1.3.4　清管流程

有些公共的油气化工码头,其装卸货种多达几十种,但码头空间有限,不可能做到每个货种单独设置一套管道系统,通常都是对于一些理化性质相近的货种采用共用装卸工艺系统的方式,只是在每次装卸作业结束之后,需要进行清管作业,以便下次装卸另外的货种。在清管过程中,通常采用码头和库区的收、发球筒或清管阀配合作业的方式,即在码头上,通过发球筒或者清管阀向库区发送清管器,在库区的收球筒或者清管阀接收码头的清管器,通过清管器在管道内的移动,将管道内的残留物料清空。也可以根据生产需要,采用从库区向码头发送清管器的方式进行清管作业。

另外,根据装卸船作业的功能需求,还会设置货物计量、自动化取样、保温伴热等设施,以满足不同港口、不同客户的使用需求。

1.4 挥发性有机物的产生及危害

1.4.1 挥发性有机物的产生

挥发性有机物(VOCs)是指是在常温下,沸点在 50~260℃之间的各种有机化合物。在我国,VOCs 是指常温下饱和蒸汽压大于 70Pa、常压下沸点在 260℃以下的有机化合物,或在 20℃条件下,蒸汽压大于或等于 10Pa 且具有挥发性的全部有机化合物。

按化学结构,VOCs 可分为烷烃(直链烷烃和环烷烃)、烯烃、炔烃、苯系物、醇类、醛类、醚类、酮类、酸类、酯类、卤代烃及其他,共 12 类物种。VOCs 的主要成分有烃类、卤代烃,包括苯系物、有机氯化物、氟利昂系列、有机酮、胺、醇、醚、酯、酸和石油烃化合物等。

挥发性有机物主要来源于化工和石油化工、制药、包装印刷、造纸、涂料装饰、表面防腐、交通运输、电镀、纺织等行业排放的废气,这些污染物的排放不仅造成资源的极大浪费,而且还会严重的污染环境。

1.4.2 挥发性有机物的危害

VOCs 是形成 PM2.5(细颗粒物)、臭氧等二次污染物的重要前体物,进而会引发雾霾、光化学烟雾等大气环境问题。随着我国工业化和城镇化进程的快速发展,以及化石能源消费量的持续增长,区域内 PM2.5 和臭氧等污染问题日益突出,部分区域空气重度污染天数日益增多,制约了我国社会经济的高质量和可持续发展,同时也危害着人们的身体健康。因此,为从根本上解决我国大气环境中的 PM2.5 和臭氧等污染问题,持续改善空气质量,国家正在积极推进其关键前体物 VOCs 的污染防治工作,包括摸排我国大气污染物的排放基数,建立健全大气污染防治法规标准,同时积极推广应用高效污染控制技术,并加强环境监管等。但由于我国工业体系庞杂,导致 VOCs 排放来源复杂,其排放的形式多种多样,涉及的物质种类也复杂多变,这对于建立我国 VOCs 污染防治体系的难度是可想而知的。因此,结合我国的国情实际,在各行业全面开展 VOCs 污染防治,既是一项任务艰巨复杂又是一项刻不容缓的任务。

根据相关检测结果,目前我们所涉及的 VOCs 大多数是有毒有害的,其中还有部分 VOCs 具有致癌性,如 VOCs 中的芳烃、多环芳烃、芳香胺、树脂化合物、醛和亚硝胺等有害物质,长期接触,会对人体有致癌作用;对于一些芳香胺、醛、卤代烷烃及其衍生物、氯乙烯等,还会有诱变作用。另外,绝大多数的 VOCs 都属于易燃易爆物质,容易引发火灾爆炸事故。VOCs 在阳光照射下,会与大气环境中的氮氧化物、碳氢化合物等发生光化学反应,从而形成光化学烟雾,危害人体健康和动植物的正常生长。

1.4.3 挥发性有机物的治理意义

1) 保护大气环境

我国作为全球第二大经济体,在经历了工业化和城市化快速发展进程之后,能源结构也发生了极大的变化,水电、风电、太阳能发电、生物质发电装机容量都位居世界第一,化石能源消费占比也从1990年的95%下降到2023年的83%,但化石能源消费量依然高企。在近三十年的时间里,人们向大气环境中排放的VOCs、氮氧化物、硫氧化物、PM2.5、臭氧等污染物也急剧增加,大气污染形势愈加严峻。

根据生态环境部发布的《2022年中国生态环境状况报告》,我国已经组织了339个地级及以上城市开展PM2.5和臭氧的协同监测。监测结果显示,全国环境空气质量稳中向好,地级及以上城市的PM2.5浓度为29μg/m³,比2021年下降3.3%。优良天数比例为86.5%,重度及以上污染天数比例为0.9%,比2021年下降了0.4%。随着PM2.5浓度的逐年下降,但臭氧浓度超标问题逐渐取代了PM2.5,成为影响我国城市空气质量改善的主要障碍。由于VOCs参与了大气环境中臭氧和二次气溶胶的形成,是PM2.5和臭氧污染的共同前提物,通过控制VOCs的排放,可实现对PM2.5、臭氧的协同控制,减少区域性大气中的PM2.5、臭氧污染。因此,减少VOCs的排放也成为降低PM2.5浓度、控制臭氧污染的主要途径,对于实现减污降碳协同增效、促进生态环境质量持续改善的目标具有重要意义。

目前,我国已经建成了世界级的港口群,港口规模和货物吞吐量稳居世界第一,繁忙的港口交通运输量也使港口成为大气污染的重灾区。根据我国港口装卸货物的属性,其大气污染物主要包括PM2.5、VOCs、氮氧化物、硫氧化物等,而对于专业化的油气化工码头,由于装卸货物大多属于挥发性液体介质,其特征污染物主要为VOCs。根据交通运输部发布的《2022年交通运输行业发展统计公报》,截至2022年末,全国港口万吨级及以上泊位数量为2751个,其中万吨级及以上原油泊位、成品油泊位和液体化工泊位数量共计535个。在油气化工码头装卸作业过程中,物料中的轻烃组分容易挥发至大气中形成VOCs,并参与大气环境中臭氧和二次气溶胶的形成,从而在空气中转化为臭氧和PM2.5,造成港口出现光化学烟雾、雾霾等大气污染问题。

随着我国水运事业的迅猛发展,在码头装卸作业过程中产生的VOCs排放量也在不断增加,港口大气污染形势也日趋严峻,对港口大气污染物的治理已迫在眉睫。通过收集船舶装载作业时的挥发出来的货物蒸汽,可以杜绝港口VOCs的无组织排放,减少港区大气污染,保护大气环境。

2) 资源回收利用

根据《世界能源统计年鉴2023》,2022年全球一次能源需求增长约1%,其增长趋势较2021年的5.5%有所放缓,但化石能源在全球能源消费结构中的比重达到了82%。

2022年全球原油总产量为46.18亿t,其中我国原油产量为2.05亿t,仅占全球原油产量的4.44%。但我国原油消费量为7.13亿t,其中原油进口量为5.08亿t,我国原油对外依存度达到了71%。随着我国炼油能力的不断增长,成品油产量也在持续走高,2022年我国成品油产量为3.66亿t,成品油消费量为3.41亿t。高耗能工业的快速发展,也进一步加剧了我国的能源紧张局面。因此,节约资源也成为我国的基本国策,国家实施节约与开发并举、把节约放在首位的能源发展战略。

2022年,我国原油及成品油的进口量为53473万t,成品油出口量为3991万t,上述外贸油品的运输主要是利用油船通过水路运输的方式进行,其水运运量占比约97%。同时,我国沿海和内河水域每年还有大量的内贸油品也在采用水路运输的方式。在水路运输船舶运力方面,截至2022年末,我国沿海省际化学品船数量共计287艘,139.9万载重吨,同比增加3艘、11.0万载重吨;2022年新增运力28艘,合计18.8万载重吨。我国沿海省际油船数量共计1194艘,1142.2万载重吨,同比减少30艘,但吨位增加了28.1万载重吨,吨位增幅达2.5%;2022年新增运力57艘、57.8万载重吨。

随着我国油品需求量和船舶运力的不断增长,港口油品装卸量也屡创新高。2022年,全国港口完成货物吞吐量156.8亿t,其中石油、天然气及制品的吞吐量为12.97亿t。在油船靠泊码头进行装卸作业过程中,当操作压力低于油品的饱和蒸汽压时,就会有大量的油气挥发到空气中,其油品的挥发速率也会受船舶装卸速率、环境温度、灌装方式等因素的影响。由于每年我国港口有大量油品的装卸作业,油品的挥发不仅会造成严重的环境污染,而且也是一种巨大的资源浪费。石油是不可再生资源,对油品装卸作业过程中产生的挥发性蒸汽进行回收处理,既可以减少货物的装卸损耗、节约资源,也可以保护我国港口的大气环境。

3) 安全职业卫生

随着我国油气资源的开发不断向深层和深水挺近,炼化装置能力、油气管道里程、油气储运设施规模等都在不断增大,我国石油化工产业的发展也达到了前所未有的高度,我国也跻身世界石油化工大国的行列。但石油化工行业安全生产和事故应急也面临了新的挑战,2022年,全国共发生化工事故127起、死亡143人,安全生产形势仍然复杂严峻。

为扎实做好安全生产、防灾减灾救灾等工作,积极推进应急管理体系和能力现代化,2021年12月30日,国务院制定了《"十四五"国家应急体系规划》(国发〔2021〕36号),提出了坚持"以人为本、预防为主、依法治理、精准治理"的基本原则,并将港口客运和危险货物运输作为安全生产治本攻坚重点之一。

油气化工码头装卸的货物通常都具有易燃易爆和有毒有害特性,港口企业在生产过程中,应加强油品和化学品的安全生产管理,在实现本质安全的基础上,还应做到标本兼治、统筹兼顾、精准施策,才能有效防范化解重大安全风险,预防和减少人员伤亡事故,保障人民群众的生命财产安全。

由于VOCs属于易燃易爆物质,在与空气混合后,会形成爆炸性混合物。通常油气混合物的密度比空气大,容易在码头低洼处或者通风不良区域聚集,当油气混合物中油气含量达到爆炸极限范围时,遇火花或静电容易燃烧爆炸,安全隐患较大,威胁港口的安全生产作业。

油气化工码头装船作业过程中产生的VOCs,通常会含有苯、甲苯和其他烃类化合物,码头作业人员长期在油气环境下工作,部分有害物质会通过眼睛和呼吸道,使人体产生头痛、咽痛、恶心和乏力等症状,对人体的健康产生影响。尤其是油品和化学品蒸汽中的苯、甲苯和甲醛等物质,还具有毒性、致畸性和致癌性,长时间接触容易对人的神经中枢、造血系统造成损伤,甚至产生癌变。长期从事挥发性油品和化学品装卸作业的人群,其异常发病率也会高于普通人群。

大量的 VOCs 排放到空气中,不仅污染港口环境、引发雾霾天气,而且还损害人体健康、浪费石油资源。对无序排放的 VOCs 进行有序控制,可降低燃烧爆炸隐患,保护人员身体健康。为了打好污染防治攻坚战,加快推进我国水运事业的绿色发展,国家相继发布了多项法规政策,如《中华人民共和国环境保护法》《中华人民共和国大气污染防治法》《中共中央 国务院关于深入打好污染防治攻坚战的意见》《"十四五"节能减排综合工作方案》《中共中央 国务院关于完善准确全面贯彻新发展理念做好碳达峰碳中和工作的意见》《2030 年前碳达峰行动方案》等,明确要求加强油船和原油、成品油码头油气回收治理工作。

码头油气回收治理也是我国打造绿色港口、生态港口的重要举措之一。在港口码头建设油气回收处理设施,不仅可达到节能减排的目标,而且对保护港口大气环境具有重要意义,对于我国全面实现"双碳"目标,也会具有积极的促进作用。

2

油气化工码头挥发性有机物排放及减排

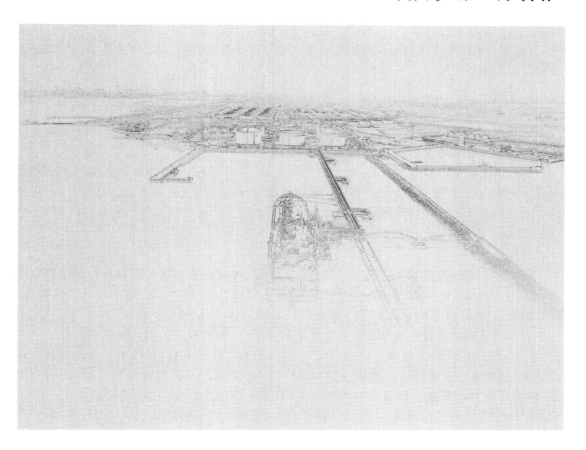

2.1 装船挥发性有机物排放机理

2.1.1 油品蒸汽压

在密闭系统内,液相油品上方气相空间的蒸汽所表现出来的压力称为油品蒸汽压。蒸汽压的大小与油品分子从液相油品中的逸出能力有关。当油品温度升高时,其分子的动能也会增加,能够克服液体表面张力从油品中逸出的气体分子数量也会随之增加,从而导致蒸汽压力增大。

随着气相空间内的气体分子数量不断增加,气体分子由于碰撞会不断撞击液体表面,从而进入液相空间形成液体。当从液体中逸出的气体分子数量与进入液相空间的分子数量相同时,其气相和液相空间就会建立一种动态的平衡,此时的蒸汽压称为饱和蒸汽压。在石油和化学工业中,油品饱和蒸汽压是其重要的物性参数之一。饱和蒸汽压越高,意味着油品越容易挥发。

油品的蒸汽压通常采用真实蒸汽压或雷德蒸汽压表示。真实蒸汽压也称泡点蒸汽压,是指油品在相应工作温度下汽化率为零时的蒸汽压力;雷德蒸汽压是指油品在37.8℃环境下,用雷德式饱和蒸汽压测定仪所测出的蒸汽压力。目前,常用的测定油品蒸汽压的方法主要有雷德法和膨胀法。

1)雷德法

在蒸汽压测定仪的液体室装入一定量的试样,并与在水浴中已经提前预热到37.8℃的气体室联通,然后将安装好的蒸汽压测定仪浸入37.8℃的水浴中,直至观测到恒定的压力数值。该读数经过适当修正后,即为雷德法蒸汽压。

蒸汽压测定仪由两个室组成,上室为气体室,下室为液体室,液体室与气体室的容积比通常为3.8~4.2之间。该方法主要用于测定易挥发性的原油及石油产品,不适用于测定液化石油气的蒸汽压。其具体测定方法可执行国家标准《石油产品蒸气压的测定 雷德法》(GB/T 8017—2012)。

2)膨胀法

在不低于20℃的温度下,将一定量体积的试样装入有内置活塞并能够进行温度控制的测试室内。密封测试室后,测试室的温度随着第一级膨胀升至设定值,继续经过两级膨胀。每级膨胀后,测定其总压力值,通过三级膨胀的总压力值计算溶解空气分压和空气在样品中的溶解压力。再将温度升至设定值会后测量其总压值,最后利用公式计算其蒸汽压。该方法可用于石油产品、烃类及烃类-含氧化合物混合物蒸汽压的测定,具体测定方法可执行国家标准《原油蒸气压的测定 膨胀法》(GB/T 11059—2022)和石油化工行业标准《石油产品、烃类及烃类-含氧化合物混合物蒸气压 三级膨胀法》(NB/SH/T 0769—2019)。

2.1.2 油品挥发机理

油品在液货舱内的挥发,其实质是油船在运输和装卸作业过程中,液货舱液相和气相空间相互传质的过程。该过程可以分为两个阶段:一是液货舱内液体在气液界面上的挥发;二是油品挥发出来的气体分子在液货舱气相空间内的扩散,与气相空间的空气或惰气进行混合,从而形成油气。

在液货舱内,会存在气液两相共存体系,上部为气相空间,下部为液相空间。由于分子的热运动作用,在上述气液两相共存体系中,会存在油品分子从液相中逸出,穿越气液界面而进入液货舱上部的气相空间的现象,以及油品分子从气相空间撞击气液界面而进入液相空间的现象。当进入液货舱气相空间的分子数量大于进入液货舱液相空间的分子数量时,该过程称为油品的挥发;当进入液货舱液相空间的分子数量大于进入液货舱气相空间的分子数量时,该过程称为油气的凝结;当进入液货舱液相空间的分子数量等于进入液货舱气相空间的分子数量时,液货舱内的油气和液体处于一种动态的饱和状态。

油船在运输和装卸作业过程中,其液货舱内一直会存在着液相空间和气相空间之间的油气分子热运动和传质现象,油品挥发过程根据其发生原因可以分为以下几种类型。

1) 分子扩散

对于没有洗舱除气的油船,由于液货舱内有残余油品的存在,其液货舱内通常会存在下部的油品液相空间和上部的气相空间,即使在油船满载情况下,也会由于油品的热胀冷缩需要,在液货舱上部也会留出一部分气相空间,以确保油船的安全。

对于液货舱内气相空间的油气分布而言,越靠近液面位置,油品蒸汽的浓度越大。因而,在液货舱的气相空间中,沿液货舱高度方向的纵向位置,会存在油气浓度梯度。油气分子的不规则运动,会导致油气分子从浓度较高的位置向浓度较低位置的迁移,从而形成油气分子的扩散过程。

由于油品蒸汽的密度通常会比空气大,在重力的作用下,油品蒸汽会聚集在液货舱气相空间下部的气液分界面附近,空气则聚集在液货舱气相空间上部位置,从而在液货舱中形成了自上而下的油气浓度梯度差。分子扩散是指由于液货舱气相空间内不同位置的油气浓度存在着差异,油气分子从高浓度的区域向低浓度的区域扩散的一种传质现象。离液面越近,其油气浓度越大;离液面越远,其油气浓度越小。

在装船开始阶段,当油品进入液货舱时,由于液货舱惰化或洗舱等原因,其舱内油气浓度非常低,在浓度差的作用下,液相分子会在气液界面上大量挥发进入气相空间,并不断向液货舱上部气相空间扩散,直至气相空间内的油气浓度达到饱和状态。

2) 热扩散

热扩散是指油品由于液货舱内部存在温度分布差异,在温度较高的区域,其密度较低,分子运动剧烈;在温度较低的区域,其密度较高,分子运动缓慢,从而导致油气分子会从温度高的区域向温度低的区域扩散的一种传质现象。

白天,船舶甲板由于受到阳光的照射,其甲板温度通过会较高,从而导致液货舱上部气相空间的温度较高。同时,由于船体下部浸没在海水中,因海水的导热作用,液货舱下部的液相温度会较低,接近海水的温度。因此,由于太阳辐射热和海水的比热容影响,会出现液货舱上部气相空间的温度高于液货舱下部气相空间温度的现象,下部气相空间的温度高于液货舱下部液相空间温度的现象。

当白天温度升高时,其气体的密度会较小,油气的运动传质也会由于温度的变化而在液货舱内向不同的方向运动。由于气相空间的油气因温度升高向液货舱顶部迁移,导致下部压力降低,使气液界面上的油气分子加速挥发,填补气相空间下部的压力降低。当夜间温度降低时,液货舱内气相空间上部温度低于下部温度,下部温度又低于液面温度,液货舱气相空间的上部油气向中部运动,中部的温度相比于液面温度依然较低,中部油气会继续向下运动,于是油气就会聚集在气相空间下部的液面附近。

3) 强迫对流

强迫对流是由于外界条件发生变化导致液货舱内液体运动和压力不平衡而引起的一种传质现象,船舶航行和装卸船作业过程中经常会出现由于强迫对流引起的传质。

由于液体的运动,在液体前方空间,液体对气相空间会产生压缩,导致其前方气相空间出现高压;在液体后方空间,由于液体的远离,气相空间出现空隙,形成低压区。因此,由于气相空间不同区域的压力分布不均匀,导致气体分子会在压力差的作用下从压力较高的区域迅速运动到压力较低的区域,而液货舱内低压区的存在又加剧了液相的挥发,从而填补低压区的空隙。这些高压区的气体与液面附近的油品蒸汽混合后会沿着液货舱的舱壁返回到气相空间上部,由于气体的流动,会在液货舱的气相空间形成大量的旋涡,从而加剧了油气分子的进一步扩散。由于液体的运动,会导致上部气相空间产生强迫对流,并加快液体的挥发。

由于液货舱内压力、温度和油气浓度极易受到周围环境因素,例如日出日落、风、浪等因素的影响而发生变化,故导致分子扩散、热扩散和强迫对流三种形式传质基本上都是相互作用、同时发生的。

2.1.3 液货舱油气挥发影响因素

船舶液货舱内的气体,可以看作是油品挥发出的货物蒸汽和空气的混合物,其中货物蒸汽主要来源于油品在运输和装卸过程中,因温度、压力、运动状态等外部条件的变化而导致的液体挥发。在船舶航行和装卸作业过程中,液货舱内的油品挥发过程主要受以下因素的影响。

1) 昼夜温差

船舶在航行过程中,由于航程较远,通常会经历多个气候区域和昼夜时段,使其液货舱内气相空间温度会周期性地升降变化。船舶在装卸过程中,其作业时间会长达30~40h,其液货舱内气相空间温度也会因港区大气环境温度的变化而变化。在高温条件下,油品中的挥发性成分会剧烈运动,从而加速油品蒸发的速度,导致蒸发损耗加剧。

2) 液货舱压力

油船在每个液货舱都设置有透气系统,在正常航行时,允许释放舱内少量的油气、空气混合气体或吸入少量空气。当进行油品装卸和液货舱除气作业时,能释放出大量油气、空气混合气体。透气系统通常会设置高速透气阀或压力/真空阀,为确保油气能及时排出、避免液货舱超压,透气管道截面积通常按照最大设计装载速率的1.25倍确定。透气系统的压力/真空阀的启动压力一般控制在-0.007~0.021MPa之间。如果透气系统启动压力过低,会导致压力/真空阀频繁开启,大量油气从液货舱排出;如果透气系统启动压力过高,可以在一定程度上减缓液货舱油品的挥发,但也对液货舱的承压提出了更高的要求,严重时可能会危及船舶的安全。

3) 船舶晃荡

油船在实际航行过程中,由于受风浪的影响,难免会造成船舶晃荡,其晃荡主要表现为船舶的横倾或者纵倾,横倾或者纵倾的频率和幅度受周围风、浪、流的影响而不断变化。波浪是由于环境中的风和水流等多种因素作用而使水面做无规则运动,船舶的晃荡周期和频率通常与外界的波浪情况和船舶自身结构有密切关系。

对于运输常温油品的船舶,其液货舱内的油品以强迫对流为主、热传导为辅。而对于黏度较高的油品,在运输过程中,通常需要给液货舱内的油品进行加热,油品受热后,其黏度将随着温度升高而降低,加上晃荡作用,舱内油品升温比常温静水状态快,且随着加热时间的增加和晃荡强度的增大,在油品温差的作用下,液货舱内的油品会发生剧烈的对流换热,造成油品流动速度不断发生改变,进而导致其温度场持续发生变化,也会进一步加剧油品在液货舱内的挥发。

4) 进液方式

在装船过程中,液货舱的进液方式主要包括上进液和下进液方式。上进液是进液管入口布置在液货舱上部,一般设置有喷淋装置,可以给舱体降温,也可以吸收舱内挥发性气体,通常用于低温物料,如LNG和LPG的装船作业;下进液是将进液管深入液货舱底部,进液后进液管通常会淹没在物料下面,通常用于低挥发性或常温物料的装船作业。

对于油船的装船作业,通常采用下进液方式,而且在《油气化工码头设计防火规范》(JTS 158—2019)中有明确规定,装船工艺不得采用从顶部向舱口灌装方式。从顶部灌装,油品通常会以喷洒方式流入舱底,一方面油品在喷洒过程中容易集聚大量静电,另一方面流入液货舱的油品会剧烈搅动,导致油品的大量挥发。

因此,在装船作业过程中,其进液方式也会对油品的挥发产生极大的影响,油品经过装船管道注入液货舱内,其油品在舱内会剧烈搅动,从而产生大量油气。在初始进液时,其流速一般控制在1m/s,当液面浸没进液口后,其流速可以逐步提高,这样可以有效降低油品因为搅动而导致的挥发。

2.1.4 液货舱油气浓度分布

液货舱内油气浓度分布与油品的储存时间、舱内温度、气相空间大小、装卸船流量、液货舱结构等多种因素有关。在理想状态下,液货舱内气液两相经过长时间的扩散和对流,其气相空间会处于一个动态的平衡状态,液货舱内各处油气浓度基本保持一致,此时的压力为该温度下的饱和蒸汽压。但在实际情况下,液货舱内的油气浓度在靠近液面的位置达到饱和浓度,越靠近舱顶浓度越低。

液货舱内油气浓度的大小也会随着环境温度的变化而发生周期性的变化,根据文献资料,油气浓度在一天的时间中,浓度最高的情况通常会出现在正午前后的 3~4h 内。而在日出日落的前后,环境空气的影响和夜晚温度的下降,会导致油气浓度进一步降低。但是大部分时间内,液货舱内气相空间的油气浓度是处于不饱和状态,远离液面的大部分气相空间对液面温度的变化影响并不是非常大,再加上透气系统的吸气也会稀释一部分油气浓度。

对于液货舱内,在气相空间同一高度上的油气浓度基本上是一致的,而在液货舱不同高度处,其油气浓度通常会有较大的差别。当液货舱内的油品处于静止状态时,如果舱内液位不高,其油气浓度在高度方向上会有一个明显的突变,液面附近的高浓度油气空间随着高度的增加而降低到一个低值后,其上的气相空间内,油气浓度基本保持不变。但随着舱内液位的不断升高后,舱内油气浓度变化曲线会更加趋于平滑。液货舱装载量越大,气相空间的油气浓度变化较小,油气浓度也会越趋于饱和油气浓度。

因此,当液货舱内液位较低时,其气相空间会非常大,导致油气浓度在高度方向上存在梯度,液面附近的油气浓度是最高的,通常处于饱和状态。另外,由于液货舱透气系统的作用,当吸入外界空气后,会稀释上部气相空间的油气浓度,导致靠近舱顶的油气浓度下降很快。但随着油品静置时间的延长,气相空间内的油气浓度就增大,油气浓度梯度差也进一步缩小。但是在大部分运输情况下,液货舱内的油品液位通常都较高,其气相空间内油气浓度纵向变化也较小,此时呼气浓度接近于饱和浓度。

2.1.5 装船油气排放

在正常情况下,液货舱挥发出来的油气都会储存在液货舱上部的气相空间内。但当舱内压力发生变化时,油气会从液货舱透气系统的压力/真空阀排出。当不进行装卸船作业时,液货舱内部的气相空间会分布有大量的油气。白天温度升高后,舱内的温度会由于太阳辐射热的作用而逐渐升高,促使液相空间中的轻质组分运动加剧,扩散到气相空间中,同时也使气相空间的压力不断增大,当超过液货舱压力/真空阀的呼出压力时,会将油气排出舱外。夜晚温度降低后,又使得舱内的压力降低,当降低到液货舱压力/真空阀的真空度范围时,会有部分空气通过压力/真空阀进入液货舱,导致舱内油气浓度降低,这也进一步加剧了液相空间油品的挥发速度。如此往复,会导致油气不断排出。这种在船舶航行或停泊过程中,舱内油品处于静止状态,但因舱内油品温度的周期性变化导致的油气排放称为液货舱"小呼吸"。

在进行装船作业时,舱内的油品液位会由于装船量的增加而不断升高,使得舱内气体空间中的油气不断压缩,气相空间的压力也会不断增大,当其压力超过舱顶压力/真空阀呼出压力时,会有部分油气排出舱外。在进行卸船作业时,舱内气相空间中的压力会随着液面的下降而降低,当压力降低到透气系统压力/真空阀的真空度时,会从舱外环境中吸入部分空气,使得舱内气体空间中油气的浓度下降,这也进一步加剧了液相空间油品的挥发。但在卸船过程中,船舶并没有油气从液货舱排出,只有在装船过程中,由于舱内液面的上升,才会导致油气排出。这种在船舶装卸船过程中,由于液货舱液面的升降,导致油气的排放称为液货舱"大呼吸"。

2.2 典型油品挥发性有机物组分测试分析

2.2.1 气体组分测试

气体组分测量与分析是一种对气体样本中的各种成分进行检测和分析的方法,通常用于环境监测、工业过程控制和科学研究等领域。在气体组分测量与分析中,通常需要采集气体样本,然后使用各种分析仪器和方法对样本中的各种成分进行检测和识别。这些仪器主要包括色谱分析仪、质谱分析仪、红外光谱仪、紫外光谱仪、电化学分析仪等。

色谱分析仪是一种常用的气体组分测量仪器,它可以通过色谱柱将气体样本中的不同成分分离出来,然后使用检测器对这些成分进行检测和分析。质谱分析仪则可以对气体样本中的分子进行离子化处理,然后通过电场和磁场将这些离子分离,从而实现对气体样本中各种成分的定性和定量分析。

在进行气体组分测量与分析时,其操作步骤通常如下:

(1)采样。采样是气体分析的第一步,需要采集有代表性的气体样品,并在合适的气体收集器中将其保存一段时间。

(2)分离。分离是对气体分子的衍生和净化,通过识别物质的物理性质和化学性质来实现不同气体分子之间的区分。常用的分离方法包括气相和液相色谱法、气相质谱法、红外光谱法等。

(3)检测。检测是对气体成分进行分析的过程,通过采集好气体样品和分离物质,对采集的样品进行分析的过程。常用的气体检测方法包括光谱分析、电化学分析、气体凝聚、热量法分析等。

(4)数据处理。数据处理是将检测得到的气体成分和性质转换成可读数的过程,以便于气体成分和性质的分析和操作。对于分析数据,可以使用化学分析和计算机技术进行分析和建模。

气体组分测量与分析是一种复杂而又重要的技术,可以广泛应用于各种领域。对于不同的气体成分和测量要求,需要选用不同的仪器和方法进行测量和分析。

2.2.2 检测样本

据相关统计,2019年我国从40多个国家进口原油的油品种类多达143种,其中进口量在前20位的油种进口量占进口总量的比例达到76.4%。在各进口原油油种中,进口量最大的为俄罗斯埃斯坡原油(ESPO),2019年合计进口5394.53万t,占比10.66%;排在第二、三位的是巴士拉轻质原油(Basrah light)和沙特中质原油(Saudi medium),进口量分别为5164.69万t、4744.68万t,其占比分别为10.21%、9.38%;此外,阿曼原油(Oman)、科威特原油(Kuwait)、沙特轻质原油(Saudi light)、巴西卢拉原油(Lula)、俄罗斯乌拉尔原油(Ural)、委内瑞拉马瑞原油(Merey)、尼日尼亚杰诺原油(Djeno)、英国福蒂斯原油(Forties)、沙特重质原油(Saudi heavy)、哥伦比亚卡斯提拉原油(Castilla)十大油种的进口占比也在2%以上。

考虑到原油品种多、理化性质差异较大,作者制定了原油和成品油的 VOCs 组分谱测试方案,对一些主要产地的原油油种进行选择采样,采集样品共计 31 个,委托国内具备中国计量认证(CMA)的检测机构进行原油和成品油 VOCs 组分谱的测试,尝试初步建立部分原油、成品油的 VOCs 组分谱库。其中采集不同产地的原油共 23 种,原油油种(产地)分别是巴西萨宾诺原油(Sapinhoa)、安哥拉奥冠杰原油(Oguendjo)、尼日尼亚杰诺原油(Djeno)、俄罗斯埃斯波原油(ESPO)、乌桑(USAN)、安哥拉卡宾达原油(Cabinda)、阿曼原油(Oman)、委内瑞拉马瑞原油(Merey)、麦诺(Mero)、俄罗斯索科尔原油(Sokol)、巴西卢拉原油(Lula)、巴西布齐奥斯原油(Buzios)、巴西图皮原油(Tupi)、福塔金(Flotta Gold)、加蓬曼吉原油(Mangi)、俄罗斯埃斯坡原油(ESPO)、科威特原油(Kuwait)、沙特中质原油(Saudi medium)、阿联酋穆尔班原油(Murban)和原油(Murban)、拉中伍(UPPER ZAKUM)、加拿大冷湖原油(Cold Lake)、阿联酋上扎库姆原油(Upper Zakum);采集不同产地的成品油共有 8 种,分别是丽东化工的石脑油,青州和中石化的三种汽油,中石化的两种柴油,航煤和沥青混合物。

2.2.3 检测依据

各样品前处理部分参照《水质 挥发性有机物的测定 顶空/气相色谱-质谱法》(HJ 810—2016),样品分析部分参照《环境空气 挥发性有机物的测定 罐采样 气相色谱-质谱法》(HJ 759—2015)。

2.2.4 检测方法

1)样品前处理及分析过程

取 5mL 样品加入 20mL 顶空瓶中,密封后在 25℃下,以 30 次/min 的频率摇振 2h(模拟运输条件),取上方气体,分别用气相色谱氢火焰离子化检测器和质谱检测器进行分析。

2)质谱定性结果

采用气质联用仪对样品进行定性分析,各组分的质谱定性结果为通过 NIST14 谱库检索的结果,取可信度最大者作为定性判定结果。

3)浓度定量结果

对 31 种油品,计算各组分的体积浓度和归一化浓度,见本书附录。附录中备注*表示对该化合物使用其标准气体进行外标法定量获得体积浓度,其余化合物均使用正己烷标准气体进行外标法定量。归一化法以所有在分析仪器上有响应的烃类物质浓度作为总浓度,不含氮气、氧气、水等组分。

2.2.5 检测结果与分析

1)原油

以俄罗斯埃斯坡原油(ESPO)为代表分析原油上方气 VOCs 组分谱的体积浓度检测结

果和归一化浓度,可知该油品的可挥发有机物组分中丙烷浓度最高占比 29.13%,主要为 $C_2 \sim C_5$。

对 24 种原油油品进行统计分析发现(图 2.2-1),原油挥发气组分以 $C_2 \sim C_5$ 的小分子烷烃为主,其组分含量占总气体含量的 85% 左右,甲烷含量占比低于 1%,其中除委内瑞拉马瑞原油(Merey)甲烷含量占比为 3.7% 外,烯烃含量极低。原油主要的气体组分中丙烷的含量最高,占比在 15%~38% 之间,但马瑞原油(Merey)、沙特中质原油(Saudi medium)、福塔金(Flotta Gold)、穆尔班原油(Murban)、拉中伍(UPPER ZAKUM)、加拿大冷湖原油(Cold Lake)这六个产地的原油中丁烷的含量最高,气体组分中小分子正构烷烃含量占比顺序为:丙烷>正丁烷>正戊烷>乙烷>正己烷>其他,但小分子烷烃含量占比顺序为:$C_4>C_3>C_5>C_2>C_6>$其他。

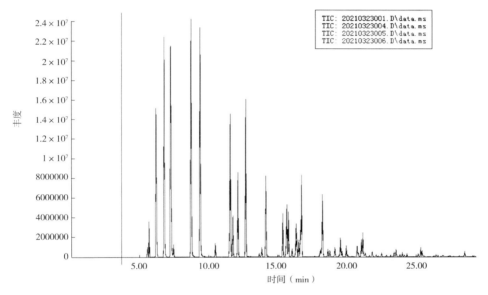

图 2.2-1　原油(产地为萨宾诺、杰诺、埃思坡、乌桑)的质谱叠加图
注:本图由气质联用仪检测后由仪器自带软件生成,后同。

2)沥青混合物

沥青混合物挥发气组分以 $C_2 \sim C_5$ 小分子烷烃为主,其组分含量约占总气体含量的 77%,甲烷含量约占 2.2%,含有少量的烯烃组分,正丙烷与正丁烷占比含量相差较小,气体中小分子烷烃含量占比顺序为:$C_4>C_3>C_5>C_2>C_6>$其他(图 2.2-2)。

3)沥青混合物/原油

沥青混合物与原油挥发气组分相比较,$C_2 \sim C_5$ 小分子烷烃占比在 85% 左右,苯、甲苯等组分含量占比增加至 1.3% 左右(图 2.2-3)。

4)汽油

汽油挥发气组分以 $C_4 \sim C_6$ 小分子烷烃为主,其组分含量占总气体含量的 80% 左右,异戊烷的含量最高占 30% 左右,小分子烷烃含量占比顺序为:$C_5>C_4>C_6>$其他。此外,相比原油、柴油、航空煤油、石脑油,汽油挥发气组分中含有较多的烯烃组分,其占比达到 15%~24%(图 2.2-4)。

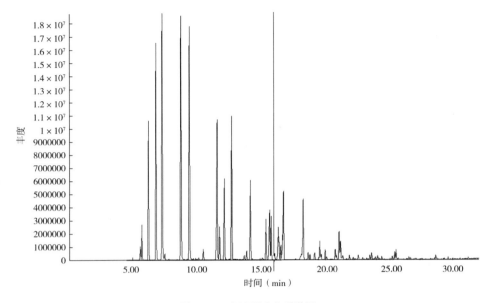

图 2.2-2　沥青混合物质谱图

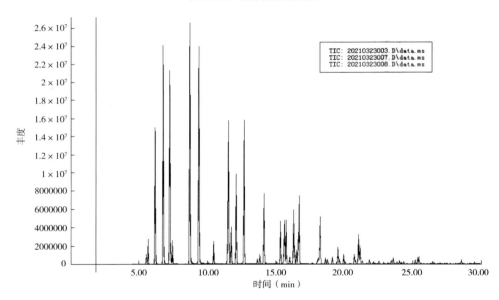

图 2.2-3　沥青混合物与原油（产地为卡宾达、阿曼）的质谱叠加图

5）柴油

柴油挥发气组分中各组分的相对含量较低，信号响应强度远低于原油、汽油、石脑油的响应。在柴油挥发气中，异戊烷占比最高，达到 10% 左右；此外，$C_5 \sim C_9$ 占比最高，达到 50% 左右，且以烷烃为主，烯烃和苯系物占比较低（图 2.2-5）。

6）航空煤油

航空煤油挥发气组分中各组分的相对含量较低，信号响应强度远低于原油、汽油、石脑油的响应，气体组分中以 $C_7 \sim C_9$ 烷烃为主（占比达到 48%）且各组分含量分布比较均匀，

$C_7 \sim C_9$ 烷烃的含量远大于其他烷烃的含量。此外，航空煤油气体组分中，苯、甲苯等苯系物占比很高，达到14%左右（图2.2-6）。

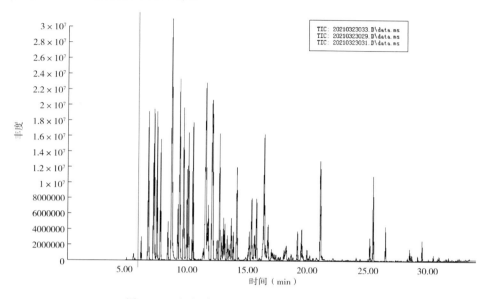

图2.2-4　汽油（产地为青州、中石油）的质谱叠加图

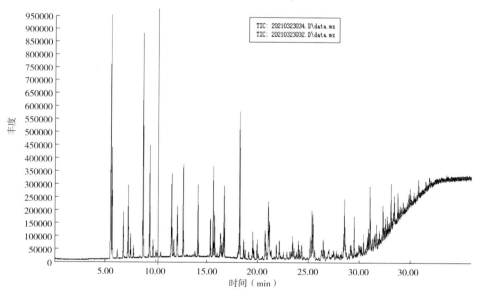

图2.2-5　柴油（产地中石油）的质谱叠加图

7）石脑油

石脑油挥发气组分中以 $C_6 \sim C_8$ 烷烃含量为主，其占比达到80%左右；苯、甲苯等苯系物含量占比达到9%，相较原油和其他成品油数值偏大；C_7 烃类的含量最高，占比为40%（图2.2-7）。

8）船用燃料油

船用燃料油挥发气组分中各组分的相对含量较低，信号响应强度远低于原油、汽油、石脑油的响应,各组分含量分布比较均匀(图 2.2-8)。

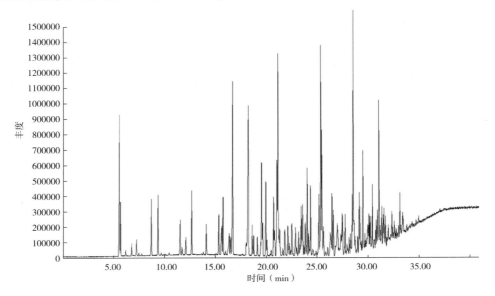

图 2.2-6　航空煤油质谱图

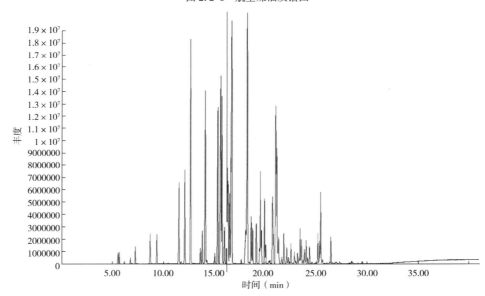

图 2.2-7　石脑油质谱图

2.2.6　综合分析

原油挥发气组分以 $C_2 \sim C_5$ 小分子烷烃为主,丙烷的含量最高;沥青混合物挥发气组分以 $C_2 \sim C_5$ 小分子烷烃为主;汽油挥发气组分以 $C_4 \sim C_6$ 小分子烷烃为主,异戊烷的含量最高占 30% 左右;在柴油挥发气中,$C_5 \sim C_9$ 占比最高且以烷烃为主,烯烃和苯系物占比较低。航空煤油挥发气组分中各组分的相对含量较低,气体组分中以 $C_7 \sim C_9$ 烷烃为主(占比达到 48%)且各组分含量分布比较均匀,苯系物占比达到 14% 左右;石脑油挥发气组分中以 $C_6 \sim C_8$ 烷烃含量为主,其占比达到 80% 左右,苯、甲苯等苯系物含量占比达到 9%,C_7 烃类的含量最高,占比为 40%(图 2.2-9)。

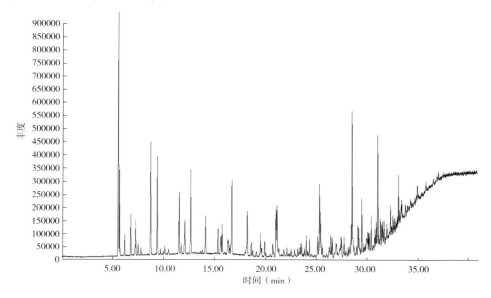

图 2.2-8　船用燃料的质谱图

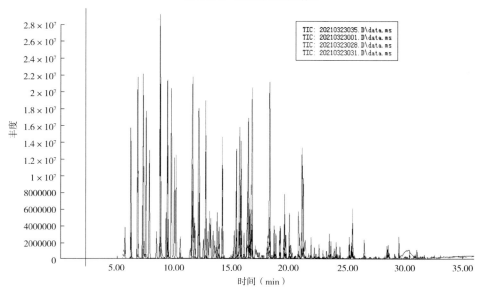

图 2.2-9　原油、柴油、汽油、石脑油、航空煤油的质谱叠加图
注:图中颜色由深至浅依次为航空煤油、原油、石脑油、汽油、柴油。

部分原油及成品油挥发气组分检测结果组成的 VOCs 组分谱库见本书附录。

2.3 油品运输环节挥发性有机物排放量测算

2.3.1 油品运输方式及运输量

目前,国内开采的原油主要通过油船、铁路罐车、公路罐车和管道等方式从产油地运输到储油库或炼油厂,进口原油主要通过油船从产油国装船后运送至国内油品码头,经输油臂和管道运送至储油库或炼油厂,部分邻近国家也采用长输管道的方式将原油运送至国内。炼油厂生产的成品油主要通过油船、管道、铁路罐车、公路罐车等运输至储油库或石油化工行业,储油库则大部分通过公路罐车运送到加油站、地方储油库等。根据作者开展的相关项目的部分研究成果,原油及成品油在运输环节各种运输方式的比例研究成果见表2.3-1。

原油及成品油在运输环节各种运输方式的比例　　　表2.3-1

油品种类	一级运输				二级运输			
	油井到储油库				储油库到炼油厂			
原油	船运比例	铁路运输比例	公路运输比例	管道运输比例	船运比例	铁路运输比例	公路运输比例	管道运输比例
	70%	0	0	30%	10%	10%	0	80%
成品油（汽柴油）	炼油厂到储油库				储油库到加油站			
	船运比例	铁路运输比例	公路运输比例	管道运输比例	船运比例	铁路运输比例	公路运输比例	管道运输比例
	18%	26%	13%	43%	0	0	100%	0

成品油是指汽油、煤油、柴油及其他符合国家产品质量标准、具有相同用途的乙醇汽油和生物柴油等替代燃料,其原材料为原油,通常根据其用途不同,可以分为石油燃料、石油溶剂与化工原料、润滑剂、石蜡、石油沥青、石油焦六类。其中,石油燃料的产量是最大的,约占成品油总产量的90%;其次是各种润滑剂。润滑剂品种非常多,润滑剂产量约占成品油总产量的5%。2021年,全国汽油表观消费总量为14242.43万t,柴油表观消费总量为15197.04万t,煤油表观消费总量为3489.89万t,该指标可近似代表2021年汽油、柴油、煤油的全年运输量。

成品油的整个运输过程,首先是从炼油厂开始,通过油船、铁路罐车、公路罐车和管道等不同运输方式,输送至储油库;然后从储油库输送至加油站或用户。成品油的整个运输过程可以分为一级运输和二级运输。一级运输是指成品油从炼油厂到储油库的过程,其特点是运输量大、运输距离远,通常是采用船舶、铁路、公路和管道进行运输。二级运输是指从储油库到加油站或用户的过程,具有运量小、批次多、距离短的特点,通常采用公路罐车输送的方式为主。

受主要油田分布的影响,我国炼油厂主要集中在北方地区,如大庆油田、胜利油田、克拉玛依油田等,周围都聚集有非常多的炼油厂。而我国成品油的消费地主要集中在我国经济较发达的东南沿海地区,炼油厂和成品油消费地距离较远,从而出现了我国成品油"北油南运"和"西油东调"的运输格局。我国成品油"北油南运"的运输方式主要包括水路运输、铁路运输、公路运输和管道运输等方式。其中,水路运输在运输大宗货物时具有价格低廉的优势,因此也成为我国成品油"北油南运"的主要运输方式。

根据交通运输部数据(图 2.3-1),2019 年 1—12 月,全国港口原油出港(装载)吞吐量为 9600 万 t,其中吞吐量前 20 名的港口吞吐量占全国的 99.4%,天津、宁波、青岛、大连港口的年装载量超千万吨,仅天津港装载量即达到 2200 万 t。

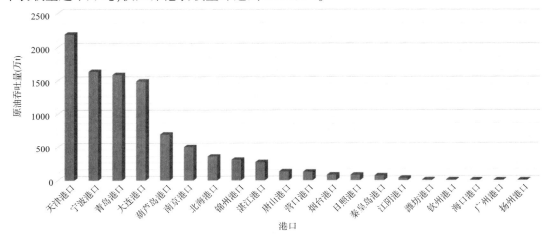

图 2.3-1 2019 年全国港口原油吞吐量(排名前 20 名)

根据中国统计年鉴、中国能源统计年鉴和交通运输部数据统计(表 2.3-2、表 2.3-3),2019 年我国原油和成品油运输量分别约为 3.9 亿 t 和 4.9 亿 t。

原油及成品油在运输环节装车、船各种运输方式的运输量(单位:百万 t)　　表 2.3-2

货物分类	总计	铁路	水运	公路
原油	388	9	98	30
成品油	480	100	86	300

原油及成品油在运输环节的运输量(单位:百万 t)　　表 2.3-3

货物分类	铁路	水运	公路
原油	10	650	30
汽油	36	25	125
航煤	12	28	4
石脑油	13	5	22

2.3.2 挥发性有机物排放环节

根据图 2.3-2 可知,在原油及成品油的整个配送网络中,除了储存环节会产生 VOCs 挥发,诸多运输环节也会产生大量的 VOCs 排放,包括:①油田或原油储库到炼油厂或原油储库的一级运输,该过程中 70%的原油由油船或驳船运输,30%为管道运输;②炼油厂、原油储库、石油制品储库主要通过油船/驳船、管道、铁路罐车的方式运送至储油库;③公路罐车的灵活性和便捷性较高,主要连接原油成品油配送网络的终端,将原油及成品油从储油库配送至中转油库或加油站以及从中转油库配送至商业储罐。此外,除了港口码头的船舶装载、公路罐车装卸、加油站的油罐车装卸,在运输期间排放阀的逸散、洗舱洗罐过程均存在 VOCs 排放。

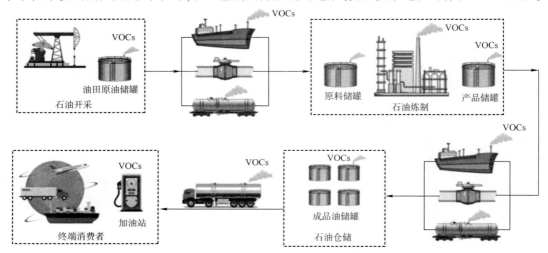

图 2.3-2　原油及成品油运输方式及 VOCs 排放环节初步分析示意图

2.3.3　装车装船环节挥发性有机物排放量

根据原油及成品油运输在运输环节各种运输方式的比例,结合中国统计年鉴、中国能源统计年鉴和交通运输部统计数据可知,2019 年,原油、汽油、航煤、石脑油通过铁路、水运和公路运输方式装载油品的运输量具体见表 2.3-4。其中,码头区域的原油装船装车量为 1.38 亿 t,占 55.8%;其次为汽油装船装车量 6506 万 t,占 26.3%。原油、汽油、航煤、石脑油的装船量为 1.86 亿 t,占 75.5%;其次为公路罐车装车量占 29.5%,其中通过水运装船的原油量为 9825 万 t,汽油为 5275 万 t,航煤为 1621 万 t,石脑油为 1938 万 t。总之,码头区域主要的装载油品为原油,主要的装载方式为水运装船。

原油、汽油、航煤、石脑油在装船装车环节的运输量(单位:百万 t)　　表 2.3-4

货物分类	铁路	水运	公路	总计
原油	9	98	30	137
汽油	1.8	53	10	65
航煤	0.5	16	3.2	19.7
石脑油	0.06	19	3.9	23.9
成品油合计	2.9	88	18	109
总计	12.1	186	48	247

1) 公式法

根据《石化行业 VOCs 污染源排查工作指南》(环办〔2015〕104 号)中的公式法计算原油、汽油、航煤、石脑油在船舶、铁路和公路装船装车过程中 VOCs 排放量。公路、铁路和其他油品船舶装载损耗计算中饱和因子受到多种因素影响,例如底部/液下装载、喷溅式装载的操作方式;也受罐车状态影响,包括新罐车或清洗后的罐车、正常工况(普通)的罐车、上次卸车采用油气平衡装置,船舶装载原油和汽油时受到液货舱情况和上次装载物质是否具有挥发性等因素的影响。为获得相对应不同油品的饱和因子和装载损耗排放因子,考虑以上各种情景,并进行组合,逐一代入公式中,可获得不同状况下各种运输环节的 VOCs 排放量最大值和最小值。

公式法计算的结果显示(表 2.3-5),2019 年原油、汽油、航煤、石脑油装车船过程中 VOCs 排放量为 2.47 万～12.8 万 t,VOCs 排放环节的排放量高低为公路罐车装车环节>水运装船>铁路罐车装车,油品排放量为汽油>原油>石脑油>航煤。其中,原油装船装车过程中 VOCs 排放量为 0.83 万～2.27 万 t,主要排放环节为公路罐车装车;汽油装船装车过程中 VOCs 排放量为 1.2 万～8.1 万 t,主要排放环节为水运装船;航煤装船装车过程中 VOCs 排放量为 883 万～2563 万 t,主要排放环节为公路罐车装车;石脑油装船装车过程中 VOCs 排放量为 0.35 万～1 万 t,主要排放环节为公路罐车装车。

原油及成品油在装船车环节各种运输方式的 VOCs 排放量(单位:t/年)　表 2.3-5

VOCs	铁路	水运	公路	总计
原油	(1700,4900)	(1100,12800)	(5500,16000)	(8300,33700)
汽油	(880,2600)	(5800,63700)	(5300,15300)	(12000,82000)
航煤	(120,360)	0	(750,2200)	(900,2600)
石脑油	(500,1500)	0	(3000,8800)	(3500,10300)
总计	(3200,9300)	(6900,7700)	(14600,42000)	(25000,128000)

基于以上结果可知,汽油装船装车过程的 VOCs 排放量最大,整体上呈现为汽油>原油>石脑油>航煤。从运输方式来看,VOCs 装车船排放量呈现为公路运输>水运>铁路运输,其中汽油的水运装船环节 VOCs 排放量最大,原油和汽油的公路罐车装车环节次之,航煤和石脑油的水运装船环节缺少参考数据,导致排放量为 0。此外,航煤的铁路罐车装车环节相对较少。值得注意的是,导致汽油、航煤、石脑油在公路罐车装车和铁路罐车装车环节产生最多 VOCs 排放量的操作方式是新罐车或清洗后的罐车进行喷溅式装载;最少的操作方式是对新罐车或清洗后的罐车进行底部或液下装载。导致原油、汽油在水运装船环节产生最大 VOCs 排放量的操作方式是对上次装载挥发性有机物的驳船不进行清洗;最低是上次装载不挥发性有机物的油轮或远洋驳船。

根据上述方法计算原油及成品油装船时 VOCs 排放量,得到原油装船时 VOCs 排放量为 1 万～1.2 万 t,成品油装船时 VOCs 排放量为 0.5 万～6 万 t,合计油品装船时 VOCs 排放量为 1.5 万～7.2 万 t。

2) 系数法

根据《石化行业 VOCS 污染源排查工作指南》(环办〔2015〕104 号)中的系数法计算原

油、汽油、航煤、石脑油在船舶、铁路和公路装船装车过程中 VOCs 排放量。公路、铁路和其他油品船舶装载损耗计算中饱和因子受到多种因素影响，例如，底部/液下装载、喷溅式装载的操作方式影响，也受罐车状态影响，包括新罐车或清洗后的罐车、正常工况（普通）的罐车、上次卸车采用油气平衡装置，船舶装载原油和汽油时受到液货舱情况和上次装载物质是否具有挥发性等因素的影响。为获得相对应不同油品的饱和因子和装载损耗排放因子，考虑以上各种情景，并进行组合，逐一代入公式中，可获得不同状况下的各种运输环节的 VOCs 排放量最大值和最小值，具体排放量见表 2.3-6。

原油及成品油在装船、装车环节各种运输方式 VOCs 排放量（单位：t/年）　　表 2.3-6

VOCs	铁路	水运	公路	总计
原油	(2950,8560)	(8300,13700)	(9600,28000)	(20900,50100)
汽油	(1900,5400)	(5800,6400)	(11000,22000)	(19000,91000)
航煤	(350,1000)	(0,0)	(2100,6200)	(2500,7300)
石脑油	(1000,3000)	—	(6100,18000)	(7100,21000)
总计	(6200,18000)	(14000,77000)	(29000,74000)	(49000,170000)

基于系数法计算的结果显示（表 2.3-6），2019 年原油、汽油、航煤、石脑油运输装车船过程中排放 VOCs 为 4.9 万~16.9 万 t，VOCs 排放环节最多排放量为水运装船>公路罐车装车环节>铁路罐车装车，VOCs 排放环节最少排放量为公路罐车装车环节>水运装船>铁路罐车装车，油品排放最多为汽油>原油>石脑油>航煤，最少为原油>汽油>石脑油>航煤。其中，原油装船装车过程中 VOCs 排放量为 2 万~5 万 t，主要排放环节为公路罐车装车；汽油装船装车过程中 VOCs 排放量为 1.8 万~9.1 万 t，主要排放环节为水运装船；航煤装船装车过程中 VOCs 排放量为 2525~7323t，主要排放环节为公路罐车装车；石脑油装船装车过程中 VOCs 排放量为 0.71 万~2 万 t，主要排放环节为公路罐车装车。

基于以上结果可知，汽油和原油装船装车过程的 VOCs 排放量最大，整体上呈现为汽油>原油>石脑油>航煤。从运输方式来看 VOCs 排放量呈现公路运输和水运环节排放量最大，其中汽油的水运装船环节 VOCs 排放量最大，原油和汽油的汽车罐车装车环节次之，石脑油的水运装船环节缺少参考数据，导致排放量为 0。此外，航煤的水运装船环节排放量最小。值得注意的是，导致原油、汽油、航煤、石脑油在公路罐车装车和铁路罐车装车环节产生最大 VOCs 排放量的操作方式是新罐车或清洗后的罐车进行喷溅式装载；最少的操作方式是对新罐车或清洗后的罐车进行底部或液下装载。导致原油、汽油、航煤和石脑油在水运装船环节产生最大 VOCs 排放量的操作方式是驳船装载，最少是远洋驳船。

根据上述方法计算原油及成品油装船时 VOCs 排放量，得到原油装船时 VOCs 排放量为 0.8 万~1.4 万 t，成品油装船时 VOCs 排放量为 1.4 万~7.7 万 t，合计油品装船时 VOCs 排放量为 2.2 万~9.1 万 t。

3）国外经验系数法

欧美等发达国家建设码头油气回收处理设施等经验丰富，在长期的建设和使用过程中，总结出成品油和原油装船时的损耗率。根据 2013 年国外油气回收建设经验统计，成品油装船时的损耗率为 0.1%，原油装船时的损耗率为 0.05%。

根据上述方法计算原油及成品油装船时 VOCs 排放量,得到原油装船时 VOCs 排放量为 5 万 t,成品油装船时 VOCs 排放量为 8.8 万 t,合计油品装船时 VOCs 排放量为 13.8 万 t。

综合分析上述三种方法计算原油及成品油在装车、装船过程中 VOCs 的总排放量,公式法计算值为 2.47 万~12.8 万 t,系数法计算值为 4.9 万~16.9 万 t。其中,原油及成品油装船环节 VOCs 排放量公式法计算值为 1.5 万~7.2 万 t,系数法计算值为 2.2 万~9.1 万 t。另外,装船环节 VOCs 排放量用国外经验系数法计算值为 13.8 万 t。

3

国内外码头油气回收处理设施发展现状

3.1 油码头油船油气排放现状

使用传统燃油的船舶会排放大量的硫氧化物、氮氧化物、二氧化碳等有害气体、温室气体以及 PM2.5 等,对气候和环境造成严重影响。克拉克森(Clarksons)的数据显示,2020 年全球航运业二氧化碳排放量高达 8.56 亿 t。

根据国际海事组织(IMO)设定的最新减排的战略目标,到 2050 年,船舶的温室气体排放量要实现净零排放,并在此前就出台了一系列严格规定,其中"关于强制实施目标型技术和营运措施以减少国际航运碳强度"的《国际防止船舶造成污染公约(附则Ⅵ修正案)》提出了对现有船舶能效指数(EEXI)、船舶设计能耗指数(EEDI)、营运碳强度指标(CII)的相关强制性要求,并已于 2023 年 1 月 1 日起强制执行。因此,航运业在降低碳排放方面面临着越来越现实的压力,清洁能源的应用是船舶低碳发展的重要途径。

船舶产生的气体排放物主要包括大气污染物和温室气体,虽然属于两类不同的排放物,但是由于是化石燃料的燃烧所致,如果直接排放在大气环境中,也会影响大气环境和人体健康。随着《MARPOL 公约》及其 1978 年议定书附则Ⅳ"船舶能效规则"的通过,国际海事组织开始对船舶排放的大气污染物和温室气体排放进行协同控制,欧美一些发达国家也开始通过立法的方式对船舶排放进行协同控制。

《MARPOL 公约》附则Ⅳ是针对船舶造成空气污染而专门制定的规则,主要是减少船舶氮氧化物和硫氧化物等大气污染物,以及温室气体的排放。根据《MARPOL 公约》要求,各缔约国需要采取相应的管理、市场和技术措施,从而实现国际海事组织提出的国际航运减排目标,其要求采取的具体措施主要包括优化发动机性能、提高锅炉效率、优化船型设计、采用低硫燃料、征收燃料税等。

船舶排放的大气污染物会危害人体健康并破坏生态环境,这些污染物主要来源于船舶发动机的废气,里面还有大量的氮氧化物、硫氧化物、颗粒物等。我国作为世界航运大国,每年航行于世界各地的船舶数量非常多,如果不加以控制,其大气污染物排放量大,大气污染治理的形势也会非常严峻。

近年来,空气质量不断恶化,控制气体污染成为社会关注焦点。据统计,船舶排放已成为第三大空气污染源,仅次于工业气体排放和机动车尾气。据测算,1 艘中型集装箱船使用普通燃料(含硫量为 3.5%)航行 1 天,其排放量等于 50 万辆货车的排放量之和。为加强对船舶造成大气污染的控制,国际海事组织于 2005 年 5 月 19 日起实施《防止船舶造成空气污染规则》。2016 年 1 月,我国在珠三角、长三角、环渤海水域设立了 3 个船舶排放控制区。

近年来,我国港口每年完成石油、天然气及制品吞吐量超过 10 亿 t,港口与油船、公路罐车、铁路罐车在进行石油类货物装卸、运输等多环节产生的 VOCs 超 10 万 t,产生资源损耗的同时也造成大气污染。2020 年,习近平总书记对开展 PM2.5 和臭氧协同控制作出重要批示,李克强总理提出了促进 PM2.5 和臭氧协同治理的具体工作要求,VOCs 作为 O_3 的前体物质成为当前大气污染防治的重点。油品运输 VOCs 排放已成为国家大气污染管控的重要领域之一。

3.2 国内外油码头油船油气治理要求

3.2.1 国外油气治理要求

国际海事组织于 1997 年批准了《MARPOL 公约》新增加防止船舶造成大气污染规则,规定从 2005 年 5 月 19 日开始,公约相关国家必须对船舶排放的油气进行回收处理。以美国为例,美国联邦环保局的《空气保护法》明确规定了油气排放标准,并从 20 世纪末开始,由美国海岸警备队监管,陆续在各装船港口建设并使用油气回收装置。目前,欧美多数海岸港口已禁止没有油气回收系统的船舶停靠,全面开展油气管控工作。据了解,目前,国外油品运输领域油气管控存在于多个环节,重点在油码头装船、储罐等装车(公路罐车、铁路罐车),少部分国家开展了油品船舶运输航行过程中油气回收处理设施的建设以及严格限定车船的油品水路、陆路运输过程中油气从呼吸阀(排放阀)排放的管控工作等。其中,发达国家油品运输领域油船及油码头油气管控起步早、法规较完善、技术成熟,节能减排效果明显。

欧盟环境领域的法规共有 5.2 万余条款,EU Directive 94/63/EC 中明确规定了油气回收排放所需要执行的标准及排放限值,并且还在附加法规中提出了在不同工况条件下可以适用的处理工艺。基于欧盟提出的 EU Directive 94/63/EC 相关规定,欧盟各成员国结合各国的实际情况也相继颁布了符合欧盟要求的油气回收法律法规,如挪威污染排放法、荷兰的 NeR 排放导则、德国的 TA-Luft 法规等。美国的海岸警卫队(USCG)也根据《MARPOL 公约》中对油气回收的要求,颁布了相关的法律法规。

在油品运输油码头油船方面,欧美法律法规中都明确提出了对油气回收的相关管理要求,例如:丹麦规定,对于吞吐量超过 2.5 万 t/年的油品码头需要安装码头油气回收处理设施,其 VOCs 排放浓度应小于或等于 $0.15g/Nm^3$。吞吐量小于 2.5 万 t/年的码头可以不用安装码头油气回收处理设施,但其 VOCs 排放浓度不得超过 $35g/Nm^3$。欧盟规定,对于挥发性较高的成品油,如汽油、石脑油,必须要进行油气回收;对于挥发性较低的油品如柴油、燃料油、润滑油等可以不设置油气回收处理设施。挪威污染排放法中规定,对于老旧码头给予 5 年的油气回收处理设施的建设过渡期,并提出在过渡期内需要采取的相关措施。美国的油气回收排放法规更为复杂,不同的州通常会制定当地的排放要求,针对不同的油气排放源,其排放限制也有所不同。欧美部分国家和地区的油气排放限值见表 3.2-1。

国际海事组织的《MARPOL 公约》附则Ⅵ《防止船舶造成空气污染规则》中第 15 条提出,1997 年议定书缔约国管辖的港口或装卸站对液货船产生的 VOCs 排放加以控制,具体内容包括所需控制的液货船的尺度、需要油气释放控制系统的货物种类以及该控制的生效日期等内容。

欧美部分国家和地区油气排放限值　　　　　　表 3.2-1

国家和地区	法规名称	总排放限制	针对部分	减缓要求	备注
欧盟	EU Directive 94/63/EC	$35g/Nm^3$	油气回收设备排放口	是	
德国	TA-Luft	$50mg/Nm^3$	总排放限制	是	不同物质排放限制有细分
丹麦		$150mg/Nm^3$	油气回收设备排放口	是	吞吐量大于25万t/年,非甲烷总烃排放值
美国	US Standard	$10mg/L(35g/m^3)$	装车(船)	是	
挪威	Pollution Regulation	$150mg/Nm^3$	油气回收设备排放口	是	采用焚烧设备时尾气排放不得高于$50mg/Nm^3$

国际海事组织颁布的《油船与终端站国际安全指南》(ISGOTT)、《有关阻止火焰进入油船液货舱的装置设计》(MSC/Circ.1009)、《试验及安装的修订标准的修正案》(MSC/Circ.677)等规范中对油船设计、加工、作业安全给出了详细的规定,并提出了相关的安全监管要求。此外,USGOTT 中规定船舶在运输、装卸过程中,油船货舱中的含氧量不得超过 8% 的安全要求。

美国海岸警卫队颁布的油气回收设备安全规范[USCG 33CFR Ch.I(7-1-05 Edition) Subpart E—Vapor Control Systems(154)]中详细规定了油气回收设备船岸安全界面单元的设计规格、加工规范以及操作要求。目前,欧美等油气回收工艺技术发展先进的国家在使用或者制造油气回收设备船岸安全界面时,均采用了这一标准并严格遵循。

此外,相关的安全法规还包括 MSC/Circ.585 号通函——《关于蒸汽排放控制系统标准》、IMO MSC/Circ.1009《有关阻止火焰进入油船液货舱的装置设计、试验及安装的修订标准(MSC/Circ.677)》的修正案等。

欧美国家油气回收管理体系和监督机制比较完善。在油气回收措施建设管理方面,欧美大多数国家,其管理部门的合作机制非常完善,对于码头油气回收设施的建设,通常会由环境主管部门牵头,联合港口、消防、安全、海事等多个部门共同参与,进行联合审核,并且结合各部门的管理要求提出相关的意见和建议,通过网络向全社会公布,听取利益相关的企业和自然人意见;项目建设方对主管部门油气回收监管有异议,最终可由法院裁决。整个过程全过程不超过 6 个月,这样可以避免管理部门的重复管理,也落实了环保、安全、海事管理等不同部门的差异化要求。

此外,欧美几乎全部港口除要求进港油船必须采取封闭作业,安装惰性气体发生装置及油气集中排放口,满足油气回收条件外,还根据国际海事组织的相关规定,要求油船货舱含氧量不得超过 8%,此方面由海事局监管。要求码头在油气回收船岸安全单元设有含氧量监测装置,一旦含氧量超标,会立刻报警,并切断油气运输作业,保证船舶、码头及油气回收装置的绝对安全。

在日常管理方面,如丹麦环保局要求,油气回收处理设施的使用方需要每年递交其设备的检测报告,包括油气回收处理设施的使用情况、尾气排放情况、油品回收利用情况等;油气回收出来设施使用方可以自行委托有资质的第三方机构完成检测。如果尾气检测不达标,需要限期作出整改。如果使用方没有按时提交检测报告,主管部门会要求其停产或处以罚款。

在荷兰鹿特丹,当地环保局专门成立了大气环境流动检测站,在油品/化工品码头、炼化厂以及储油库周围多个地点每天不定时不定点巡逻,通过风向变化以及先前计算好的方位监测点,在发现大气排放超标时,可以很快判断出是哪个企业产生的排放。此外,环保局在各个码头装卸泊位还安装了 VOCs 等气体的监测表,可以做到实时在线监测。鹿特丹环保局还开设了投诉电话,配合流动检测站随时监测环境空气质量情况。

从 20 世纪 70~80 年代至今,经过几十年的发展,欧美的码头、储油库、炼化厂等油气回收处理技术已经较为成熟,并有相关的法律法规、标准规范、管理措施予以匹配。几乎凡是涉及油气排放的较大规模企业或者单位均加装了油气回收处理设施治理有机挥发气体。

另外,由于研发力量的不断投入,新型油气回收处理技术也得到了发展,使得回收的油气可以得到较好的再利用,做到了真正意义上的节能减排。国外的油气回收设备建设规模也从每小时几百立方米到上千立方米。目前世界上最大规模的油气回收处理设施为丹麦 Aker Cool Solution 生产的原油码头油气回收设备,建设规模为 45000 m^3/h,安装地点在新加坡。

在欧美,油品运输领域油码头、车船等油气回收相关的法律法规均已落实到位,安全环保等技术标准规范十分齐全,各个监督部门的分工配合,包括检查、验收、惩治等管理职责也十分明确,已经基本形成一个完整的油气回收建设和管理体系。除此之外,油气回收技术及设备规模也趋于模式化。如荷兰 IPCO Power 公司生产出移动的油气回收设备,方便临时或者短时间的油气回收,可最大限度地减少建设费用;丹麦 Aker Cool Solution 公司已经将油气回收设备的规模流水线化,对于简单或者常见的码头、储油库等直接采用提前加工好的适合规格的油气回收撬装设备,对于需要特殊工艺的原油、化工品等大型油气回收设备采用针对性设计,既快速便捷,又节省成本。欧美等部分国家均已达到油气回收配套设施 100%合格。

3.2.2　国内油气治理要求

党的十九大报告提出,必须树立和践行绿水青山就是金山银山的理念,坚持节约资源和保护环境的基本国策,形成绿色发展方式和生活方式,坚定走生产发展、生活富裕、生态良好的文明发展道路,建设美丽中国。这对我国生态文明提出了更高的要求,其生态文明建设的战略地位也更加明确。

为了打好污染防治攻坚战,加快推进我国水运事业的绿色发展,国家相继发布了多项政策法规和标准规范,如《中华人民共和国环境保护法》《中华人民共和国大气污染防治法》《中共中央　国务院关于深入打好污染防治攻坚战的意见》《"十四五"节能减排综合工作方案》等政策文件,明确要求加强油船和原油、成品油码头油气回收治理工作。

2013 年 9 月,国务院颁布了《关于印发大气污染防治行动计划的通知》,明确"加大综合治理力度,减少多污染物排放""推进挥发性有机物污染治理"。在石化、有机化工、表面涂装、包装印刷等行业实施挥发性有机物综合整治,在石化行业开展"泄漏检测与修复"技术改造。限时完成加油站、储油库、油罐车的油气回收治理,在原油成品油码头积极开展油气回收治理。最新修订的《中华人民共和国大气污染防治法》(简称《大气污染防治法》)于

2016年1月1日起实施,首次针对油气回收制定了相关规定。最新修订的《大气污染防治法》第四十七条规定:"储油储气库、加油加气站、原油成品油码头、原油成品油运输船舶和油罐车、气罐车等,应当按照国家有关规定安装油气回收装置并保持正常使用。储油储气库、加油加气站和油罐车、气罐车等,未按照国家有关规定安装并正常使用油气回收装置的,由县级以上人民政府环境保护主管部门责令改正,处二万元以上二十万元以下的罚款;拒不改正的,责令停产整治。"

2016年12月,国务院颁布了《关于印发"十三五"节能减排综合工作方案的通知》,在《"十三五"节能减排工作方案》中,明确提出"到2020年全国万元国内生产总值能耗比2015年下降15%,能源消费总量控制在50亿tce以内。减排方面,提出全国化学需氧量、氨氮、二氧化硫、氮氧化物排放总量分别控制在2001万t、207万t、1580万t、1574万t以内,比2015年分别下降10%、10%、15%和15%。全国挥发性有机物排放总量比2015年下降10%以上"的具体节能减排目标。

2017年10月,环境保护部、国家发展改革委、财政部、交通运输部、国家质检总局、国家能源局等六部委联合印发《"十三五"挥发性有机物污染防治工作方案》,提出到2020年,建立健全以改善环境空气质量为核心的VOCs污染防治管理体系,实施重点地区、重点行业VOCs污染减排,排放总量下降10%以上。通过与NO_x等污染物的协同控制,实现环境空气质量持续改善。重点行业涉及石化、化工、包装印刷、工业涂装等重点行业以及机动车、油品储运销等交通源VOCs污染防治,各地应结合自身产业结构特征、VOCs排放来源等,确定本地VOCs控制重点行业。

2018年6月,中共中央、国务院发布《关于全面加强生态环境保护坚决打好污染防治攻坚战的意见》,意见提出坚决打赢蓝天保卫战,要求编制实施打赢蓝天保卫战三年作战计划,以京津冀及周边、长三角、汾渭平原等重点区域为主战场,调整优化产业结构、能源结构、运输结构、用地结构,强化区域联防联控和重污染天气应对,进一步明显降低PM2.5浓度,明显减少重污染天数,明显改善大气环境质量,明显增强人民的蓝天幸福感。强化工业企业无组织排放管理,推进挥发性有机物排放综合整治,开展大气氨排放控制试点。到2020年,挥发性有机物排放总量比2015年下降10%以上。

2015年8月,交通运输部颁布《关于印发船舶与港口污染防治专项行动实施方案(2015—2020年)的通知》(简称《行动实施方案》)。《行动实施方案》明确到2020年,船舶与港口污染防治政策法规标准体系进一步完善,船舶与港口大气污染物、水污染物得到有效防控和科学治理,排放强度明显降低,清洁能源得到推广应用,船舶和港口污染防治水平与我国生态文明建设水平、全面建成小康社会目标相适应的总体工作目标;以及积极开展港口作业污染专项治理,推进原油成品油码头油气回收治理的工作任务。

2016年2月24日,交通运输部、环境保护部、商务部、国家质检总局联合发布了《关于印发原油成品油码头油气回收行动方案的通知》,通知中明确,2015年启动第一批码头油气回收试点工程,形成相关标准规范初稿;2016年启动第二批码头油气回收试点工程,形成相关标准规范征求意见稿;2017年完成相关标准规范的制修订;后期,根据试点工程情况,在全国范围开展码头油气回收工作的总体安排。同时明确了制修订码头油气排放相关标准、制定码头油气回收系统有关技术规范、制定码头回收油品的处置办法、完成全国码头油气回收规划研究的具体任务安排。

2020年12月28日,生态环境部和国家市场监督管理总局联合发布了《储油库大气污染物排放标准》(GB 20950—2020)和《油品运输大气污染物排放标准》(GB 20951—2020),要求万吨级及以上油品泊位码头、新建150总吨级以上及现有8000总吨及以上的油船应开展油气管控,新建码头及油船自2021年4月1日实施,现有码头及油船自2024年1月1日实施。且要求装船油气的排放限值不得高于$25g/m^3$,对运输环节中油气的排放量以及油气的监测方法也给出了明确规定。

2021年11月2日,中共中央、国务院发布《关于深入打好污染防治攻坚战的意见》,提出以石化、化工、涂装、医药、包装印刷、油品储运销等行业领域为重点,安全高效推进挥发性有机物综合治理。2021年12月28日,国务院发布《关于印发"十四五"节能减排综合工作方案的通知》,在挥发性有机物综合整治工程中要求加强油船和原油、成品油码头油气回收治理。

2022年11月10日,生态环境部、国家发展改革委、科技部等联合发布的《深入打好重污染天气消除、臭氧污染防治和柴油货车污染治理攻坚战行动方案》中要求,自2024年1月1日起,具有万吨级以上油品泊位的码头、现有8000总吨及以上的油船按照国家标准开展油气回收治理。

2023年1月4日,生态环境部和交通运输部联合发布《关于推进原油成品油码头和油船挥发性有机物治理工作的通知》,要求按照《储油库大气污染物排放标准》《油品运输大气污染物排放标准》要求,港口万吨级及以上原油和成品油装船码头泊位及直接相连的配套储罐,在国内从事油品装载作业的现有8000总吨以上油船和新建150总吨以上油船,要开展油气回收处理设施建设或升级改造;需要升级改造的,应于2023年3月底前制定完成升级改造方案。

近几年,交通运输行业发布了油品运输领域相关的建设、安全标准,包括《码头油气回收处理设施建设技术规范》(JTS/T 196—12—2023)、《码头油气回收船岸安全装置》(JT/T 1333—2020)、《船舶油气回收安全技术要求》(JT/T 1346—2020)等行业标准,开展了行业第一批油码头油气回收试点项目。

根据《油品运输大气污染物排放标准》(GB 20951—2020)要求,公路罐车、铁路罐车及油船在进行油品运输时要采取措施减少VOCs的泄漏,包括减少油舱(罐)呼吸阀的排放等。

3.3 国内外码头油气回收处理设施发展现状

3.3.1 国外码头油气回收处理设施现状

码头油气回收在欧美等发达国家已经开展了30多年,经验比较丰富、技术相对成熟。从排放限值到油气回收设施的建设、运营、维护和监管,相关的法律法规及技术标准也较为完善;油气回收的设备工艺、安全技术也已趋于成熟;油气回收再利用的相关政策健全,可发电入电网、售卖等,在保护大气环境的同时也具有较好的经济效益,大部分油码头建设油气回收处理设施回收油气并资源再利用后,可在4年左右收回工程建设成本。因此,欧美等发达国家进行油气回收处理设施建设的积极性高,环境效益和经济效益好。

在对国外油气回收设备使用方及设备安装现场的调查中发现,国外的储油库、码头拥有的设备、管网等,相对国内储油库、码头的设备、管网等并没有更多的先进性,甚至有的储油库、码头的设备、管网等相对国内要落后或者陈旧,即在硬件方面国内与国外相应设备设施从技术先进性角度来说相差不大。但与国内不同的是,国外的码头、储油库对于工作人员的操作安全管理要求非常严格和全面,对相应安全措施也非常重视。比如荷兰鹿特丹某码头,该码头的最大特点就是货物按要求堆放,软管、输油管等装置在使用完毕后也会立刻按要求归类摆放,码头的消防应急措施也比较完善,各种规定绝不懈怠。

国外码头的另一个特点就是凡是涉及安全的事宜,都必须严格按照标准规范执行。比如所有进场的设备、车辆都要求加装防爆装置,并且进入现场的人员必须穿防化安全鞋,戴安全帽,穿安全服,手机一律要求关机,在经过登记后才被允许进入。

在国外,对于油气回收处理设施,虽然对于设备操作的相关要求不多,但企业也都非常严格地按照油气回收设备的使用规范进行操作,按要求进行使用记录并及时反馈给设备厂家;此外,企业也会定期邀请设备厂家对其设备进行专业的维护及保养,避免了因维护保养不到位造成的设备故障,从而避免污染物排放超标或者安全隐患产生等情况的发生。

欧美等部分国家在少量的大型油船或离岸装载的穿梭油船上安装了船用的油气回收处理装置,用于处理油船航行过程中从呼吸阀排放出来的油气,但该项要求与技术实施范围较小。根据目前国外相关研究成果,离岸装载的穿梭油船在恶劣天气下,每吨原油在运输过程中,其VOCs排放量为2.8kg,一艘载重10万t原油的船舶在装载时,将会有约2200桶的原油被释放成VOCs。目前国内也开展了船用油气回收装置的前期研究。技术上具有一定的可行性,对于应用效果有待进一步论证与应用研究。图3.3-1所示为国外船载油气回收处理设施。

图3.3-1 国外船载油气回收处理设施

目前国际上的油气回收厂家大多都掌握着较先进的技术工艺,并且由于国外油气回收市场起步较早、发展成熟,不合格的厂家多已被市场淘汰,剩余制造商生产的产品工艺均可达到所承诺的处理效果和设计寿命。此外,国外油气回收厂家生产的油气回收设备自动化程度较高,基本能真正做到 24 小时无人值守,并且业主也无须对设备进行额外操作,设备就可正常运行。油气回收设备大多数都带有远程监控装置,与油气回收设备生产厂家总部的控制系统相连,由设备厂家的工作人员进行远程监控,从而避免了当设备发生问题时,因业主缺乏专业技术指导培训导致操作失误而造成设备异常或安全隐患等突发情况。

国外油气回收处理设施已规范化、标准化,安装使用的分工通常比较明确,厂家仅提供油气回收设备的设计图纸,并告知业主所需的辅助管道、电路等设施,由业主进行布设;大多数油气回收设备都为集装箱式组装,将油气回收处理设施的零部件提前在支架上焊接组装好,由集装箱运输到安装地点,与业主已经布设好的管道、线路连接,整个过程清晰而便捷,通过 1~2 周的调试即可投入使用。

此外,在油气回收设备安装使用地,业主为油气回收设备建立的配套设施也比较完善,大多数的油码头在油气回收处理设施周围都建设了挡液坎和污水收集池,并且对连接汩气回收设备的管道都加装了阻火器。

欧美码头油气回收重视安全,在码头前沿要求使用美国海岸警备队推荐的船岸界面安全设备。该安全设备具备隔离、防爆、监测、紧急处置等功能,能有效处置油船装船作业的液、气平衡,处理压力异常,防止含氧量超标的油气进入油气回收装置。大型码头推荐使用带有紧急脱离装置的专用输气臂,内河小型码头使用软管或者输气臂。德国等建议加装具备紧急切断和自动密闭的拉断阀,紧急情况下将软管断开,同时关闭阀门防止污染。

欧美国家对油船的油气排放也有严格的要求,所有油船需要配备统一的液货蒸汽管道,管道接口与码头相连接的部分,都有标准尺寸的接头。船舶排放的油品蒸汽必须严格对其含氧量进行控制,含氧量超过 8% 油气严禁上岸。同时还要求油船配备惰性气体发生装置,用惰性气体充舱,保证船舶安全。

另外,在油气回收再利用的其他配套管理规定方面,欧美国家也具有成熟的法律规定。例如,在油气回收再利用方面,荷兰就规定可以利用油气进行发电,经过油气回收设备处理所产生的电能可以并网,并按照市场价格获得发电收益。

3.3.2 国内码头油气回收处理设施现状

我国码头油气回收工作自 2010 年前后陆续开展,但与其他重点行业相比,交通运输领域油码头与油船 VOCs 管控收效甚微。据不完全统计,我国沿海及内河至今建设了 150 多套码头油气回收处理设施,但全面投入使用的油气回收处理设施占比不高。2023 年前后几年是国内油码头油船油气治理设施建设和改造的高峰期,设施建设与运行使用规模增大,相关问题凸显。主要问题包括码头油气回收处理设施现有标准执行不彻底、操作规程缺失、安全保障不足。油气属于易燃易爆、有毒有害物质,油气治理设施运行存在安全风险,设施安全性要求较高。行业标准《码头油气回收船岸安全装置》(JT/T 1333—2020)明确要求,船岸安全装置应具备国家有关部门认可的第三方检验机构出具的合格证书和型式检验证书,目前船岸安全装置质量认证尚未大范围开展,同时也尚未出台码头油气治理设施运行和操作技术要求,很多企业的设施安全管理和操作要求编制质量不高,行业也未开展码头油气治理设施安全操作技能的相关培训,尤其是公用码头企业基本不具备专业性强的管理与操作人员,存在操作规程及人员专业技能短板,形成安全隐患。另外,油船相关设施配套进度慢,设施投用率低,船岸协同欠缺也是设施利用率低的重要原因。根据 2023 年的初步统计,全国具备油气治理配套设施的油船占比不足 15%,全国已建码头油气治理设施投入正常运行使用的比例不足半数,且大部分码头油气治理设施的投用率(即到港装油船舶开展油气回收治理的比例)不到 30%,主要原因是多数到港装船油船不具备与码头对接的油气治理配套设施,包括惰性气体系统、油气收集管路、仪器仪表等。另外,现有油船油气治理设施改造费用依据船型的大小从一百多万元至几百万元不等,油船改造费用高,对船舶企业造成一定负担。

3.4 国内码头油气回收处理设施典型工程案例

我国沿海、内河从 2010 年前后开始,根据国际及各地环保相关要求,陆续建设有 150 多套码头油气回收处理设施,但投入使用并达到良好环境经济效益的案例不多。这些油气回收处理设施建设与运行使用单位在推进工作的过程中投入大量人力物力,运行良好的设施是行业有序推进油气回收工作的重要参考。

3.4.1 码头油气回收处理设施建设调研情况

1) 舟山原油码头

中化兴中石油转运(舟山)有限公司目前有各类大型常压储罐 55 台,3000 吨级至 30 万吨级油品码头共 5 座,总罐容达 256 万 m^3,年设计油品吞吐量超过 4100 万 t。2014 年 1 月 29 日,中化兴中公司原油装船油气回收工程正式取得浙江省舟山市经济和信息化委员会核准批复立项,至此项目已先后得到中国中化集团公司及当地政府立项批复。

如图 3.4-1 所示,该项目主要用于 1 号泊位(5 万吨级)和 2 号泊位(10 万吨级)在原油装船过程中产生的原油油气,油气处理量为 5000m^3/h,处理后原油油气排放指标小于或等于 10g/m^3,比国家标准低 60%。该工程总投资为 9382 万元,装置规模按 5000m^3/h 处理量设计,由码头船/岸界面安全设施、油气管网输送系统、油气回收设备、锅炉燃烧供热、总体控制系统组成,满足达标排放标准,能源再利用效果较好。该装置已于 2015 年 8 月投入试运行。

2017 年 4 月至 2018 年 8 月,舟山油气回收处理设施累计试运行 24 次,累计运行时间 121h,累计回收处理高纯油气 61500kg,即平均每运行 1h 回收处理高纯油气约 0.5t。项目试运行期间,设施总体运行稳定,但也存在因个别设备或仪表出现故障,影响运行效果的情况。同时,在设施试运行期间,委托第三方检测机构于 2018 年 1 月 10 日进行了现场检测,其检测结果如下:系统尾气排放非甲烷总烃值为 4.52g/m^3 和 1.91g/m^3;系统焚烧尾气 SO_2 排放值为 75.7mg/m^3 和 86.7mg/m^3;系统最大处理能力可达到 5000m^3/h。之后,还委托另外的第三方检测机构于2018年4月18日进行了一次现场检测,其检测结果如下:系统尾气排放非甲烷总烃最大及最小值为 3.45g/m³ 和 2.61g/m³;液货舱油气进口非甲烷总烃最大及最小值为 292g/m³ 和 115g/m³。

图 3.4-1　中化兴中石油转运(舟山)码头油气回收处理设施

该码头在实际运营过程中,有部分靠泊油船不具备油气回收配套设施,无法与码头油气回收设施进行有效连接。但码头油气回收处理设施能够正常运行,具有一定的环境与经济效益。

2)中化泉州石化码头

中化泉州石化外走马埭码头共有 8 个 3000 吨级泊位及相应的配套设施,设计年通过能力为 360.78 万 t/年。外走马埭码头油气回收项目总投资 4475 万元。装置采用"冷凝+活性炭吸附"的回收工艺,回收介质为汽油、苯、甲苯、混二甲苯等介质装船时挥发出来的气相,油气回收装置处理量为 1200m³/h,油气回收装置布置于外走马埭码头 5 号与 6 号泊位之间,每个泊位设船岸对接安全界面模块 1 套、输气臂 1 台。该设施执行当时现行有效的《储油库大气污染物排放标准》(GB 20950—2007)标准,经油气回收处理后,排放尾气中,油气排放浓度小于或等于 25g/cm³(非甲烷总烃)、苯小于或等于 12mg/m³、甲苯小于或等于 40mg/m³、混二甲苯小于或等于 70mg/m³,油气回收率大于或等于 98%。前期排气筒高度不满足规范要求,2019 年经过改造,将油气回收装置排气筒高度提高至 15m 以上,满足规范要求。

外走马埭码头油气回收处理设施于 2018 年 6 月 5 日首次投入装船实测正常。2019 年 3 月 15 日和 25 日分别在外马埭码头 4 号和 6 号泊位也实现了油气回收的投用,至此,外走马埭码头 4~6 号三个化工品泊位在装载苯、甲苯、混二甲苯等化工品时均投用油气回收处理设施。

中化泉州石化青兰山码头共有 10 万吨级、5 万吨级(兼顾 2 个 5000 吨级)、3 万吨级(兼顾 2 个 3000 吨级)、1 万吨级 4 个泊位。年设计吞吐能力为 974.87 万 t,主要承担原油接卸,汽油、柴油、煤油等成品油的装船出厂。青兰山码头油气回收装置总投资 5304 万元。装置采用"活性炭吸附+贫油吸收"的回收工艺,如图 3.4-2~图 3.4-4 所示,主要回收码头汽油装船过程中产生的汽油油气,最大油气处理量为 2500m³/h,油气回收装置布置于青兰山库区,包括 3 号泊位、5 号 A、5 号、5 号 B、6 号泊位共 5 个船岸对接安全界面模块和 1 套油气回收主装置。该设施执行当时现行有效的《储油库大气污染物排放标准》(GB 20950—2007)标准,经油气回收处理后,排放尾气中,油气排放浓度小于或等于 $25g/cm^3$(非甲烷总烃),油气回收率大于或等于 95%。前期排气筒高度不满足规范要求,2019 年经过改造,将油气回收装置排气筒高度提高至大于 15m,满足规范要求。青兰山码头油气回收装置于 2016 年 1 月 20 日首次投入运行,经测试,油气回收装置回收后排放的油气浓度能达到国家相关排放标准。目前,青兰山码头油气回收在船岸接口具备条件的情况下,均正常投入运行。截至 2023 年底,外走马埭码头及青兰山码头累计 766 艘次油轮在装船作业过程中进行了相关油气的回收。

图 3.4-2　中化泉州油气回收装置(一)

图 3.4-3　中化泉州油气回收装置(二)

根据国家环保相关要求,解决两套油气回收遗留的问题,泉州石化于 2022 年启动升级改造项目。青兰山码头油气回收装置进行改造,处理能力维持 $2500m^3/h$ 不变,用于汽油、石脑油和溶剂油装船油气处理;非甲烷总烃小于或等于 $10g/m^3$、有机废气排去除率大于或等于 95%。新建一套 $2500m^3/h$ 的油气回收处理装置,用于煤油装船油气处理;非甲烷总烃小于或等于 $10g/m^3$、有机废气排去除率大于或等于 95%。外走马埭新建一套 $2750 m^3/h$ 的油气回收,用于汽油、航煤、化工轻油、三苯的尾气处理。非甲烷总烃小于或等于 $120mg/m^3$、有机废气排去除率大于或等于 97%。升级改造后,3 套油气回收装置处理的总规模为 $7750m^3/h$,

装置采用"低温吸收液吸收+活性炭吸附"组合工艺。2023年12月,泉州石化码头油气回收装置改造升级项目顺利完成并投用。

泉州石化的三套码头油气回收装置回收货种为:外走马埭码头回收油气种类共计11种,主要包括汽油、苯、甲苯、混合二甲苯、煤油(含灯煤、航煤)、石脑油、溶剂油(化工轻油、抽余油)、己烷、庚烷、甲基叔丁基醚(MTBE)、戊烷发泡剂。青兰山2套油气回收分别回收汽油、石脑油和航煤。

图3.4-4 中化泉州油气回收装置(三)

3)南京炼油厂码头

如图3.4-5所示,该装置主要用于3号、4号、6号和7号等码头汽油、石脑油装船过程中产生的轻油油气。该油气回收装置采用正压低温柴油吸收工艺,油气处理能力为$1000m^3/h$,非甲烷总烃排放浓度小于或等于$15g/m^3$,硫化物排放浓度小于或等于$10mg/m^3$。

图3.4-5 南京炼油厂码头轻油油气回收处理装置

从码头来的油气首先进入缓冲罐进行气液分离,然后进入压缩机进行压缩,将油气压力提高至0.25MPa,压缩后的油气进入低温吸收塔与5~10℃的柴油逆流吸收,将大部分油气和硫化物吸收到柴油中,最终净化尾气经过阻火器达标排放。目前该设备已投入使用,效果相对较好。

4)青岛丽东化工有限公司

青岛丽东化工有限公司安装了2套油气回收设备(图3.4-6),分别为$500m^3/h$处理量和$3000m^3/h$处理量。其中石脑油油气回收设备为全吸附法油气回收设备(配有冷凝器将吸附出的气体冷凝成液体),从 2007 年安装运行至今未发生过重大问题,2 套设备均为全自动管理,并有相关人员定期进行仪表校正,并通过抽样化验等方式验证仪表的正确性。在中控室显示的其中一套石脑油油气回收设备运行 4 年时间,共回收 24 万 L 油气。

图 3.4-6　青岛丽东化工 2 套油气回收设备

5)青岛丽星仓储化工有限公司码头

青岛丽星仓储化工有限公司码头油气回收装置(图 3.4-7、图 3.4-8)主要用于对二甲苯装船过程中产生的对二甲苯气体进行回收。该油气回收装置处理量为 924m³/h,回收效率为 98%,主要采用"吸附+冷凝"处理工艺。该装置于 2011 年 3 月投入使用,随后经过了几次改造,设施运行使用效果较好。

图 3.4-7　青岛丽星仓储化工有限公司码头油气回收处理装置

图 3.4-8　码头油气回收装置船岸对接装置

3.4.2 码头油气回收处理设施建设与运营现状分析

2021年,作者对国内17个已安装油气回收处理设施设备的码头进行了统计分析,具体情况如下。

新建码头工程含油气回收项目的有7个,占总数的41.17%;码头油气回收改造工程8个,占总数的47.06%;未知的有2个。目前有3个码头的油气回收处理设施可正常使用,分别为青岛丽东化工码头、南京金陵石化码头、中化兴中舟山原油码头,其他码头设施均因各种原因未投入正式运营。调查问卷涉及的码头油气回收工程中,有11个码头存在多泊位共用1套油气回收设备的情况,其中5个码头为2个泊位共用1套油气回收设备,3个码头为3个泊位共用1套油气回收设备,1个码头为4泊位共用2套油气回收设备,另有2个码头分别为5泊位及10泊位共用1套油气回收设备。还有2个码头的泊位情况不详。其余4个码头均为1泊位对应1套油气回收设备。

调查问卷的18台(套)油气回收处理设备中,有15台(套)的供应商为国内厂家,3台(套)来自国外。

18台油气回收设备的规格在300~800m³/h之间的有8台,均为国产设备;规格在1000~1700m³/h之间的设备有4台,3台为国产设备,1台为进口设备;规格在2500~3000m³/h之间的设备有3台,2台为国产设备,1台为进口设备;规格为5000m³/h的设备有1台,为国产设备;2台未知。

油气回收设备回收介质为原油的有1台,单纯回收成品油的有5台,单纯回收化工品的有3台,回收成品油+化工品的有8台,1台回收介质不详。回收成品油+化工品的8台设备中,有4台共用同1套油气回收设备的情况,有3台不同时共用,有1台情况未知。

调查问卷涉及的码头用油气回收设备中,工艺为吸附+吸收工艺设备8台,冷凝+吸附工艺设备5台,膜加吸附工艺等复合工艺2台,碳吸附设备1台,1台未知。管道直接引进锅炉燃烧1台。

回收再利用方式分为按照污油处理、回收提炼、商品销售、焚烧利用热值以及直接回到储蓄罐等方式。

码头油气回收设备的工艺类型分为冷凝+吸附、吸附、吸附+膜分离等,各类工艺的数量分布图见图3.4-9。

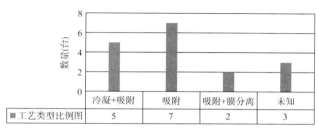

图3.4-9 码头用油气回收设备工艺类型及数量

17个码头的油气回收设备中,安装船岸界面安全装置的码头有4个,未安装船岸界面装置的码头12个,1个情况不详。有9个码头配备了惰气系统或惰气供应装置,5个码头未配备惰气系统发生装置,有3家码头情况不详。仅2个码头的船岸界面油气输送采用输气臂与船舶链接,其余15个码头设备均采用输气软管连接,多数无配备紧急脱离装置或者没有配备紧急脱离装置的条件,存在较大安全隐患。

此外,开展了系统的HAZOP(危险及可操作性)安全评估的码头较少,上述案例中的中化兴中舟山原油码头与中化泉州青兰山成品油码头油气回收处理设施开展了评估,并在提升码头油气回收相关安全措施和安全管理方面起到明显作用。目前国内多数码头油气回收处理设施未开展有针对性的安全评估和专项安全考核,码头油气回收处理设施在安全方面存在不确定性。

4

码头油气回收处理设施设计要点

4.1 码头油气回收处理设施设计概述

4.1.1 码头油气回收处理设施的组成

从20世纪60年代起,美国就开始将油气回收治理作为降低油品蒸发损耗和防止环境污染的技术措施进行研究和推广。20世纪80年代,我国才开始在油库中开展储油罐的油气回收治理工作。而我国码头油气回收治理工作,则起步较晚,2016年在上海石化码头投建的油气回收装置,成为我国首个投用的码头油气回收装置。

码头油气回收处理设施,是用于回收处理油气化工码头在装载作业过程中产生的VOCs,通过采用物理或化学的方法,实现VOCs达标排放的设施。码头油气回收处理设施主要包括油气收集装置、船岸安全装置、油气输送装置和油气回收处理装置等。

1) 油气收集装置

根据国际海事组织1996年4月16日发布的MSC.Circ.585号通函《关于蒸汽排放控制系统标准》,每艘化学品船、成品油或原油油船应该在船舶装卸汇管附近装设蒸汽收集管路。码头油气收集装置主要是用于连接船舶装卸汇管附近的蒸汽排放接头。

目前,国内外油气化工码头上的油气收集装置主要采用输气臂或输气软管进行货物蒸汽的收集,其选择形式也与码头货物装卸设备基本一致。由于油气化工码头的泊位吨级、装卸货种、平台空间、作业环境等因素不尽相同,在码头油气收集装置的选择上也会存在差异。

输气臂作业方式主要应用于大型油气化工码头上,可满足大型船舶甲板面高、装卸流量大、安全等级高的要求。对于外海开敞式大型油品码头和装卸极度危害介质的化学品码头,通常会采用装卸臂进行货物的装卸作业。因此,在进行码头油气回收时,其油气收集装置通常也会采用输气臂。该种作业方式的优点为:自动化程度高,可降低劳动强度;设备口径大,装卸效率高;能进行超限报警和自动脱离,安全性能高。缺点为:设备投资和维护成本高;船舶装卸汇管接口需位于输气臂包络线范围内,作业范围有限。

输气软管作业方式主要应用于小型油气化工码头,其投资低、操作灵活,可满足不同吨级船舶、不同停靠位置的使用要求。软管材质包括橡胶复合软管和金属软管。该种作业方式的优点为:设备投资和维护成本低;可通过多根软管拼接使用,满足不同接管距离要求,作业灵活。缺点为:接管时劳动强度大、操作不方便;使用寿命短,承压低,易被拉断或磨损泄漏;对于金属软管,容易与码头面或甲板面摩擦产生火花。

一般情况下,船岸油气收集系统管道公称直径DN200以上建议采用输气臂,DN200以下可采用输气软管。

2) 船岸安全装置

由于油品蒸汽属于易燃易爆物,特别是液货舱中排出的油品蒸汽通常会含有氧气,一旦油气浓度达到爆炸极限范围,在遇到火花或者静电时,极易发生火灾爆炸事故。在码头油气回收处理过程中,首先需要确保液货舱排出的油气在进入码头油气回收处理装置之前是安全的。因此,船岸安全装置是为保护船舶、码头和油气回收处理设施装置,设置于油气收集装置和油气输送装置之间的设施。

国际海事组织 MSC/Circ.585 号通函《关于油气排放控制系统标准》和 MSC/Circ.677 号通函《经修订的防止火焰进入油船货舱设备的设计、试验、安装标准》,对码头油气回收处理设施的安全提出了相关规定,其中特别提到了船岸界面安全装置的功能和关键技术指标。另外,美国海岸警备队《油气控制安全规范》(33CFR §154)中也明确要求,在码头油气回收处理设施中,需强制要求设置船岸界面安全装置。

船岸安全装置通常设置在码头前沿,一般由输气管道、手动切断阀、单向阀、惰化调节阀、压力传感器、高速透气阀/真空阀或压力/真空释放阀、电动卸载阀、电动切断阀、气液分离器、氧含量传感器、阻爆轰型阻火器、气体流量传感器、防爆控制箱、控制系统等组成,船岸安全装置构成示意详见图 4.1-1。

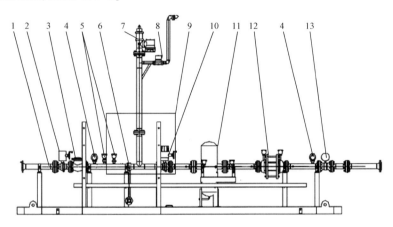

图 4.1-1 船岸安全装置构成示意图

1-输气管道;2-手动切断阀;3-单向阀;4-氧含量传感器;5-压力传感器;6-惰化调节阀;7-高速透气/真空阀或压力/真空释放阀;8-电动卸载阀;9-防爆控制箱(内装控制系统和船舶通信模块);10-电动切断阀;11-气液分离器;12-阻爆轰型阻火器;13-气体流量传感器

建议一个泊位配套建设至少一套船岸安全装置。特例情况,如两个相邻泊位装载同一货种,且不存在同时装船的情况,可共用一套船岸安全装置。

3)油气输送装置

液货舱排出的油气,需要克服油气收集装置、船岸安全装置等设备及管道的沿程摩阻和局部摩阻,并确保还有足够的压力进入油气回收处理装置,以便于油气的后续回收处理工作。油气输送装置主要包括压缩机、阻火器、阀门和管道等设施,其核心设备主要为压缩机。压缩机的用途是对液货舱排出的油气进行增压,以达到管道输送要求的压力。

压缩机按其作用原理可分为容积式压缩机和速度式压缩机,容积式压缩机主要依靠气缸内的活塞做往复运动,实现油气的吸气、压缩和排气过程,从而达到气体增压的目的。往复式压缩机属于典型的容积式压缩机,通常由电机作为动力源,带动压缩机的曲轴转动,使活塞在气缸内做往复运动,从而气体实现吸气、压缩、排气的过程。

速度式压缩机主要依靠高速旋转的叶轮,对吸入的气体做功,使气体的压力和速度提高,并通过扩压元件使其转变为气体的压力能。离心式压缩机属于典型的速度式压缩机,通过主轴带动压缩机机体内的叶轮旋转,气体自叶轮径向进入叶轮,并以较高的离心速度甩出叶轮,最后进入扩压导叶中,使其速度降低而压力提高,直到达到额定压力。

离心压缩机具有结构简单、运行平稳、便于变速调节、节省投资等特点,通常广泛应用于油气的管道输送中。而在码头油气输送装置中,也通常采用离心压缩机。

油气输送装置中压缩机的选型应根据油气回收管道压力损失、油气流速控制等确定,并确保液货舱内气相空间压力应满足船舶安全和油气回收装置进口压力的要求,且不应大于设定的真空释放阀的释放能力。

4)油气回收处理装置

因油气回收处理工艺的不同,油气回收处理装置可分为油气回收装置和油气处理装置。油气回收装置是指采用吸收法、吸附法、冷凝法、膜分离法等物理方法,对油气进行回收的装置。

吸收法:根据油气混合物中各组分在吸收剂中的溶解度的大小,来进行油气和空气的分离。一般采用低温柴油、汽油等作为吸收剂,在吸收塔中将油气与吸收剂进行逆流接触,使吸收剂对烃类组分进行选择性吸收,未被吸收的气体则经过排气筒进行排放。

吸附法:根据固体表面存在着不平衡和未饱和分子引力,利用吸附剂对油气和空气的吸附力的差异性,实现油气和空气的分离。通常采用活性炭、硅胶、氧化铝等作为吸附剂,当油气通过吸附剂时,有机化合物组分会吸附在吸附剂表面,然后经过真空减压脱附,实现吸附剂的再生,最后将脱附下来的富气进行液化,从而实现油气的回收。而活性炭等吸附剂对空气的吸附力非常小,未被吸附的尾气则经过排气筒进行排放。

冷凝法:根据有机化合物在不同温度下其饱和蒸汽压的不同,通过冷凝降温,使油气中一些烃类气体达到过饱和状态,从而凝结为液体,实现油气和空气的分离。一般采用多级连续冷却的方法,降低油气的温度,在不同温度等级下回收相应的有机化合物。在采用冷凝法进行油气回收时,需要根据油气中烃类物质的成分、回收率以及尾气中污染物的浓度限值,来确定冷凝装置的冷却温度。

膜分离法:基于溶解扩散机理,在膜介质两侧压差的推动下,根据油气混合物各组分透过膜介质的渗透速率的差异,实现油气与空气的分离,最后收集分离膜上的富气,从而将油气凝结为液体并实现膜的再生。膜分离法的核心是根据回收介质的不同,选择合适的分离膜。

油气处理装置是指采用燃烧法、催化氧化法、等离子体法等化学方法,对油气进行处理的装置。

燃烧法:是直接将收集到的油气进行有氧火焰燃烧,最终生成二氧化碳和水。在燃烧过程中,需要根据油气的浓度,适时补充燃料气或者空气,确保油气能够燃烧充分。

催化氧化法:是收集到的油气在贵金属等催化剂的作用下,与氧气在一定温度条件下,发生催化氧化反应,最终生成二氧化碳和水。在油气处理过程中,必须有催化剂的参与,确保氧化反应能够正常进行。

等离子体法:是在外加高压电场的作用下,通过介质放电产生大量的高能电子、自由基等,使其与油气分子发生一系列的物理化学反应,从而将挥发性有机物降解为无毒无害的物质。

4.1.2 码头油气回收设计思路

在设计过程中,需要根据码头的性质与规模、装船货种、介质特性和安装空间等因素,合理确定码头油气回收处理设施的相关技术参数,主要包括回收货种与处理规模的确定、排放标准的执行、回收处理工艺的选取、回收装置的选址,以及设备选型计算与平面布置等。

1) 回收货种

根据生态环境部编制的《中国现有化学物质名录(2013年版)》以及后续增补的化学物质,目前我国现有取得登记的化学物质共计46185种,其中列入《危险化学品目录(2015年版)》的危险化学品共计2828种。

目前,我国港口仓储和码头装卸中最为常见的散装化学品共计529种,其中油品主要包括原油、燃料油、汽油、柴油、航空煤油、溶剂油、凝析油、稀释沥青等;化学品主要包括烷烃类、烯烃类、芳烃类、卤烃类、酯类、醛类、酮类等。上述散装液体油品和化学品在装卸过程中,会受其装卸方式、环境温度、蒸汽压等因素的影响而挥发成气体,产生的气态挥发性有机物需要通过液货舱或储罐的呼吸阀排出。其中部分化学品如烷烃类和烯烃类,通常会以液化烃的方式进行储存和运输,在码头装卸作业过程中,液货舱和储罐均会采用密闭方式进行装卸,不会向大气中排放挥发性有机物。

根据《中华人民共和国大气污染防治法》,防治大气污染,应当加强对燃煤、工业、机动车船、扬尘、农业等大气污染的综合防治,推行区域大气污染联合防治,对颗粒物、二氧化硫、氮氧化物、挥发性有机物、氨等大气污染物和温室气体实施协同控制。由于我国港口装卸的油品和化学品种类繁多,对所有货种产生的挥发性有机物都进行回收处理也不现实,因此,需要从环保、安全、经济等角度综合考虑,确定需要进行回收处理的货种。

针对不同的油品、化学品种类,是否需要对其挥发的 VOCs 进行回收处理,需要根据相关的大气污染物排放标准进行判定,包括现行国家标准《储油库大气污染物排放标准》(GB 20950)、《石油炼制工业污染物排放标准》(GB 31570)、《石油化学工业污染物排放标准》(GB 31571)等,大气污染物排放限值应满足相应标准的规定。

2) 处理规模

在码头油气回收处理设施的设计过程中,如果装置处理规模设计过大,会增加工程投资,占用较大的安装空间;如果装置处理规模设计过小,会降低码头的装卸生产效率,影响码头的正常生产作业。码头油气回收装置的处理规模,既要满足港口挥发性有机物的安全和达标排放要求,又要满足企业装卸生产效率的要求,同时还应节省工程投资。

对于单个泊位设置的油气回收装置,需要考虑同一个泊位兼顾不同靠泊船型的需要,装置处理能力既要满足最大装船船型的需要,也要适应最小装船船型的需要。如果装置建设过大,在靠泊较小船型时,装置的处理能力势必会有较大的富余,从而导致装置的运行成本过高。

对于多个泊位共用油气回收装置时,需要考虑多个泊位同时进行装船作业的可能性,以及不同泊位不同船型之间的装船流量和装船压力的不平衡性。如果油气回收装置的处理规模完全按照所有泊位同时进行装船作业进行考虑,其油气回收装置的配置虽然提高了码头装卸生产的适应性,但也极大地增加了油气回收处理设施的工程投资。当码头靠泊不繁忙的时候,装置的处理能力会出现较大的富余。

因此,在码头油气回收装置设计过程中,应该合理确定装置处理规模,避免装置处理规模建设过大,浪费投资;或者处理规模过小,影响码头作业效率。为兼顾不同作业工况,码头油气回收处理设施可采用多套装置或者多个模块的方式。在油气回收处理量较小时,启动其中1套装置或1个模块;当回收处理量较大时,可启动多套装置或多个模块联合作业,以节省运行能耗。另外,在确定装置处理规模时,对于多种货种,需要考虑同时回收处理不同货种的相容性;对于相互间会发生化学反应并产生安全隐患的不同货种,不能共用油气回收处理装置。

3) 排放标准执行

根据《中华人民共和国环境保护法》第四十一条的规定:建设项目中防治污染的设施,应当与主体工程同时设计、同时施工、同时投产使用。防治污染的设施应当符合经批准的环境影响评价文件的要求,不得擅自拆除或者闲置。

根据《建设项目竣工环境保护验收管理办法》的规定,建设项目竣工环境保护验收的主要依据包括:建设项目环境保护相关法律、法规、规章、标准和规范性文件;建设项目竣工环境保护验收技术规范;建设项目环境影响报告书(表)及审批部门审批决定。建设项目环境保护设施污染物排放不符合国家和地方相关标准、环境影响报告书(表)及其审批部门审批决定或者重点污染物排放总量控制指标要求的,建设单位不得提出验收合格的意见。

关于挥发性有机物(VOCs)排放标准,我国生态环境部门已经根据不同行业的实际情况,发布了相关行业的大气污染物排放标准,同时部分省市也出台了相应的地方标准,对不同行业相关大气污染物的排放限值进行了规定。而油气化工码头通常作为陆域库区的配套设施,排放的大气污染物应结合陆域库区的企业属性,执行相应行业的大气污染物排放标准。但有些公共的油气化工码头,后方连接的库区较多,企业属性也不一致,会影响码头的属性划分,从而导致码头所执行的大气污染物排放标准存在争议,因此,具体执行标准需要经过较为细致的分析判定,并经地方环保管理部门的认可。例如,某石油炼制企业的油码头,若按照码头性质,其油气回收处理设施尾气排放应执行《石油炼制工业污染物排放标准》(GB 31570—2015),但由于该油气回收处理装置仅针对码头装船环节,不与后方炼化功能区域共用,因此经过请示地方环保管理部门,该码头的回收处理设施尾气排放标准执行的是《储油库大气污染物排放标准》(GB 20950—2020),将排放限值从毫克级放宽至25克级。

由于油气回收装置的排放标准是选择装置回收处理工艺的先决条件,对于油气回收装置的布置及工程投资影响巨大,目前,建设项目环境影响评价已不再作为项目审批的前置条件,在项目开工之前获得批复即可。但为避免工程建设方案反复,建议提前开展建设项目的环境影响评价工作,并及时与评价单位和环境保护主管部门进行沟通,合理确定油气化工码头执行的大气污染物排放标准。

4) 回收处理工艺选择

不同的油气回收处理工艺,其适用的范围和尾气的排放标准也不一样,所需要解决的问题也不一样。例如,对于冷凝法,其装置的耗电量通常会较大,在设计时需要合理确定变压器容量及布置位置,对于已建的老旧码头,还需要复核现有变配电设施的容量是否能够满足要求;对于吸附法,为了确保有良好的吸附效果,需要定期更换吸附剂,同时还需要解决危险废物暂存和处理的问题;对于吸收法,需要有稳定的吸收液的供应来源,并解决富液的去向和处理问题;对于燃烧法,在燃烧过程中,当油气浓度较低时需要提供燃料气,需要有稳定的气源保障,另外燃烧过程中,还需要解决氮氧化物超标的问题,同时燃烧法对周边安全距离要求更高,需要考虑布局安全距离的问题等。

因此,在码头油气回收装置设计过程中,针对所回收的货种、平面布局和执行的排放标准等,首先应确定是采用物理回收方法还是化学处理方法,或是两者结合的方法;然后结合项目的具体位置、设备安装空间、配套设施情况,并结合工程投资进行方案设计和比选,确定最终的回收处理工艺。

5) 回收处理装置选址

油气回收处理装置的选址,既要满足安全运行、便于操作和节省投资的要求,还需要与相邻建构筑物及设备设施保持足够的防火间距,确保周边建构筑物及设施设备的安全。

油气回收处理装置因其处理工艺的不同,通常会配置有吸附罐、吸收塔、压缩机、换热器、机泵等设备,从而导致油气回收处理装置通常占地尺寸都较大。如果采用组合工艺,相关设备数量会更多,所需的安装空间也会更大。另外,油气回收装置区属于易燃易爆区域,需要采取相应的消防和安全措施;在生产运行过程中,也有可能会产生相关的废水、废液和固废等污染物,还需要采取相应的环境保护措施。

因此,在对码头油气回收处理装置进行选址时,首先需要有足够大的安装空间,其次还要考虑便利的给排水、供电和控制系统的接入。根据规范要求,当采用物理的回收工艺时,油气回收装置可以布置在码头上,也可以布置在后方陆域;当采用燃烧等明火处理工艺时,油气回收装置不得布置在码头上,通常会考虑布置在后方陆域。

6) 设备选型与平面布置

油气回收处理装置的设备选型,需要根据装置处理规模、回收货种和回收处理工艺等因素综合确定,其核心设备主要包括吸收塔、吸附罐、分离膜组件、燃烧氧化反应器、压缩机以及相关机泵等。目前,我国环境保护主管部门已经相继发布了不同处理工艺的环境保护产品技术要求,对设备的相关技术参数、性能要求、安全要求、检验要求和方法等均提出了明确规定,可以较好地指导油气回收装置设计过程中的设备选型。

最后,需要根据上述确定的处理规模、处理工艺、装置选址和设备选型,进行油气回收相关设施的平面布置。如果油气回收装置布置在码头上,需要结合码头平台的安装空间,并确保油气回收装置与码头前沿线、消防泵房、变配电间、消防控制室等相邻设施保持足够的防火间距。必要时,可能还需要在水上建设油气回收装置平台。如果油气回收装置布置在后方陆域,需要结合陆域库区的布置,考虑油气回收装置与泵区、储罐和相关建构筑物的防火间距。

4.1.3 码头油气回收设计依据

1) 法律法规

(1)《中华人民共和国大气污染防治法》(主席令第 16 号)。

石油、化工以及其他生产和使用有机溶剂的企业,应当采取措施对管道、设备进行日常维护、维修,减少物料泄漏,对泄漏的物料应当及时收集处理。储油储气库、加油加气站、原油成品油码头、原油成品油运输船舶和油罐车、气罐车等,应当按照国家有关规定安装油气回收装置并保持正常使用。

(2)《大气污染物防治行动计划》(国发〔2013〕37号)。

推进挥发性有机物污染治理。在石化、有机化工、表面涂装、包装印刷等行业实施挥发性有机物综合整治,在石化行业开展"泄漏检测与修复"技术改造。限时完成加油站、储油库、油罐车的油气回收治理,在原油成品油码头积极开展油气回收治理。

(3)《"十四五"节能减排综合工作方案》(国发〔2021〕33号)。

挥发性有机物综合整治工程。推进原辅材料和产品源头替代工程,实施全过程污染物治理。以工业涂装、包装印刷等行业为重点,推动使用低挥发性有机物含量的涂料、油墨、胶粘剂、清洗剂。深化石化化工等行业挥发性有机物污染治理,全面提升废气收集率、治理设施同步运行率和去除率。对易挥发有机液体储罐实施改造,对浮顶罐推广采用全接液浮盘和高效双重密封技术,对废水系统高浓度废气实施单独收集处理。加强油船和原油、成品油码头油气回收治理。到2025年,溶剂型工业涂料、油墨使用比例分别降低20个百分点、10个百分点,溶剂型胶粘剂使用量降低20%。

(4)《"十三五"挥发性有机物污染防治工作方案》(环大气〔2017〕121号)。

全面加强油品储运销油气回收治理。全面加强汽油储运销油气排放控制,重点地区逐步推进港口储存和装卸、油品装船油气回收治理任务。

加强汽油储运销油气排放控制。减少油品周转次数。严格按照排放标准要求,加快完成加油站、储油库、油罐车油气回收治理工作,重点地区全面推进行政区域内所有加油站油气回收治理。建设油气回收自动监测系统平台,储油库和年销售汽油量大于5000t的加油站加快安装油气回收自动监测设备。制定加油站、储油库油气回收自动监测系统技术规范,企业要加强对油气回收处理设施的外观检测和仪器检测,确保油气回收处理设施正常运转。

推进港口储存装卸、船舶运输油气回收治理。修订储油库大气污染物排放标准,增加港口储存装卸过程油气回收要求;修订汽油运输大气污染物排放标准,修订船舶法定检验规则,提出船舶油气回收要求。在环渤海、长江干线、长三角、东南沿海等地区遴选原油或成品油码头及船舶作为试点,总结建设和操作经验。试点工程成功后,依据码头回收油品的处置政策方案及修订后储油库和汽油运输大气污染物排放标准,制订推广计划,完成码头油气回收规划研究,在全国开展码头油气回收工作。新建的原油、汽油、石脑油等装船作业码头应全部安装油气回收处理设施;已建原油成品油装船码头分区域分阶段实施油气回收处理设施改造,环渤海、长三角、珠三角等区域率先实施。新造油船逐步具备码头油气回收条件,2020年1月1日起建造的150总吨以上的油船应具备码头油气回收条件,环渤海、长三角、珠三角等区域油船率先具备油气回收条件。

(5)《重点行业挥发性有机物综合治理方案》(环大气〔2019〕53号)。

强化储罐与有机液体装卸VOCs治理。加大中间储罐等治理力度,真实蒸汽压大于或等于5.2kPa的,要严格按照有关规定采取有效控制措施。鼓励重点区域对真实蒸汽压大于或等于2.8kPa的有机液体采取控制措施。进一步加大挥发性有机液体装卸VOCs治理力度,重点区域推广油罐车底部装载方式,推进船舶装卸采用油气回收处理设施,试点开展火车运输底部装载工作。储罐和有机液体装卸采取末端治理措施的,要确保稳定运行。

油品储运销 VOCs 综合治理。加大汽油(含乙醇汽油)、石脑油、煤油(含航空煤油)以及原油等 VOCs 排放控制,重点推进加油站、油罐车、储油库油气回收治理。重点区域还应推进油船油气回收治理工作。

深化加油站油气回收工作。臭氧污染较重的地区,行政区域内大力推进加油站储油、加油油气回收治理工作,重点区域 2019 年底前基本完成。埋地油罐全面采用电子液位仪进行汽油密闭测量。规范油气回收处理设施运行,自行或聘请第三方加强加油枪气液比、系统密闭性及管线液阻等检查,提高检测频次,重点区域原则上每半年开展一次,确保油气回收处理设施正常运行。重点区域加快推进年销售汽油量大于 5000t 的加油站安装油气回收自动监控设备,并与生态环境部门联网,2020 年底前基本完成。

推进储油库油气回收治理。汽油、航空煤油、原油以及真实蒸汽压小于 76.6kPa 的石脑油应采用浮顶罐储存,其中,油品容积小于或等于 100m^3 的,可采用卧式储罐。真实蒸汽压大于或等于 76.6kPa 的石脑油应采用低压罐、压力罐或其他等效措施储存。加快推进油品收发过程排放的油气收集处理。加强储油库发油油气回收处理设施接口泄漏检测,提高检测频次,减少油气泄漏,确保油品装卸过程油气回收处理装置正常运行。加强油罐车油气回收系统密闭性和油气回收气动阀门密闭性检测,每年至少开展一次。推动储油库安装油气回收自动监控设施。

(6)《关于加快解决当前挥发性有机物突出问题的通知》(环大气〔2021〕65 号)。

废气处理设施吸附剂应及时再生或更换,冷凝温度以及系统压力、气体流量、装载量等相关参数应满足设计要求;装载作业排气经过回收处理后不能稳定达标的,应进一步优化治理设施或实施深度治理。万吨级以上具备发油功能的码头加快建设油气回收处理设施,8000 总吨以上油船加快建设密闭油气收集系统和惰性气体系统。开展铁路罐车扫舱过程 VOCs 收集治理,鼓励开展铁路罐车、公路罐车及船舶油舱的清洗、压舱过程废气收集治理。

(7)《船舶与港口污染防治专项行动实施方案(2015—2020 年)》(交水发〔2015〕133 号)。

积极开展港口作业污染专项治理。加强港口作业扬尘监管,开展干散货码头粉尘专项治理,全面推进主要港口大型煤炭、矿石码头堆场防风抑尘设施建设和设备配备;推进原油成品油码头油气回收治理。

2015 年底前,出台《煤炭矿石码头粉尘控制设计规范》;发布原油成品油码头油气回收行动试点方案,在环渤海、长三角、珠三角、长江干线等重点区域分批次、分类别开展码头油气回收试点工作。2016 年底前,开展港口作业扬尘监管专项整治行动,推进煤炭、矿石码头的大型堆场建设防风抑尘设施或实现封闭储存;出台《码头油气回收设施建设技术规范》。2017 年底前,国内沿海稳步推广原油成品油码头油气回收。

基于我国生态环境污染及治理现状,为深入打好污染防治攻坚战,国家相继发布了多项政策法规,明确要求在原油、成品油码头开展油气回收工作。通过落实相关法律法规标准等要求,坚持精准治污、科学治污、依法治污,推动环境空气质量持续改善,加快推进我国水运事业的绿色发展。

2）工程设计建设标准

由于我国码头油气回收起步较晚，直到2017年才发布了适用于码头的油气回收处理设施建设的行业标准《码头油气回收设施建设技术规范》（JTS/T 196—12），并于2023年修订为《码头油气回收处理设施建设技术规范》（JTS/T 196—12—2023）。在此之前，主要是参照国家标准《油品装载系统油气回收设施设计规范》（GB 50759—2012）进行码头油气回收处理设施的设计和建设，该规范也于2022年修订为《油气回收处理设施技术标准》（GB/T 50759—2022）。

（1）《码头油气回收处理设施建设技术规范》（JTS/T 196—12—2023）。

该规范适用于布置在与石油仓储企业储罐相连的码头及后方陆域的油气回收处理设施，以及布置在与石油炼制、石油化工企业储罐相连的码头的油气回收处理设施或部分设施的设计、施工、检验、调试和维护。该规范第3.0.4条规定：新建、改建、扩建和已建的油气化工码头应根据现行国家标准《储油库大气污染物排放标准》（GB 20950）、《石油炼制工业污染物排放标准》（GB 31570）或《石油化学工业污染物排放标准》（GB 31571）的有关规定建设或改造油气回收处理设施，大气污染物排放限值应满足上述相应标准的规定。

（2）《油气回收处理设施技术标准》（GB/T 50759—2022）。

该规范是对《油品装载系统油气回收设施设计规范》（GB 50759—2012）的首次修订，适用于石油化工企业、煤化工企业和石油库工程中易挥发性可燃液体物料储存和装载系统设置油气回收处理设施的工程设计。该规范修订后，扩大了规范的适用范围，将石油化工企业、石油库内的汽油、石脑油、航空煤油、溶剂油、芳烃或类似性质油品的装载系统油气回收处理设施扩大为石油化工、煤化工企业和石油库工程中的易挥发性石油化工可燃液体物料储存和装载系统的油气回收处理设施，解决了储罐区和装船系统的油气回收处理设施标准适用问题，从而使该规范不仅能适用于库区储罐及装车系统的油气回收处理设施的设计，也适用于码头装船系统的油气回收处理设施的设计。

3）装置安全技术标准

虽然油气回收装置属于环保设施，但其安全设施设计和配置、安全操作和管理等问题也不容忽视。为了确保油气回收处理设施的安全性能，相关主管部门已经发布了油气回收装置安全技术要求的国家和行业标准规范，对油气回收装置的使用条件、安全设施配置、防爆要求、安全操作和管理要求等提出了明确规定。涉及的主要标准规范如下：

（1）《油气回收装置通用技术条件》（GB/T 35579—2017）；

（2）《油气回收系统防爆技术要求》（GB/T 34661—2017）；

（3）《船舶油气回收安全技术要求》（JT/T 1346—2020）；

（4）《码头油气回收船岸安全装置》（JT/T 1333—2020）。

4）处理工艺及设备生产制造技术标准

经过近二十年的VOCs治理，我国已经发展形成了众多的VOCs回收处理技术，对于不同的处理工艺，其相关的设备设计、制造、施工、验收和运行的技术要求也不同。为此，相关主管部门也针对不同的处理工艺专门制定了相应的技术标准：

（1）《吸附法工业有机废气治理工程技术规范》（HJ 2026—2013）；

（2）《催化燃烧法工业有机废气治理工程技术规范》（HJ 2027—2013）；

(3)《蓄热燃烧法工业有机废气治理工程技术规范》(HJ 1093—2020);
(4)《环境保护产品技术要求 工业废气吸附净化装置》(HJ/T 386—2007);
(5)《环境保护产品技术要求 工业废气吸收净化装置》(HJ/T 387—2007);
(6)《环境保护产品技术要求 工业有机废气催化净化装置》(HJ/T 389—2007);
(7)《工业有机废气蓄热催化燃烧装置》(JB/T 13733—2019);
(8)《工业有机废气蓄热热力燃烧装置》(JB/T 13734—2019);
(9)《冷凝式油气回收机组》(JB/T 12321—2015)。

5)其他码头油气回收处理设施设计建设过程中涉及的相关标准

在油气回收处理设施选址过程中,还需要考虑油气回收装置和油气处理装置与周边设施、建构筑物之间的防火间距。涉及的主要标准规范如下:
(1)《油气回收处理设施技术标准》(GB/T 50759—2022);
(2)《码头油气回收处理设施建设技术规范》(JTS/T 196—12—2023);
(3)《石油库设计规范》(GB 50074—2014);
(4)《石油化工企业设计防火标准》(GB 50160—2008)(2018年版);
(5)《建筑设计防火规范》(GB 50016—2014)(2018年版)。

4.2 码头油气回收货种

4.2.1 货种回收原则

《中华人民共和国环境保护法》规定:国家实行重点污染物排放总量控制制度。重点污染物排放总量控制指标由国务院下达,省、自治区、直辖市人民政府分解落实。企业事业单位在执行国家和地方污染物排放标准的同时,应当遵守分解落实到本单位的重点污染物排放总量控制指标。

《中华人民共和国大气污染物防治法》规定:对颗粒物、二氧化硫、氮氧化物、挥发性有机物、氨等大气污染物和温室气体实施协同控制。企业事业单位和其他生产经营者建设对大气环境有影响的项目,应当依法进行环境影响评价、公开环境影响评价文件;向大气排放污染物的,应当符合大气污染物排放标准,遵守重点大气污染物排放总量控制要求。排放工业废气或者本法第七十八条规定名录中所列有毒有害大气污染物的企业事业单位、集中供热设施的燃煤热源生产运营单位以及其他依法实行排污许可管理的单位,应当取得排污许可证。排污许可的具体办法和实施步骤由国务院规定。国家对重点大气污染物排放实行总量控制。

《控制污染物排放许可实施方案》规定,建立健全企事业单位污染物排放总量控制制度。改变单纯以行政区域为单元分解污染物排放总量指标的方式和总量减排核算考核办法,通过实施排污许可制,落实企事业单位污染物排放总量控制要求,逐步实现由行政区域污染物排放总量控制向企事业单位污染物排放总量控制转变,控制的范围逐渐统一到固定污染源。环境质量不达标地区,要通过提高排放标准或加严许可排放量等措施,对企事业单位实施更为严格的污染物排放总量控制,推动改善环境质量。排污许可证中明确许可排放的污染物种类、浓度、排放量、排放去向等事项,载明污染治理设施、环境管理要求等相关内容。

根据相关法律法规,目前我国大气污染物的排放实行污染物排放总量控制和排污许可证制度。由国务院下达重点污染物排放总量控制指标,各地方分解落实并制定具体控制指标;同时,通过实施排污许可制度,对企业排放的大气污染物种类、浓度、排放量和排放去向等指标进行监督管理。

目前我国现有取得登记的化学物质共计 46185 种,其中港口仓储和码头装卸最为常见的散装化学品共计 529 种,大多数物质会对生态环境造成污染,特别是液体散装化学品,其挥发的气态物质会对港口大气环境产生危害。油气化工码头在装卸作业过程中,产生的大气污染物可以分为 VOCs、非甲烷总烃、有毒有害挥发性有机物、恶臭物质等。

4.2.2 VOCs

VOCs 是指特定条件下具有挥发性的有机化合物的统称,但在不同机构和标准规范中,关于挥发性有机物的定义也有所不同。世界卫生组织(WHO)将总挥发性有机物(TVOC)定义为:熔点低于室温而沸点在 50~260℃ 之间的挥发性有机化合物的总称。《欧盟工业排放与污染防控一体化指令》(2010/75/EU)中关于 VOCs 的定义为:任何有机物和杂酚油组分,在 293.15K 时蒸汽压超过 0.01kPa,或者在特定条件下使用时具有相应的挥发性。《挥发性有机物无组织排放控制标准》(GB 37822—2019)中关于 VOCs 的定义为:参与大气光化学反应的有机化合物,或根据有关规定确定的有机化合物。在表征 VOCs 总体排放情况时,根据行业特征和环境管理要求,可采用总挥发性有机物、非甲烷总烃作为污染物控制项目。

VOCs 为常温下通常以蒸汽形式存在的有机化合物,主要包括非甲烷总烃(烷烃、烯烃、炔烃、芳香烃)、含氧有机化合物(醛、酮、醇、醚等)、卤代烃、含氮化合物、含硫化合物等。油气化工码头通常装卸的货种主要为液态油品和化学品等,其在港口产生的大气污染物主要为挥发性有机物。结合《中华人民共和国环境保护法》《中华人民共和国大气污染物防治法》等法律法规,国家环境主管部门也制定了相关污染物名录,并制定了相应的综合治理方案。

生态环境部、国家发展改革委等联合发布的《"十三五"挥发性有机物污染防治工作方案》(环大气〔2017〕121 号)规定的重点污染物见表 4.2-1。

重点污染物　　　　　　　　　　　　　　　　　　表 4.2-1

类别	重点控制的 VOCs 物质
O_3 前体物	间/对二甲苯、乙烯、丙烯、甲醛、甲苯、乙醛、1,3-丁二烯、三甲苯、邻二甲苯、苯乙烯等
PM2.5	甲苯、正十二烷、间/对二甲苯、苯乙烯、正十一烷、正癸烷、乙苯、邻二甲苯、1,3-丁二烯、甲基环己烷、正壬烷等
恶臭物质	苯乙烯、甲硫醇、甲硫醚等

生态环境部印发的《重点行业挥发性有机物综合治理方案》(环大气〔2019〕53 号)规定

的重点控制的 VOCs 物质见表 4.2-2。

重点控制的 VOCs 物质 表 4.2-2

类别	重点控制的 VOCs 物质
O_3 前体物	间/对二甲苯、乙烯、丙烯、甲醛、甲苯、乙醛、1,3-丁二烯、三甲苯、邻二甲苯、苯乙烯等
PM2.5	甲苯、正十二烷、间/对二甲苯、苯乙烯、正十一烷、正癸烷、乙苯、邻二甲苯、1,3-丁二烯、甲基环己烷、正壬烷等
恶臭物质	甲胺类、甲硫醇、甲硫醚、二甲二硫、二硫化碳、苯乙烯、异丙苯、苯酚、丙烯酸酯类等
高毒害物质	苯、甲醛、氯乙烯、三氯乙烯、丙烯腈、丙烯酰胺、环氧乙烷、1,2-二氯乙烷、异氰酸酯类等

生态环境部、工业和信息化部、国家卫生和计划生育委员会联合发布的《关于发布〈优先控制化学品名录(第一批)〉的公告》(公告 2017 年第 83 号)规定的优先控制化学品名录(第一批)见表 4.2-3。

优先控制化学品名录(第一批) 表 4.2-3

编号	化学品名称	CAS 号
PC001	1,2,4-三氯苯	120-82-1
PC002	1,3-丁二烯	106-99-0
PC003	5-叔丁基-2,4,6-三硝基间二甲苯(二甲苯麝香)	81-15-2
PC004	N,N'-二甲苯基-对苯二胺	27417-40-9
PC005	短链氯化石蜡	85535-84-8、68920-70-7、71011-12-6、85536-22-7、85681-73-8、108171-26-2
PC006	二氯甲烷	75-09-2
PC007	镉及镉化合物	7440-43-9(镉)
PC008	汞及汞化合物	7439-97-6(汞)
PC009	甲醛	50-00-0
PC010	六价铬化合物	—
PC011	六氯代-1,3-环戊二烯	77-47-4
PC012	六溴环十二烷	25637-99-4、3194-55-6、134237-50-6、134237-51-7、134237-52-8
PC013	萘	91-20-3
PC014	铅化合物	
PC015	全氟辛基磺酸及其盐类和全氟辛基磺酰氟	1763-23-1、307-35-7、2795-39-3、29457-72-5、29081-56-9、70225-14-8、56773-42-3、251099-16-8
PC016	壬基酚及壬基酚聚氧乙烯醚	25154-52-3、84852-15-3、9016-45-9
PC017	三氯甲烷	67-66-3
PC018	三氯乙烯	79-01-6

续上表

编号	化学品名称	CAS 号
PC019	砷及砷化合物	7440-38-2(砷)
PC020	十溴二苯醚	1163-19-5
PC021	四氯乙烯	127-18-4
PC022	乙醛	75-07-0

生态环境部、工业和信息化部、国家卫生健康委员会联合印发的《关于发布〈优先控制化学品名录(第二批)〉的公告》(公告 2020 年第 47 号)规定的优先控制化学品名录(第二批)见表 4.2-4。

优先控制化学品名录(第二批)　　　　　表 4.2-4

编号	化学品名称	CAS 号
PC023	1,1-二氯乙烯	75-35-4
PC024	1,2-二氯丙烷	78-87-5
PC025	2,4-二硝基甲苯	121-14-2
PC026	2,4,6-三叔丁基苯酚	732-26-3
PC027	苯	71-43-2
PC028	多环芳烃类物质	56-55-3、218-01-9、50-32-8、205-99-2、207-08-9、120-12-7、53-70-3
PC029	多氯二苯并对二噁英和多氯二苯并呋喃	—
PC030	甲苯	108-88-3
PC031	邻甲苯胺	95-53-4
PC032	磷酸三(2-氯乙基)酯	115-96-8
PC033	六氯丁二烯	87-68-3
PC034	氯苯类物质,包括五氯苯、六氯苯	608-93-5、118-74-1
PC035	全氟辛酸(PFOA)及其盐类和相关化合物	335-67-1(全氟辛酸)
PC036	氰化物	—
PC037	铊及铊化合物	7440-28-0(铊)
PC038	五氯苯酚及其盐类和酯类	87-86-5、131-52-2、27735-64-4、3772-94-9、1825-21-4
PC039	五氯苯硫酚	133-49-3
PC040	异丙基苯酚磷酸酯	68937-41-7

4.2.3　非甲烷总烃

《大气污染物综合排放标准详解》(国家环境保护局科技标准司,中国环境科学出版社,1997 年,241 页)提到,非甲烷总烃是指除甲烷以外所有碳氢化合物的总称,主要包括烷烃、烯烃、芳香烃和含氧烃等组分。烃类物质在通常条件下,除甲烷为气体外多以液体或固体存在,并依据其分子量大小和结构形式的差别具有不同的蒸汽压,因而作为大气污染物的非甲烷总烃,实际上是指具有 $C_2 \sim C_{12}$ 的烃类物质。

《固定污染源废气　总烃、甲烷和非甲烷总烃的测定气相色谱法》(HJ 38—2017)中将非甲烷总烃定义为:在规定条件下从总烃测定结果中扣除甲烷以后其他气态有机化合物的总和,而总烃是指在规定条件下气相色谱仪的氢火焰离子化检测器上有响应的气态有机化合物的总和。《挥发性有机物无组织排放控制标准》(GB 37822—2019)中关于非甲烷总烃的定义为:采用规定的监测方法,氢火焰离子化检测器有响应的除甲烷外的气态有机化合物的总和,以碳的质量浓度计。

由于甲烷通常不参与光化学反应,且在空气中正常存在的甲烷也不会对人体健康造成危害,但其他烃类化合物则与甲烷不同,有较强的光化学活性,是形成光化学烟雾的前体物,因此,在大气污染物排放中对非甲烷总烃提出了相应的控制要求。非甲烷总烃是形成臭氧和颗粒物的重要基础,对人类健康和环境都具有严重危害。大气中的非甲烷总烃,如果其浓度超过一定值,除对人体健康会产生伤害外,在光照条件下还会产生光化学烟雾,同样也会危害生态环境和人体健康。人为排放非甲烷总烃的途径主要包括油类燃烧、焚烧、溶剂蒸发、石油及石油制品的储存和运输损耗、废物提炼等,其中石油及石油制品的储存和运输损耗排放的非甲烷总烃约占人为排放总量的 8.8%。

VOCs 通常包括非甲烷总烃,在表征挥发性有机物总体排放情况时,可采用总挥发性有机物(TVOC)和非甲烷总烃作为大气污染物的控制指标。总挥发性有机物通常应用于室内空气环境的控制指标,而在工业企业的大气污染物排放中,由于非甲烷总烃具有较强的可操作性,通常将非甲烷总烃作为挥发 VOCs 的总量控制指标。

目前,《大气污染物综合排放标准》(GB 16297—1996)、《储油库大气污染物排放标准》(GB 20950—2020)、《石油化学工业污染物排放标准》(GB 31571—2015)、《石油炼制工业污染物排放标准》(GB 31570—2015)等标准规范中,都采用非甲烷总烃作为污染物排放的控制指标。

4.2.4　有毒有害挥发性有机物

有毒有害物质是指在生产、使用或处置的任何阶段中,具有对人、其他生物或环境带来潜在危害特性的物质。在进入人类环境后,以通过环境蓄积、生物蓄积、生物转化或化学反应等方式损害人类健康和生存环境,或者通过接触,对人体具有严重危害和具有潜在的危险。

《职业性接触毒害危害程度分级》(GBZ/T 230—2010)中关于职业性接触毒害的定义为:劳动者在职业活动中接触的原料、成品、半成品、中间体、反应副产物和杂质等形式存在,并可经呼吸道、经皮肤或经口进入人体而对劳动者健康产生危害的物质。并将职业接触毒物危害程度分为轻度危害(Ⅳ级)、中度危害(Ⅲ级)、高度危害(Ⅱ级)和极度危害(Ⅰ级),其定级标准主要以毒物的急性毒性、扩散性、蓄积性、致癌性、生殖毒性、致敏性、刺激与腐蚀性、实际危害后果与预后等作为参考指标。

生态环境部、国家卫生健康委联合发布的《关于发布〈有毒有害大气污染物名录(2018

年)》的公告》(公告 2019 年第 4 号)规定的有毒有害大气污染物包括二氯甲烷、甲醛、三氯甲烷、三氯乙烯、四氯乙烯、乙醛、镉及其化合物、铬及其化合物、汞及其化合物、铅及其化合物、砷及其化合物。

生态环境部发布的《关于印发〈中国严格限制的有毒化学品名录(2020 年)〉的公告》(公告 2019 年第 60 号)中关于有毒化学品的解释为:有毒化学品指进入环境后通过环境蓄积、生物累积、生物转化或化学反应等方式损害健康和环境,或者通过接触对人体具有严重危害和具有潜在环境危害的化学品。我国严格限制的有毒化学品名录(2020 年)见表 4.2-5。

我国严格限制的有毒化学品名录(2020 年)　　　　表 4.2-5

序号	化学品名称	CAS 号
1	全氟辛基磺酸及其盐类和全氟辛基磺酰氟(PFOS/F)	1763-23-1、29081-56-9、307-35-7、2795-39-3、29457-72-5、70225-14-8、251099-16-8、56773-42-3、4151-50-2、31506-32-8、1691-99-2、24448-09-7
2	六溴环十二烷	25637-99-4、3194-55-6、134237-50-6、134237-51-7、134237-52-8
3	汞	7439-97-6
4	四甲基铅	75-74-1
5	四乙基铅	78-00-2
6	多氯三联苯(PCT)	61788-33-8
7	三丁基锡化合物	56-35-9、1983-10-4、2155-70-6、4342-36-3、1461-22-9、24124-25-2、85409-17-2
8	短链氯化石蜡	85535-84-8

应急管理部、工业和信息化部、公安部和交通运输部联合发布的《特别管控危险化学品目录(第一版)》(公告 2020 年第 1 号)中规定的易燃液体有汽油、1,2-环氧丙烷、二硫化碳、甲醇和乙醇;易燃气体有液化石油气、液化天然气、环氧乙烷、氯乙烯、二甲醚;有毒化学品有氯、氨、异氰酸甲酯、硫酸二甲酯、氰化钠、氰化钾。

长江三角洲区域地方标准《设备泄漏挥发性有机物排放控制技术标准》(DB31~34/T 310007—2021)中关于有机毒性大气污染物的定义为:已知或疑似引起癌症,或其他严重影响身体健康、严重恶化大气环境的有机化合物;高反应挥发性有机物:光化学反应强,臭氧生产潜势高的 VOCs。该标准中给出了常见的有机毒性大气污染物和高反应挥发性有机物名录,其中,常见的有机毒性大气污染物共计 79 种,常见的高反应挥发性有机物共计 12 种。

4.2.5　恶臭物质

恶臭污染物是指能够刺激人体嗅觉器官、引起不愉快以及损坏生活环境的气体物质,当恶臭污染物同时还具有毒性时,会危害人体健康和破坏生态环境。随着人民生活水平的提高,人们对恶臭污染会更加敏感,极易引发扰民的公共污染事件。恶臭污染的社会危害性,使其在环境保护工作中越来越受到重视,在《中华人民共和国环境保护法》《中华人民共和国大气污染物防治法》《关于加强环境保护重点工作的意见》《全国生态保护"十三五"规划纲要》中均将恶臭污染列为重点污染防治对象。

恶臭污染是恶臭气味扩散到环境中而形成的一种特殊的空气污染,已经被列入世界七大公害之一,其对生态环境和人体健康的危害也开始受到世界各国的日益重视。恶臭污染是通过嗅觉器官对人的心理和情绪产生影响,在严重的时候也会刺激生理反应,出现如恶心、呕吐和头痛等症状或并发引起呼吸道疾病。有研究表明,工业生产过程中排放的大量的苯类、酚类、硫化物、有机氯化物等恶臭物质,对人体感官具有强烈的刺激作用,多数还具有毒性,以及致畸、致癌和致突变作用。同时,很多恶臭物质也属于 VOCs,同样也会导致 PM2.5 浓度的增加以及光化学烟雾的形成,严重危害着人体健康和生态环境。

恶臭污染物如果浓度较低时,只会刺激嗅觉器官、引起人们不愉快,当浓度较高并且兼有化学毒性时,会直接危害人体健康及破坏生态环境。目前,我国现行的关于恶臭物质的标准规范为 1993 年首次发布的《恶臭污染物排放标准》(GB 14554—1993)。根据《恶臭污染物排放标准》(GB 14554—1993),恶臭是指所有刺激人体嗅觉器官、引起不愉快以及损不生活环境的气体物质。常见的恶臭污染物有氨、三甲胺、硫化氢、甲硫醇、甲硫醚、二甲二硫、二硫化碳和苯乙烯等。

4.3 码头油气回收处理规模

4.3.1 码头装船流量

船舶在港口的作业过程主要包括船舶抵港抛锚、引航入港、靠泊带缆、联检与商检、装卸准备、装卸作业、完货后计量、离泊准备、解缆离泊等,其中耗时最多的主要为装卸作业阶段。装卸作业效率主要受靠泊船型、装卸流量、装卸货种、输送距离等因素的影响。

由于受码头岸线资源紧张及船舶租赁费用的影响,码头和船方通常都会考虑尽量提高码头装船流量,而油气化工码头装卸的货种通常属于易燃易爆介质,装船速度过快,容易集聚静电等而引发安全生产事故。对于需要设置油气回收装置的油气化工码头,由于码头油气回收装置的处理规模与码头装船流量息息相关,盲目地提高码头的装船作业流量,不仅会带来安全问题,也会增加码头工程建设投资。因此,码头装船流量需要综合考虑码头运行成本和安全的影响。表 4.3-1 总结了不同泊位的净装船时间和装船流量。

不同泊位净装船时间和流量 表 4.3-1

泊位吨级(DWT)	船舶载重量(t)	净装船时间(h)	装船流量(m^3/h)
1000	1000~1500	5~7	200~250
2000	1501~2500	7~9	250~300
3000	2501~4500	8~10	350~450

续上表

泊位吨级(DWT)	船舶载重量(t)	净装船时间(h)	装船流量(m³/h)
5000	3501~7500	9~11	450~700
10000	7501~12500	10~12	800~1000
20000	12501~27500	12~14	1000~2000
30000	27501~45000	12~15	2500~3000
50000	45001~65000	12~16	4000~4500
80000	65001~85000	14~17	5000~5500
100000	85001~105000	15~18	6000~6500
120000	105001~135000	15~18	7500~8000
150000	135001~185000	16~20	9000~10000
250000	185001~275000	20	10000~15000
300000	275001~375000	20	15000~20000

注：液货舱装满系数取90%，货物密度按850kg/m³考虑。

4.3.2 装船挥发损耗量

船舶在上一卸船港卸船后，液货舱通常都会进行惰化处理，以确保液货舱内氧含量处于安全状态。因此，在装船港装船作业过程中，随着油品的不断装入液货舱，其液货舱气相空间内的油气浓度会从0开始不断增加，直至达到饱和状态。在装船作业过程中，物料由于冲击、喷溅和搅动等，会导致液货舱有大量油气溢出而损耗。装船损耗量主要与物料性质、装船温度和压力、流速、进液方式和气候条件等有关。

油气化工码头装船损耗，主要发生在码头装船作业的时间内，发生时间短，污染源呈现短时间内集中排放的特征。装船作业过程中，随着液货舱液位的不断变化，以及液货舱内气体空间油气浓度的变化，其装船过程中的挥发速率也是在不断变化的。装船挥发损耗量的计算是确定凝液回收量以及回收价值的前提，对于油气回收装置回收凝液的处理方案和储存容积至关重要。

关于油气化工码头装船过程中的挥发损耗，其计算方法主要包括以下几种。

1）方法1：《散装液态石油产品损耗》(GB 11085—1989)

根据《散装液态石油产品损耗》(GB 11085—1989)的规定，装船挥发损耗主要包括蒸发损耗和残漏损耗。蒸发损耗是在气密性良好的容器内按规定的操作规程进行装卸、储存、输转等作业，或按规定的方法零售时，由于石油产品表面汽化而造成数量减少的现象。残漏损耗是指在保管、运输、销售中由于车、船等容器内壁的黏附，容器内少量余油不能卸净和难以避免的洒滴、微量渗漏而造成数量上损失的现象。

汽油的装船损耗率为0.07%，其他油品为0.01%，上述损耗率包括装船过程中的蒸发损耗和残漏损耗。

2)方法 2:《石油库节能设计导则》(SH/T 3002—2019)

根据规范《石油库节能设计导则》(SH/T 3002—2019)附录 B.0.2 中关于船舶装载过程中物料损耗量计算公式,可以计算原油、汽油和其他石油化工物料在装船过程中的蒸发损耗量。

装载原油损耗的计算公式:

$$L_W = q_W \times \left[L_A + 0.102 \times (0.064 P_T - 0.42) \times \frac{MG}{T} \right] \quad (4.3\text{-}1)$$

装载汽油损耗的计算公式:

$$L_W = q_W \times L_1 \quad (4.3\text{-}2)$$

装载其他石油化工物料损耗的计算公式:

$$L_W = q_W \times \left[1.2 \times 10^{-7} \times \frac{P_T SM}{T} \times \left(1 - \frac{C}{100} \right) \right] \quad (4.3\text{-}3)$$

式中:L_W——物料装载过程损耗量,kg/h;

L_A——已有排放系数,指装载前空舱中已有的蒸发气在装载中的损耗系数,kg/h;

L_1——油气生成排放系数,kg/m³,根据液货舱清洗状态及蒸汽情况,取值范围为 0.085~0.315,典型总体状况下油船装载汽油时损耗排放系数为 0.215;

q_W——物料装船流量,m³/h;

P_T——装载温度 T 对应的物料真实蒸汽压,kPa;

S——油气饱和系数,无量纲;油船液下装载取 0.2;

M——物料的分子量,无量纲;

G——蒸发气增长系数 1.02,无量纲;

T——装载温度,K。

C——蒸发气收集系统的效率,%,密闭装船系统取 $C = 100\%$,无蒸发气收集系统取 $C = 0$。

3)方法 3:《石化行业 VOCs 污染源排查工作指南》(环办〔2015〕104 号)

2015 年 11 月 17 日,生态环境部办公厅发布了《关于印发〈石化行业 VOCs 污染源排查工作指南〉及〈石化企业泄漏检测与修复工作指南〉的通知》(环办〔2015〕104 号),其中《石化行业 VOCs 污染源排查工作指南》在有机液体装卸损失 VOCs 污染源排查中,提出了有机液体装卸过程中 VOCs 无组织排放的定量估算方法,其公式法采用美国环保署(EPA)发布的污染物排放因子(AP-42)中的公式法进行估算。

船舶装载原油时:

$$L_L = L_A + L_G$$

$$L_G = 0.102 \times (0.064P - 0.42) \times \frac{MG}{273.15 + T} \quad (4.3\text{-}4)$$

式中:L_L——装载损耗排放因子,kg/m³;

L_A——已有排放因子,指装载前空舱中已有的蒸汽在装载损耗中的贡献,kg/m³,已有排放因子随货舱条件不同,具体详见表 4.3-2;

L_G——生成排放因子,指在装载过程中汽化的部分,kg/m³;

P——温度 T 时装载原油的饱和蒸汽压,kPa;

M——蒸汽的分子量,无量纲;

G——蒸汽增长因子 1.02,无量纲;

T——装载时蒸汽温度,℃。

装载原油时已有的排放因子 L_A 表 4.3-2

液货舱情况	上次装载	已有排放因子 L_A(kg/m³)
未清洗	挥发性物质	0.103
装有压舱物	挥发性物质	0.055
清洗后/无油品蒸汽	挥发性物质	0.040
任何状态	不挥发性物质	0.040

注:挥发性物质是指真实蒸汽压大于 10kPa 的油品。

船舶运输汽油时,装载损耗因子 L_L 的取值详见表 4.3-3。

装载汽油时损耗排放因子 L_L 表 4.3-3

液货舱情况	上次装载	油船/远洋驳船(kg/m³)	驳船(kg/m³)
未清洗	挥发性物质	0.315	0.465
装有压舱物	挥发性物质	0.205	驳船不压舱
清洗后	挥发性物质	0.180	无数据
无油品蒸汽	挥发性物质	0.085	无数据
任何状态	不挥发性物质	0.085	无数据
无油品蒸汽	任何货物	无数据	0.245
典型总体情况	任何货物	0.215	0.410

船舶装载汽油和原油以外的产品时:

$$L_L = S \times \left(1.20 \times 10^{-4} \times \frac{P_T M}{T + 273.1}\right) \quad (4.3\text{-}5)$$

式中:S——饱和因子,无量纲,轮船液下装载时取 0.2,驳船液下装载时取 0.5;

P_T——温度 T 时装载物料的真实蒸汽压,Pa。

4)方法 4:《挥发性有机物排污收费试点办法》(财税[2015]71 号)

2015 年 6 月 18 日,财政部、国家发展改革委和生态环境部联合发布了《关于印发〈挥发性有机物排污收费试点办法〉的通知》(财税[2015]71 号)。在其附件《石油化工行业 VOCs 排放量计算办法》中,给出了有机液体装卸挥发损失的公式法。

船舶装载原油时:

$$L_L = L_A + L_G$$

$$L_G = (0.064 P_T - 0.42) \times \frac{MG}{RT} \quad (4.3\text{-}6)$$

式中:L_L——装载损耗排放因子,kg/m³;

L_A——已有排放因子,指装载前空舱中已有的蒸汽在装载损耗中的贡献,kg/m³,已有排放因子随货舱条件不同,具体详见表 4.3-4;

L_G——生成排放因子,指在装载过程中汽化的部分,kg/m^3;
P_T——温度T时装载原油的饱和蒸汽压,kPa;
M——蒸汽的分子量,无量纲;
G——蒸汽增长因子1.02,无量纲;
T——装载时蒸汽温度,℃;
R——理想气体常数,8.314J/(mol·k)。

装载原油时已有的排放因子 L_A　　　　　　　　　　　　　　表4.3-4

液货舱情况	上次装载	已有排放因子 L_A (kg/m^3)
未清洗	挥发性物质	0.103
装有压舱物	挥发性物质	0.055
清洗后/无油品蒸汽	挥发性物质	0.040
任何状态	不挥发性物质	0.040

注:挥发性物质是指真实蒸汽压大于10kPa的油品。

船舶运输汽油时,装载损耗因子 L_L 的取值详见表4.3-5。

装载汽油时损耗排放因子 L_L　　　　　　　　　　　　　　表4.3-5

液货舱情况	上次装载	油船/远洋驳船(kg/m^3)	驳船(kg/m^3)
未清洗	挥发性物质	0.315	0.465
装有压舱物	挥发性物质	0.205	驳船不压舱
清洗后	挥发性物质	0.180	无数据
无油品蒸汽	挥发性物质	0.085	无数据
任何状态	不挥发性物质	0.085	无数据
无油品蒸汽	任何货物	无数据	0.245
典型总体情况	任何货物	0.215	0.410

船舶装载汽油和原油以外的产品时:

$$L_L = S \times \left(1.20 \times 10^{-4} \times \frac{P_T M}{T + 273.1}\right) \quad (4.3\text{-}7)$$

式中:S——饱和因子,无量纲,轮船液下装载时取0.2,驳船液下装载时取0.5;
P_T——温度为T时装载物料的真实蒸汽压,Pa。

方法1中的损耗主要包括蒸发损耗和残漏损耗,其数值为统计值,由于油品的物性不同、装载温度不同,会导致损耗率也不同。

方法2和方法3中的损耗主要是挥发损耗,其计算原理基本相同。

4.3.3　码头油气回收处理规模

油气回收装置的设置,既要满足挥发性有机物的安全和达标排放,又要满足企业装卸生产效率的要求。其处理规模主要根据码头最大装船流量及回收系数综合确定。

根据国际海事组织 MCS.Cir.585 号通函《关于蒸汽排放控制系统标准》,码头蒸汽排放控制系统的处理能力应不小于1.25倍最大设计装船流量,另外能够处理可能进入该系统的惰气、高浓度燃气或低浓度燃气。

《码头油气回收处理设施建设技术规范》(JTS 196—12—2023)规定,装置处理能力宜按液体货物装船体积流量的1.25倍确定。《油气回收装置通用技术条件》(GB/T 35579—2017)规定,处理能力设计应留裕量,按最大处理能力的1.1~1.2倍设计。《油气回收处理设施技术标准》(GB/T 50759—2022)规定,设计规模宜为装载设施同时排放油气最大量的1.0~1.1倍,最大操作负荷不宜超过设计规模的1.1倍。因此,码头油气回收装置处理规模通常按照最大装船量的1.20~1.25倍考虑。

对于单个泊位设置的油气回收处理装置,需要考虑同一个泊位兼顾不同靠泊船型的需要,装置处理能力既要满足最大装船船型的需要,也要满足最小装船船型的需要。当多个泊位共用油气回收处理装置时,需要考虑多个泊位同时进行装船作业的可能性,以及不同泊位不同船型之间的装载流量和压力的不平衡性。对于油气回收装置同时处理多种货种时,需要考虑同时回收处理不同货种的相容性。对于相互间会发生化学反应并产生安全隐患的不同货种,不能共用油气回收处理装置。

合理确定装置处理规模。避免装置处理规模建设过大,浪费投资;或者处理规模过小,影响码头作业效率。为兼顾不同作业工况,油气回收装置可分成多套或者多个模块。在回收处理量较小时,启动其中1套装置;当回收处理量较大时,可启动多套装置联合作业,以节省运行能耗。

4.3.4 码头油气减排量测算案例

1)案例一

某原油码头,进行装船作业的货种为原油,最近年份原油装船量总计为274.2万 m^3,约246.6万 t。

根据《石化行业VOCs污染源排查工作指南》(环办〔2015〕104号),有机液体装卸过程中,VOCs无组织排放的定量估算方法包括实测法、公式法和系数法,鉴于测算期间油气回收处理设施尚未建成,无法采用实测法进行定量估算,而系数法可能会高估排放量结果,故案例中运营期VOCs减排量拟采用公式法进行测算。为真实测算该原油码头油气回收处理设施投入运营后的VOCs减排量,拟根据该码头最近年份原油装船量数据进行测算。

对于有机液体船舶装载过程的VOCs排放量,其公式法计算如下:

$$\begin{cases} E_{装卸} = \dfrac{L_L \times V}{1000}(1 - \eta_{总}) \\ \eta_{总} = \eta_{收集} \times \eta_{去除} \times \eta_{投用} \end{cases} \quad (4.3\text{-}8)$$

式中:$E_{装卸}$——装载过程VOCs排放量,t/年;

L_L——装载损耗排放因子,kg/m^3;

V——物料年周转量,m^3/年;

$\eta_{总}$——总控制效率,%;

$\eta_{收集}$——收集效率,%;

$\eta_{去除}$——去除效率,%；

$\eta_{投用}$——投用效率,%。

船舶装载原油时,其装载损耗排放因子 L_L 计算公式如下：

$$L_L = L_A + L_G \tag{4.3-9}$$

式中：L_A——已有排放因子,指装载前空舱中已有的蒸汽在装载损耗中的贡献,其船舱情况按照上次装载挥发性物质未洗舱考虑,已有排放因子取 0.103kg/m³；

L_G——生成排放因子,指在装载过程中汽化的部分。

生成排放因子 L_G 值可用以下经验公式来进行计算：

$$L_G = 0.102 \times (0.064P - 0.42) \frac{M \times G}{T + 273.15} \tag{4.3-10}$$

式中：L_G——生成排放因子,kg/m³；

P——温度 T 时装载原油的饱和蒸汽压,kPa,原油的饱和蒸汽压取 41.0kPa；

M——油气的分子量,g/mol,原油的分子量取 50g/mol；

G——蒸汽增长因子 1.02,无量纲；

T——实际装载温度,℃,按常温考虑,取 25℃。

因此,原油的装载损耗排放因子：

$$L_L = L_A + L_G = 0.103 + 0.102 \times (0.064P - 0.42) \times \frac{M \times G}{T + 273.15}$$

$$= 0.103 + 0.102 \times (0.064 \times 41.0 - 0.42) \times \frac{50 \times 1.02}{25 + 273.15} = 0.141$$

(1) 未建设码头油气回收处理设施时。

当本案例码头未建设码头油气回收处理设施时,$\eta_{收集}$、$\eta_{去除}$、$\eta_{投用}$均为 0,即总控制效率 $\eta_{总} = 0$。

经计算,如果该码头未建设码头油气回收处理设施,根据原油装船量计算,原油装船过程中的 VOCs 产生量为 387.83t/年。

(2) 建设码头油气回收处理设施时。

当该码头建设码头油气回收处理设施时,考虑船舱和油气管道均为密闭收集,其 $\eta_{收集}$ = 100%；去除效率 $\eta_{去除}$ 取油气回收装置的处理效率为 95%；根据近年来油气化工码头实际靠泊的船舶情况以及国内其他港口的调研情况,约有 20%船舶不具备油气收集接口和惰化条件(根据到港船舶情况进行统计分析),故投用效率 $\eta_{投用}$ = 80%。

经计算,如果该码头建设码头油气回收处理设施,根据最近年份的原油装船量计算,原油装船过程中的 VOCs 产生量为 93.08t/年。

因此,如果该码头建设码头油气回收处理设施,并确保设施能正常使用,测算本项目原油装船过程中 VOCs 的减排量为 387.83-93.08=294.75t/年。

2) 案例二

某成品油码头,进行装船作业的货种主要为石脑油、汽油和航空煤油。最近年份石脑油、汽油和航空煤油装船数量分别为 24.5 万 t、31.1 万 t、25.2 万 t,其中万吨级船舶装船量,石脑油、汽油和航空煤油装船数量分别为 21 万 t、15 万 t、15 万 t,结合不同 VOCs 减排量计算方法,测算本案例 VOCs 减排量如下。

根据《石化行业 VOCS 污染源排查工作指南》(环办〔2015〕104 号),对于未设置有机气体控制设施的装载过程,按照核算方法的优先循序,推荐使用公式法进行核算。其公式法计算如下:

$$E_{装卸} = \frac{L_L \times V}{1000}(1 - \eta_{总})$$

$$\eta_{总} = \eta_{收集} \times \eta_{去除} \times \eta_{投用}$$

式中:L_L——装载损耗排放因子,kg/m³,按船舶装载汽油且船舱未清洗时考虑,取 0.315kg/m³;

　　　V——物料年周转量,m³/年;

　　　$\eta_{总}$——总控制效率,%;

　　　$\eta_{收集}$——收集效率,%;

　　　$\eta_{去除}$——去除效率,%;

　　　$\eta_{投用}$——投用效率,%。

根据最近年份装船参数计算,如果没有建设油气回收处理设施,其总控制效率 $\eta_{总} = 0$,则石脑油装船过程中 VOCs 产生量为 49.5t/年,汽油装船过程中 VOCs 产生量为 67.1t/年,航空煤油装船过程中 VOCs 产生量为 51.2t/年。因此,如果该码头不建设码头油气回收处理设施,石脑油、汽油和航空煤油装船过程中 VOCs 产生量总量为 167.8t/年。

如果建设码头油气回收处理设施,则 VOCs 排放量=VOCs 产生量−油气回收处理设施投用且去除的量。在计算过程中,$\eta_{收集} = 100\%$,$\eta_{去除} = 95\%$,$\eta_{投用} = 100\%$,则石脑油装船过程中 VOCs 排放量为 2.5t/年,汽油装船过程中 VOCs 排放量为 3.4t/年,航空煤油装船过程中 VOCs 排放量为 2.6t/年。因此,如果该码头建设码头油气回收处理设施,石脑油、汽油和航空煤油装船过程中 VOCs 排放量总量为 8.4t/年。

因此,如果该码头建设码头油气回收处理设施,并正常投入使用,测算本项目石脑油、汽油和航空煤油装船过程中 VOCs 的减排量为 167.8−8.4=159.4t/年。

4.3.5　码头油气回收处理规模确定案例

1)案例一

某原油码头,进行装船作业的货种为原油。根据该码头最近年份实际装船情况统计,其最大装船流量范围为 1000~2300m³/h,其中装船流量在 1000~2000m³/h 之间的工况占比为 47.1%,装船流量在 2100~2300m³/h 之间的工况占比为 52.9%。考虑到装船过程中产生 VOCs 的放大系数为 1.25,经折算后,其最大油气产生量为 1250~2875m³/h,其中油气产生量在 1250~2500m³/h 之间的工况占比 47.1%,油气产生量在 2625~2875m³/h 之间的工况占比 52.9%。

综合考虑原油装船的油气产生量及装船作业工况,并适当考虑油气处理量的波动调节需求,本案例码头油气回收处理设施设计处理能力按 3000m³/h 考虑。

2)案例二

某成品油码头,进行装船作业的货种主要为石脑油、汽油和航空煤油。根据该码头最近年份实际装船情况统计,各泊位单一货种最大装船质量流量分别为:石脑油 380~400t/h、汽油 320~350t/h、航空煤油 380~410t/h。考虑到装船过程中产生 VOCs 的放大系数 1.25,经折算后,各货种产生的油气量分别为:石脑油 610~640m³/h,汽油 550~600m³/h,航空煤油 610~660m³/h(表 4.3-6)。

装船流量及油气产生量　　　　　　　　表 4.3-6

货种名称	装船质量流量(t/h)	密度(t/m³)	装船体积流量(m³/h)	油气量(m³/h)
石脑油	380~400	0.78	490~510	610~640
汽油	320~350	0.73	440~480	550~600
航空煤油	380~410	0.775	490~530	610~660

根据该码头运行情况,两个泊位同时装载石脑油、汽油和航空煤油的概率较低,且可通过生产调度,避免两个泊位同时装载情况的发生。综合考虑各装船货种的油气产生量及装船作业工况,本案例码头油气回收设施设计处理能力为 700m³/h。

4.4 码头 VOCs 排放标准的执行

空气是环境中的重要介质之一,具有流动性大、影响范围广等特点,大气污染物可能进入人体并造成健康危害。随着工业化的快速发展,排放的大气污染物不断增加,导致大气污染也日益恶化。尽管根据《中华人民共和国大气污染防治法》等法律法规,我国也制定了相关的国家和地方大气污染物排放标准,但在实施过程中,存在控制目标不明确、覆盖范围不全面、偷排漏排等问题。

大气污染物种类繁多、成分复杂、形态多样,治理难度也较大。目前,影响大气环境质量的污染物可主要分为颗粒物、硫氧化物、氮氧化物、挥发性有机物等,大气污染物排放标准是针对不同行业、不同区域和不同时间节点所制定的污染物排放限值,是防治大气污染、控制污染物排放的关键措施。

对于油气化工码头而言,其产生的大气污染物主要为 VOCs,挥发性有机物排放标准也是限制港口大气污染物排放的关键措施之一。合理确定码头挥发性有机物的排放标准,也是选择码头油气回收处理工艺、实现尾气达标排放的前提条件。

目前,国内外已经根据各地的实际情况,相继制定了各自的大气污染物排放标准。大部分 VOCs 采用综合性指标非甲烷总烃进行控制,其他有毒害的 VOCs 采用单独的特征污染物排放限值进行控制。

4.4.1 国外标准

1)美国大气污染物排放标准
美国于 1970 年颁布了《空气清洁法案》(*Clean Air Act*),并成立了美国国家环境保护局,主要负责维护自然环境和人体健康不受环境危害影响,并建立了国家环境控制质量标准(NAAQS)。自颁布至今,《空气清洁法案》已经经历了数次更新,也极大地促进了美国空气质量的不断改善。该法案是全美均需遵守的一部联邦法律,但为满足法案的要求,各州和地方政府还制订了减少空气污染计划。

美国《空气清洁法案》将大气污染物分为常规污染物和有毒有害污染物,其中,常规污染物主要包括颗粒物、臭氧、一氧化碳、硫氧化物、氮氧化物等;有毒有害污染物约189种,主要包括无机物和有机物。

美国的大气污染物排放标准体系以清洁空气法案和联邦法规为依托,采用源控制(新源和现有源)的方式,制定了不同行业的大气污染物排放标准。《联邦法规》第40篇第1章第C分章大气生态环境部分,共分为47个部分,其中,石油化工行业大气污染物排放标准主要涉及其中的三个部分:大气污染物新源(固定源)绩效标准(CFR Title 40 Part 60,Standards of Performance for New Stationary Sources)、有害空气污染物国家排放标准(CFR Title 40 Part 61,National Emission Standards for Hazardous Air Pollutants)、不同排放源有害空气污染物国家排放标准(CFR Title 40 Part 63,National Emission Standards for Hazardous Air Pollutants for Source Categories)。涉及有机液体装载作业的主要有以下几部分:

(1)《海上船舶装船作业国家排放标准》(40 CFR Chapter I Subchapter C Part 63 Subpart Y—National Emission Standards for Marine Tank Vessel Loading Operations)。

该部分国家排放标准主要适用于码头向海上船舶装载有机液体的情况,其排放标准主要从最大可实现控制技术(MACT)和最佳可利用技术(RACT)两个方面控制装船作业过程中的污染物排放。

该标准要求,对于每年新源排放量低于10t和25t,以及现有源或新源排放量为10t或25t的码头,应该配备蒸汽收集系统。船舶上的蒸汽收集设备应该与码头蒸汽收集系统兼容,并确保液货舱的气密性。

对于符合最大可实现控制技术规定的现有源码头装船作业,其有害空气污染物(HAP)排放量应减少97%;新源码头装船作业,其HAP排放量应减少98%。

对于符合最佳可利用技术规定的码头吞吐量在1000万桶或2亿桶的装船作业,在使用燃烧设备时VOCs排放量应减少98%;在使用回收设备时VOCs排放量应减少95%。按照规定程序确定基线VOCs浓度,确保装置出口平均VOCs浓度不超过基线VOCs浓度的20%。在汽油装船作业时,其出口的挥发性有机物浓度不应高于1000ppm(V)。

(2)《汽油分配设施国家排放标准[散装汽油码头和管道分输站)》(40 CFR Chapter I Subchapter C Part 63 Subpart R—National Emission Standards for Gasoline Distribution Facilities (Bulk Gasoline Terminals and Pipeline Breakout Stations)]。

该法规适用于每天汽油吞吐量超过75.7m³的散装汽油码头。应确保汽油货舱的气密性,并定期对所有汽油设施进行泄漏检查,不得长时间向大气中排放汽油蒸汽。在进行装载汽油时,从油气回收处理系统排放到大气中的挥发性有机物不应超过10mg/L。

(3)《汽油分配散货码头、散装工厂和管道设施国家排放标准》(40 CFR Chapter I Subchapter C Part 63 Subpart BBBBBB—National Emission Standards for Hazardous Air Pollutants for Source Category:Gasoline Distribution Bulk Terminals,Bulk Plants,and Pipeline Facilities)。

该子部分规定了区域源汽油分配散装终端、散装工厂和管道设施排放的危险空气污染物(HAP)的国家排放限制和管理实践。适用于每天汽油吞吐量大于 2 万 gal❶ 的散装汽油码头或汽油工厂。如果按照州、地方规范进行汽油装载作业,其排放值应该不超过 80mg/L。

(4)《散装汽油码头性能标准》(40 *CFR Chapter I Subchapter C Part* 60 *Subpart XX—Standards of Performance for Bulk Gasoline Terminals*)。

该标准适用于每天汽油吞吐量超过 75.7m³ 的散装汽油码头,对于新源和现有源实行不同的排放标准。现有汽油蒸汽油气回收处理设施的总有机化合物排放量不应超过 80mg/L。对于新源,在进行汽油装车过程中,其蒸汽收集系统的有机化合物排放量不应超过 35mg/L。

(5)《国家有害空气污染物排放标准:有机液体分配(非汽油)》[40 *CFR Chapter I Subchapter C Part* 63 *Subpart EEEE-National Emission Standards for Hazardous Air Pollutants:Organic Liquids Distribution*(*Non-Gasoline*)]。

该法规规定了除汽油以外的其他有机液体在操作时的有害空气污染物国家排放标准,该标准不适用于石油和天然气生产现场设施和天然气储运设施。对于单罐容积小于 18.9m³ 以及仅卸载有机液体的工艺设施,其有害空气污染物排放可不受控制。在装载作业时,其油气排放控制装置需要将有害空气污染物(HAP)排放量至少减少 95%,或者排放浓度不高于 20ppm(V)。

另外,美国加利福尼亚州还制定了《加利福尼亚州南海岸空气质量实施计划》(*California Air Quality Implementation Plans*),针对不同的污染物来源情况,制定了相应挥发性有机物排放标准。

(1)《有机液体装载》(*Rule 462. Organic Liquid Loading*)。

该法规主要是控制公路罐车、拖车或者铁路罐车装载设施,在装载蒸汽压不小于 1.5lb/in²❷ 有机液体时挥发性有机物的排放。装载设施根据每天装载量的不同分为 A(>75.7L)、B(15.14~75.7L)、C(<15.14L)三类,对于 A 类设施,其油气回收处理系统应该控制 VOCs 的排放不超过 10g/cm³;对于 B 类设施,其油气回收处理系统应该控制 VOCs 的排放至少 90%;对于 C 类设施,并不要求设置油气回收处理系统,只是在装载时要求采用液下充装或底部充装。

(2)《有机液体储存》(*Rule 463. Organic Liquid Storage*)。

该法规主要是控制地上固定式储罐有机液体的挥发性有机物的排放,适用于容积超过 75m³ 的有机液体储罐,以及容积在 0.95~75m³ 之间的汽油储罐。根据浮顶罐密封形式的不同,将密封分为 A、B、C 三类,其中 A 类密封是最有效的控制 VOCs 的密封形式,属于最佳可用技术(BACT);B 类密封属于控制 VOCs 基本有效的密封形式,其效果是优于 C 类密封的;C 类密封属于现有储罐设施中的一种密封形式,在控制 VOCs 方面效果最差。蒸汽回收系统的效率应该通过将受控排放物与装有同样有机液体的固定顶储罐(无蒸汽控制或蒸汽回收系统)的排放物进行比较来确定,蒸汽回收系统的效率应至少为 95%(质量分数),或者将储罐排放物排放至燃气系统。

---

❶ 1gal ≈ 3.79L。
❷ 1lb ≈ 0.45kg,1in = 2.54cm。

(3)《海上油船作业》(Rule 1142. Marine Tank Vessel Operations)。

该法规主要应用于海上油船装载有机液体或者船舶运输挥发性有机物的排放。在对南海岸的海上油船进行装载作业时，挥发性有机物的排放应控制在 5.7g/cm^3，或者挥发性有机物的排放减少 95%(质量分数)。

2)欧盟大气污染物排放标准

1972 年，欧洲共同体(European Community)首次提出了在共同体内部建立共同环境保护政策的基本框架，这标志着欧洲共同体共同环境政策的初步形成和发展。空气质量政策是欧洲环境保护体系中一个非常重要的组成部分，其空气质量政策体系的内容较为完善，从国际、欧盟和国家等不同层面均制定了相应的环境保护政策要求。在国际层面上，主要是通过相关的空气质量国际公约、气候变化《巴黎协定》、欧盟能源联盟战略等进行大气污染物排放管理。欧盟层面则是建立了独立的空气质量政策体系，包括污染物排放限制、污染物来源以及相关的标准规范等。

欧洲于 1979 年通过了《远距离越境空气污染公约》(Convention on Long-range Transboundary Air Pollution)，该公约是第一部以控制跨境空气污染为目的的多边国际公约，公约内容包括 18 条，主要规定了公约的目的、缔约方责任和义务、相关的空气质量管理制度等，属于框架性公约。对于特定污染物的防治，后续通过签署了《哥德堡议定书》等多个环境治理承诺议定书，共同构成了完整的大气污染防治政策体系。

欧盟的环境标准主要以指令形式发布，其中涉及 VOCs 排放的指令主要包括以下部分：

(1)《欧洲议会和理事会指令 2001/81/EC》(Directive 2001/81/EC of the European parliament and the council on national emission ceilings for certain atmospheric pollutants)。

该指令的目的是限制酸化和富营养化污染物和臭氧前体的排放，以改善共同体对环境和人类健康的保护，使其免受酸化、土壤富营养化和地面臭氧等不利影响的风险，并制定了各成员国的二氧化硫、氮氧化物、VOCs、氨气的大气污染物排放量上限。

(2)《欧洲议会和理事会指令 2008/50/EC》(Directive 2008/50/EC of the European parliament and the council on ambient air quality and cleaner air for Europe)。

该指令是在欧盟层面上，规定了 PM2.5、臭氧、二氧化硫、二氧化氮等相关大气污染物的排放限值、目标值、警戒值、通告值等各项标准，并对空气质量信息公开、跨境空气质量污染、空气改善计划等内容作出了具体规定。

(3)《欧洲议会和理事会指令 2010/75/EU》[Directive 2010/75/EU of the European parliament and the council on industrial emissions(integrated pollution prevention and control)]。

该指令是欧盟监管工业装置污染物排放的法规。其中对于一些具有致癌、导致记忆突变或者影响人类满足的物质的易挥发有机物，其挥发性有机物的排放量大于或等于 10g/h 时，其排放浓度应满足 2mg/m^3 的排放限值。对于一些卤化挥发性有机物的排放，其排放量大于或等于 100g/h 时，其排放浓度应满足 20mg/m^3 的排放限值。

(4)《欧洲议会和理事会指令 94/63/EC》[Directive 94/63/EC of the European parliament and the council on the control of volatile organic compound(VOC)emissions resulting from the storage of petrol and its distribution from terminals to service stations]。

该指令是关于控制汽油储存及其从终端到服务站产生的 VOCs 排放的法规。在终端的汽油装载过程中,对于返回的油气,如果采用油气回收装置不安全或者技术上不可能实现,也可以采用油气燃烧装置。新源油气回收处理设施每小时排放的 VOCs 浓度不应超过 $35g/m^3$,现有源油气回收处理设施每小时排放的 VOCs 浓度不应超过 $50g/m^3$。

4.4.2 中国标准

为保护和改善生态环境,防治大气污染,保障人体健康,推进生态文明建设,促进经济社会可持续发展,我国于 1987 年发布了《中华人民共和国大气污染防治法》,对颗粒物、二氧化硫、氮氧化物、挥发性有机物、氨等大气污染物和温室气体提出了协同控制要求,并授权国家环境主管部门制定大气污染物排放标准。

根据《生态环境标准管理办法》(生态环境部令第 17 号),为改善生态环境质量,控制排入环境中的污染物或者其他有害因素,根据生态环境质量标准和经济、技术条件,制定污染物排放标准。生态环境标准分为国家生态环境标准和地方生态环境标准,国家生态环境标准在全国范围或者标准制定区域范围执行,地方生态环境标准在发布该标准的省、自治区、直辖市行政区域范围或者标准制定区域范围执行。

目前,我国大气污染物排放标准体系主要由综合性排放标准和各行业排放标准组成,对于没有行业标准的大气污染物排放,需要执行综合性排放标准。国家生态环境标准涉及挥发性有机物的主要排放标准见表 4.4-1。

不同标准挥发性有机物排放限值一览表 表 4.4-1

序号	标准名称	挥发性有机物排放限值
1	《大气污染物综合排放标准》(GB 16297—1996)	现有污染源(1997 年 1 月 1 日前):非甲烷总烃 $\leqslant 150mg/m^3$;新污染源(1997 年 1 月 1 日后):非甲烷总烃 $\leqslant 120mg/m^3$
2	《挥发性有机物无组织排放控制标准》(GB 37822—2019)	固定顶储罐和有机液体装载,基本控制要求:VOCs 处理效率 $\geqslant 80\%$;特别控制要求:VOCs 处理效率 $\geqslant 90\%$
3	《石油炼制工业污染物排放标准》(GB 31570—2015)	有机废气排放口,非甲烷总烃去除效率 $\geqslant 95\%$
4	《石油化学工业污染物排放标准》(GB 31571—2015)	有机废气排放口,非甲烷总烃去除效率 $\geqslant 97\%$
5	《储油库大气污染物排放标准》(GB 20950—2020)	油气处理装置非甲烷总烃排放浓度 $\leqslant 25g/m^3$,处理效率 $\geqslant 95\%$
6	《油品运输大气污染物排放标准》(GB 20951—2020)	油船应设置密闭油气收集系统和惰性气体系统;油气收集系统应将向油船发油时产生的油气密闭送入油气处理装置;油船运输过程中,应保证油品和油气不泄漏;应采用封闭式液位监测系统测量油舱液位高度、油气压力和温度
7	《加油站大气污染物排放标准》(GB 20592—2020)	油气处理装置油气排放浓度 1h 平均浓度值 $\leqslant 25g/m^3$

(1)《大气污染物综合排放标准》(GB 16297—1996)。
(2)《挥发性有机物无组织排放控制标准》(GB 37822—2019)。
(3)《石油炼制工业污染物排放标准》(GB 31570—2015)。
(4)《石油化学工业污染物排放标准》(GB 31571—2015)。
(5)《储油库大气污染物排放标准》(GB 20950—2020)。
(6)《油品运输大气污染物排放标准》(GB 20951—2020)。
(7)《加油站大气污染物排放标准》(GB 20592—2020)。

4.4.3 地方标准

根据《生态环境标准管理办法》(生态环境部令第17号),国家污染物排放标准是对全国范围内污染物排放控制的基本要求。地方污染物排放标准是地方为进一步改善生态环境质量和优化经济社会发展,对本行政区域提出的国家污染物排放标准补充规定或者更加严格的规定。

目前,各地方政府为贯彻落实《中华人民共和国环境保护法》《中华人民共和国大气污染防治法》等法律法规的要求,改善当地的环境空气质量,保障人体健康,制定了各地方大气污染物综合排放标准或行业挥发性有机物排放标准。据不完全统计,各地方政府制定的大气污染物排放标准如下:

(1)北京市《大气污染物综合排放标准》(DB11/501—2017)。
(2)上海市《大气污染物综合排放标准》(DB31/933—2015)。
(3)天津市《工业企业挥发性有机物排放控制标准》(DB12/524—2020)。
(4)重庆市《大气污染物综合排放标准》(DB50/418—2016)。
(5)河北省《工业企业挥发性有机物排放控制标准》(DB13/2322—2016)。
(6)江苏省《大气污染物综合排放标准》(DB32/4041—2021)。
(7)广东省《大气污染物排放限值》(DB44/27—2001)。
(8)福建省《工业企业挥发性有机物排放标准》(DB35/1782—2018)。
(9)江西省《挥发性有机物排放标准》(DB36/1101.1~1101.6—2019)。
(10)山东省《挥发性有机物排放标准》(DB37/2801.1~2801.7)。
(11)陕西省《挥发性有机物排放控制标准》(DB61/T1061—2017)。
(12)四川省《固定污染源大气挥发性有机物排放标准》(DB51/2377—2017)。
(13)杭州市《重点工业企业挥发性有机物排放标准》(DB3301/T0277—2018)。
(14)厦门市《大气污染物排放标准》(DB35/323—2018)。

4.4.4 排放标准的确定

根据《生态环境标准管理办法》(生态环境部令〔2021〕第17号),有地方生态环境质量标准、地方生态环境风险管控标准和地方污染物排放标准的地区,应当依法优先执行地方标准。地方污染物排放标准是地方为进一步改善生态环境质量和优化经济社会发展,对本行政区域提出的国家污染物排放标准补充规定或者更加严格的规定。

污染物排放标准按照下列顺序执行：

（1）地方污染物排放标准优先于国家污染物排放标准；地方污染物排放标准未规定的项目，应当执行国家污染物排放标准的相关规定，行业型国家污染物排放标准优于综合型地方污染物排放标准。

（2）同属国家污染物排放标准的，行业型污染物排放标准优先于综合型和通用型污染物排放标准；行业型或者综合型污染物排放标准未规定的项目，应当执行通用型污染物排放标准的相关规定。

（3）同属地方污染物排放标准的，流域（海域）或者区域型污染物排放标准优先于行业型污染物排放标准，行业型污染物排放标准优先于综合型和通用型污染物排放标准。流域（海域）或者区域型污染物排放标准未规定的项目，应当执行行业型或者综合型污染物排放标准的相关规定；流域（海域）或者区域型、行业型或者综合型污染物排放标准均未规定的项目，应当执行通用型污染物排放标准的相关规定。

关于VOCs排放标准，针对各行业实际情况，国家已经发布了相关行业的大气污染物排放标准，各省（自治区、直辖市）也出台了相应的地方标准。但是关于港口码头的排放标准问题，各地方还存在争议，导致在项目环境影响评价过程中，各评价单位所执行的大气污染物排放标准也差异较大，有的地方已经出台了超低排放的要求，由于排放标准的不同从而也影响着油气回收处理工艺的选取以及投资规模等。建议港口码头在选取执行的排放标准时，充分考虑码头性质，如储油库码头、化工或炼化码头等，并结合装船介质的种类、饱和蒸汽压等进行标准适用性分析。

建设单位应及时与环境保护主管部门核实环境影响评价的执行标准，由主管机关书面明确项目建设环境影响评价的执行标准，其中会对废气的执行标准进行明确。

目前，环境影响评价不再作为项目审批的前置条件，在项目开工之前获得批复即可。但为避免工程建设方案反复，建议提前开展项目环评工作，及时与评价单位和环境保护主管部门进行沟通。

4.4.5 排放标准确定案例

1）案例一

某原油码头，进行装船作业的货种为原油。该码头为石油库类码头，非石油化工企业、煤化工企业，从国家标准的角度应执行《储油库大气污染物排放标准》（GB 20950—2007）中对油气回收处理装置油气排放限值，其要求为：非甲烷总烃小于或等于$25g/m^3$，油气处理效率大于或等于95%。根据调研分析，该原油码头所在地包含或专门的储油库类油码头大气污染物排放标准，因此该码头油气回收处理装置油气排放限值执行国家标准。考虑到国家大气污染深度减排要求，基于国家和地方现行大气污染物排放标准，对于本案例油气回收处理设施尾气排放控制要求，提出如下两种方案：

（1）方案一：非甲烷总烃排放浓度小于或等于$25g/m^3$，处理效率大于或等于95%。

码头油气回收处理设施采用吸附法、吸收法、冷凝法、膜分离法等物理方法回收工艺，其油气回收装置尾气中非甲烷总烃排放浓度小于或等于 $25g/m^3$,处理效率大于或等于 95%。

优点:油气回收处理设施采用物理方法,安全性能高,与周边建构筑物和设施防火间距较小,油气回收装置场地便于选择。

缺点:远期如果国家或地方大气污染物排放标准提升,可能会存在油气回收装置不能达标排放的情况。

(2)方案二:非甲烷总烃排放浓度小于或等于 $60mg/m^3$,处理效率大于或等于 97%。

码头油气回收处理设施采用催化氧化法、燃烧法等化学方法处理工艺,其油气处理装置尾气中非甲烷总烃排放浓度小于或等于 $60mg/m^3$,处理效率大于或等于 97%。

优点:非甲烷总烃排放浓度小于或等于 $60mg/m^3$ 目前属于国内非常严格的排放标准,基本上可以满足国内石油仓储行业大气污染物排放远期发展要求。

缺点:油气回收处理设施采用化学方法,涉及明火或高温作业,与周边建构筑物和设施防火间距会增大,对油气处理装置的布置场地要求较高,对作业人员及现场管理要求也会增加。如果采用燃烧法,还需要配套提供燃料气的供应。

考虑到该码头现阶段库区场地剩余空间有限,并结合国内同类设施排放现状和企业环境保护发展要求,现阶段油气回收处理设施排放限值要求为:非甲烷总烃小于或等于 $10g/m^3$,油气处理效率大于或等于 95%。如果将来主管部门或企业有深度减排的要求,远期可通过对油气回收装置增加深度处理单元,提高油气回收处理设施排放限值要求为:非甲烷总烃小于或等于 $60mg/m^3$,油气处理效率大于或等于 97%。

2)案例二

某成品油码头,进行装船作业的货种主要为石脑油、汽油和航空煤油。该码头属于公共货运码头,仅提供油品和化工品的装卸船服务,该码头为石油库类码头,非石油化工企业、煤化工企业,因此,该码头的大气污染物排放不适用于《石油炼制工业污染物排放标准》(GB 31570—2015)和《石油化学工业污染物排放标准》(GB 31571—2015)。从国家标准的角度应执行《储油库大气污染物排放标准》(GB 20950—2020)中对油气回收处理装置的油气排放限值,另根据调研分析,该原油码头所在省份对不同行业也制定了大气污染物排放地方标准,但都不适用于港口码头。因此,本案例码头油气回收设施挥发性有机物排放限值主要执行《储油库大气污染物排放标准》(GB 20950—2020),并结合企业环境保护发展要求,可适度深度处理,对油气回收装置油气排放限值提出的要求为:非甲烷总烃小于或等于 $20g/m^3$,油气处理效率大于或等于 95%。

4.5 回收处理工艺选取

4.5.1 油气回收处理技术及原理

目前,国际通用的油气回收处理方法主要分为物理方法和化学方法。其中,物理方法主要包括吸收法、吸附法、冷凝法、膜分离法等;化学方法主要包括燃烧法、催化氧化法、等离子法等。

1) 吸收法

吸收法的基本原理是基于油气混合气中烃类组分和空气组分在液体吸收剂中的溶解度不同,通过油气混合气与吸收剂的充分接触,使烃类组分溶解在吸收剂中,而将不能溶解的空气组分排出,从而实现油气混合气中烃类组分与空气组分的分离。

吸收法的工艺流程为:油气混合气通过油气回收管道自吸收塔底部引入,液体贫油吸收剂从吸收塔顶部引入,油气混合气在吸收塔内自下而上流动的过程中,与吸收塔顶部喷淋而下的液体贫油吸收剂逆向接触。在接触过程中,油气混合气中的烃类组分会溶解在贫油吸收剂中形成富油吸收剂而从吸收塔底部排出,经吸收后的净化气体则从吸收塔顶部排出。富油吸收液再经过解吸过程形成贫油吸收剂从而实现循环使用,排出的气体如未达标则返回吸收塔重复上述过程。

吸收法的关键是需要选择合适的吸收剂,并合理确定吸收过程的温度、压力和喷淋流量等参数,从而提高吸收效率并降低吸收液的用量。不同的吸收剂种类,对于油气混合气中的烃类组分的溶解度会有所不同,如果吸收剂的吸收能力较小,一旦达到饱和,则需要更换吸收剂或者进行解析,否则会影响油气回收装置的吸收效率。同时,还要考虑油气回收装置现场的吸收剂来源,确保有稳定的吸收剂供应。

2) 吸附法

吸附法的基本原理是基于固体表面存在着不平衡和未饱和分子引力,利用吸附剂对油气混合气中各组分吸附力的差异性,使烃类组分可以较好地吸附在吸附剂表面,而空气组分则不易被吸收,从而实现油气混合气中烃类组分与空气组分的分离。

吸附法的工艺流程为:油气混合气通过油气回收管道自吸附罐底部引入,与吸附罐内的吸附剂充分接触。当油气混合气通过吸附剂时,吸附力较大的烃类组分会被吸附在吸附剂表面,而空气组分则由于吸附力非常小未被吸附而排出。当吸附塔达到饱和状态时,通常采用真空解吸,使吸附于吸附剂的烃类组分在真空状态下挥发。经过真空减压脱附,实现了吸附剂的再生,最后将脱附下来的富气进行液化,从而实现油气的回收。吸附工艺是一个变压吸附的过程,通常会至少有两个吸附罐交替工作,当其中一个吸附罐达到饱和状态时,需要自动切换至另外一个吸附罐,而前者则进入脱附再生过程。再生是通过真空泵抽真空操作来完成,并在再生循环的最后,通过空气吹扫阀对吸附剂床进行吹扫。

吸附法的关键是需要选择高效的吸附剂,吸附剂性能的好坏直接影响吸附工艺是否可行有效。用于油气回收装置的吸附剂应具备比表面积大、比热容及传热系数高、压降小、寿命长、机械强度高、价格低廉并容易再生等特点。目前,常用的吸附剂主要有活性炭、硅胶、氧化铝等,由于活性炭具有非极性的表面结构特点,为疏水性和亲有机物质的吸附剂,而且单位体积的活性炭有着极大的表面积,因此特别适宜于油气混合气中烃类组分的吸附回收。但活性炭存在寿命问题,而且在吸附烃类组分之后会有较大的温度升高,容易导致炭床过热而自燃,存在安全隐患。

3) 冷凝法

冷凝法的基本原理是利用烃类物质在不同温度下的饱和蒸汽压不同,通过制冷系统获取低温,分阶段降低油气混合气的温度,使其中烃类组分的蒸汽压达到过饱和状态,并将其凝结为液体,从而实现油气混合气中烃类组分与空气组分的分离。冷凝系统一般采用预冷、浅冷和深冷的三级连续冷却方法降低油气的温度,根据油气混合气的成分、要求的回收率及尾气浓度限值,来确定冷凝装置的最低温度,使之凝聚为液体回收。

冷凝法的工艺流程为:油气混合气通过油气回收管道首先进入单级制冷系统提供冷量的前置预冷器,其气体温度通常为 10~0℃,此时可将大部分水蒸气和一部分低沸点的烃类组分冷凝为液体;离开前置预冷器之后,油气混合气随后进入浅冷器,其气体温度通常冷却至 -30~-50℃,此时可回收油气中大部分的烃类组分;对于剩下还没有回收的部分烃类组分,则进入深冷器,其油气温度可冷却至 -73~-110℃,对于没有被冷凝的空气组分,则通过排气筒排出。

冷凝法的关键是需要根据不同的油气成分确定合适的冷凝温度,并选择经济高效的制冷系统。冷凝法理论上可以达到很高的净化程度,但其制冷成本也会随之增加。目前,常用的制冷系统主要为机械制冷,也有部分采用液氮方式进行制冷,但液氮制冷方式的应用会受到液氮来源成本的影响而受到制约。机械制冷的工作原理是基于热力学第二定律,通过消耗机械能来循环改变制冷剂的状态,在制冷剂状态变化过程中,使油气混合气与制冷剂进行热交换,将油气混合气中的热量传递到大气环境中,从而降低油气混合气的温度,使烃类组分从气态变为液态,实现油气回收的目的。机械制冷的主要设备包括制冷压缩机、蒸发器、节流器和冷凝器,其设备能耗高低也决定了冷凝法油气回收工艺的运营成本。

4)膜分离法

膜分离法的基本原理是基于不同气体分子与膜的亲和性不同,导致透过膜的扩散速率不同,从而实现不同组分的分离。气体混合物在与膜表面接触后,高渗透率组分会首先在膜的表面进行溶解吸附,被吸附的气体分子在膜内向另一侧扩散聚集,而低渗透率组分则在膜的一侧被截留。

膜分离法的工艺流程为:油气混合气经加压后,进入膜分离器,膜分离器通常是由一系列特殊高分子膜分离组件构成,该高分子膜对油气混合气中的烃类组分具有优先透过性,而对于空气组分则被选择性截留。烃类组分透过高分子膜后会在膜的另一侧聚集形成富气,然后将富气回收为凝液,从而实现 VOCs 的回收。

采用膜分离法的关键是寻找成本低、分离效率高、化学稳定性好,并具有优良机械加工性能的膜材料。在油气分离过程中使用的膜材料主要包括高分子有机材料、无机材料、分子筛材料和其他复合材料等。对于不同结构材料的膜,其渗透扩散的方式也不一样。目前,在油气回收装置中应用较为成熟和广泛的膜材料主要为有机高分子膜,有机高分子膜具有成膜性能优异、柔韧性好易成型和制膜成本低等优点,但有机高分子膜具有热稳定性和化学稳定性差的缺点,从而会影响膜组件的寿命。

5)燃烧法

燃烧法的基本原理是利用 VOCs 的可燃性,将收集到的油气与空气或燃气进行预混后,在燃烧室内通过有氧火焰燃烧,最终生成二氧化碳和水,从而实现 VOCs 的超低排放。在燃烧过程中,由于油气浓度的变化,需要适时补充空气或燃气,确保 VOCs 能够得以充分燃烧,但在燃烧过程中由于出现高温,容易产生氮氧化物、二噁英、硫化物等污染物导致二次污染。

燃烧法的工艺流程为：回收的油气在预混器中与燃气或空气混合，确保油气混合气的爆炸极限控制在其爆炸下限的 25% 以下，通过风机加压，然后进入耐高温的燃烧室，油气混合气在燃烧室内被点燃，发生燃烧反应，燃烧温度通常会达到 800~1000℃。为了确保燃烧充分，通常油气混合气需要在燃烧室内保持足够的停留时间，最后生成二氧化碳和水排出。

由于 VOCs 易燃易爆，在采用燃烧法时其安全措施是至关重要的。在发生燃烧反应之前，需要调节油气的浓度至其爆炸下限的 25% 以下，否则油气混合气混在燃烧室内发生爆炸。另外，还需要安装阻火器、防爆泄压装置等安全设施。由于在油气处理过程中会产生明火，其与周边相邻设施的防火间距通常会较大。

6）催化氧化法

催化氧化法的基本原理是将收集到的油气与反应器内的催化剂（Pt、Pd 等重金属）接触，通过催化剂降低烃类组分反应的活化能，从而使烃类组分在催化剂表面与氧气发生氧化反应，最终生成二氧化碳和水。在油气处理过程中，受油气处理量大、油气浓度不稳定、成分复杂等因素的影响，对催化剂的选择提出了更高的要求：活性高、机械强度大、适应性广、稳定性好等。

催化氧化法的工艺流程为：回收的油气在预混器中与空气混合，确保油气混合气的爆炸极限控制在其爆炸下限的 25% 以下，通过风机加压，进入换热器和加热器加热，达到催化氧化反应的温度（200~300℃），然后进入反应器内的催化反应床。在催化剂的作用下，最后生成二氧化碳和水排出。

对于催化氧化法，催化剂是决定该工艺处理效果和工程投资的关键因素。催化剂的性能主要包括反应活性、适应性和稳定性，其中反应活性是衡量催化剂加快氧化反应速率的指标；适应性是对油气混合气中不同成分的气体都有较好的反应活性；稳定性是反应过程中催化剂具有良好的热稳定性、机械稳定性和抗中毒稳定性。因此，在采用催化氧化法时，需要根据油气回收处理货种等现场实际情况选择合适的催化剂。

7）等离子体法

等离子体是以自由电子和带电离子为主要成分的物质形态，通常被认为是除气态、液态和固态之外的第四种物质形态。根据等离子体自身的热力学特征，可以将等离子体分为高温等离子体和低温等离子体，由于高温等离子体在处理挥发性有机物时需要消耗大量的能量且激发污染物没有选择性，而低温等离子体具有耗能低、对污染物激发具有选择性等优点，通常将低温等离子体应用于油气处理技术中。

低温等离子法的基本原理是通过高压放电产生低温等离子体，使低温等离子体中的高能电子、自由基等活性粒子与烃类组分分子发生碰撞，经过一系列的物理化学反应，将大分子转化为小分子，使有毒有害的 VOCs 转变为无毒无害的物质，从而达到分解处理 VOCs 的目的。

等离子法的工艺流程为：回收的油气经过加压后，进入等离子体反应器，油气混合气中的烃类组分在反应器内与等离子体发生器产生的高能电子、自由基等活性粒子发生氧化、降解反应，最后生成二氧化碳、水和其他无毒无害物质排出。

等离子体油气处理技术主要是破坏烃类大分子的化学键而使其分解为小分子,但由于等离子体反应的复杂性和难以控制性,在处理过程中并不能完全将 VOCs 降解为二氧化碳和水。因此,低温等离子体技术处理 VOCs 在实际应用中,需要在反应器前面增加预处理系统,去除 VOCs 中的颗粒物和水分,并在反应器后设置后处理系统,使 VOCs 与活性粒子的反应时间延长,使未反应完的 VOCs 得到充分分解消除。

另外,对于高含硫的原油,还涉及脱硫处理工艺。高含硫原油中硫化物含量大于 2%,由于有大量硫化物的存在,会对储运和炼化设备及管道产生腐蚀,而且与金属管道和设备反应,生成的硫化亚铁容易氧化、自燃导致爆炸。高含硫原油的腐蚀性主要取决于硫化物的种类、含量和稳定性,原油中的硫有多种存在形式,包括有机硫化物、单质硫和硫化氢,其主要类型有单质硫、硫化氢、硫醇、硫醚、二硫化物、环状硫化物、亚砜、噻吩、磺酸和磺酸盐等。单质硫、硫化氢和低分子硫醇通常会与金属直接作用而引起管道和设备的腐蚀,这些硫化物称为活性硫;其余不能与金属直接作用的含硫化合物称为非活性硫,但非活性硫在高温或催化剂的作用下,会分解为活性硫,也会对金属产生腐蚀。

高含硫原油在储存及运输过程中不仅挥发轻组分,也会挥发出硫化氢,高含硫原油中硫的毒害性主要体现在硫化氢上。当外界环境温度低于 120℃时,活性硫化物尚未分解,挥发气体中硫元素主要来源于原油中所含的硫化氢。原油装卸及运输时的温度一般不超过 120℃,因此挥发气体中的硫主要来自溶解于原油中的硫化氢气体。硫化氢为具有刺激性和窒息性的无色气体。硫化氢气体毒性很大,具有"臭鸡蛋"的特殊气味,人体吸收后可引起急性中毒和慢性损害,危害极大。低浓度接触仅对人体呼吸道黏膜和眼睛局部产生刺激作用,高浓度时会表现为中枢神经系统症状和窒息症状。目前,国家标准《工作场所有害因素职业接触限值 第 1 部分:化学有害因素》(GBZ 2.1—2019)中规定硫化氢最高允许质量浓度为 $10mg/m^3$,而某些高含硫原油中的硫化氢质量浓度达到 $800\sim1000mg/m^3$,远高于规定的硫化氢最高允许质量浓度。

由于高含硫原油在码头装船作业过程中,其产生的原油油气中也会存在一定量的硫化氢和硫醇等硫化物,在油气回收处理过程中,会对油气回收处理设施造成腐蚀并影响操作人员的健康。因此,对于高含硫原油的油气,在回收处理过程中,通常还要进行脱硫处理。目前经常使用的油气脱硫预处理方法主要分为干法脱硫和湿法脱硫。

干法脱硫主要是采用粉状或颗粒状吸收剂或吸附剂,对油气中的硫化物进行吸收或吸附,从而达到脱硫的目的。干法脱硫根据硫化物在处理过程中的变化情况可分为物理干法脱硫和化学干法脱硫,物理干法脱硫主要是利用脱硫专用活性炭、分子筛等吸附剂,利用吸附剂中的多孔结构,将油气中的硫化物气体予以吸附;化学干法脱硫主要是利用专用脱硫剂,如五氧化二铁、氢氧化铁、碳酸钙等碱性固体颗粒,通过硫化物与脱硫剂在脱硫塔中发生化学反应,从而将油气中的硫化物予以脱除。

物理干法脱硫的优点是脱硫吸附剂可以通过解析,实现吸附剂的再生利用,吸附过程中不需要加热;缺点是吸附剂的脱硫容量低,脱硫速率慢,需要频繁再生。

化学干法脱硫的优点是脱硫容量高,脱硫效果好;缺点是脱硫吸收剂不能再生,属于一次性使用,使用成本较高,在脱硫过程中需要进行加热处理。

湿法脱硫主要是采用吸收液,在吸收塔中与油气对流接触,将油气中的硫化物与吸收液发生化学反应或溶解在吸收液中,从而达到脱硫的目的。湿法脱硫根据硫化物在处理过程中的变化情况也可分为物理湿法脱硫和化学湿法脱硫,物理湿法脱硫主要是根据相似相容原理,采用水洗或油洗的方式,将油气中的硫化氢等硫化物溶于其中;化学湿法脱硫主要是根据酸碱中和的原理,采用碱性脱硫液,如氨水、氢氧化钠溶液等,在吸收塔中与油气中的硫化物进行中和反应,从而将油气中的硫化物予以脱除。

物理湿法脱硫的优点是吸收液主要为水或油品,吸收液成本较低;缺点是水洗和油洗容量有限,对于有机硫化物,水洗效果较差,油洗还会带出部分油气,水洗或油洗带出的水蒸气和油气还会影响后续单元的处理。

化学湿法脱硫的优点是脱硫容量高,脱硫效果好;缺点是脱硫吸收液不能再生,属于一次性使用,脱硫后产生的废碱液需要进行处理,使用成本较高。

4.5.2 回收处理技术适用范围

我国沿海和内河自 2010 年前后开始,陆续开展了码头油气回收处理设施的建设。经过近 20 年的发展,已经建成码头油气回收处理设施约 150 套,涉及油气化工泊位约 300 个,形成了以冷凝、吸附、吸收、膜分离等物理法为主的码头油气回收技术。

随着近几年各地方环境保护标准的不断提高,诸如燃烧、催化氧化等化学法油气处理技术也逐渐开始在油气化工码头上投入应用。由于 VOCs 具有易燃易爆属性,在采用化学法油气处理技术时,通常会遇到明火、高温等情况,当油气浓度达到其爆炸极限时,会发生爆炸事故,因此其安全措施是至关重要的。《催化燃烧法工业有机废气治理工程技术规范》(HJ 2027—2013)、《蓄热燃烧法工业有机废气治理工程技术规范》(HJ 1093—2020)、《环境保护产品技术要求 工业有机废气催化净化装置》(HJ/T 389—2007)、《工业有机废气蓄热催化燃烧装置》(JB/T 13733—2019)、《工业有机废气蓄热热力燃烧装置》(JB/T 13734—2019)等标准规范中明确要求,进入反应器或燃烧器内的污染物浓度不应超过其爆炸下限的 25%。因此,在发生燃烧反应或氧化反应之前,需要调节油气的浓度至其爆炸下限的 25% 以下,否则油气混合气会在燃烧室或反应器内发生爆炸。

相比于物理法油气回收技术,化学法油气处理装置在处理过程中已经满足了可燃物(油气)、助燃物(空气)、点火源(温度)的着火三要素,如果 VOCs 浓度达到爆炸极限,则会发生爆炸事故。由于装船作业过程中,VOCs 的浓度是不断变化的,其浓度调节主要依靠船上或码头上的惰气系统,一旦惰气系统出现故障或者惰气无法及时供应,必须立即停机,否则会出现爆炸事故;另外,如果油气浓度过低,VOCs 也无法燃烧,还需要补充燃气助燃。

因此,化学法虽然满足了低浓度的排放要求,但其安全风险因素相比于物理法更多,包括氧含量快速分析系统、惰气供应系统、反应连锁系统、燃气供应系统等,其中任一系统出现问题,便极有可能引发安全生产事故。同时,化学法油气处理设施与周围相邻设施的防火间距比物理法大,在码头上的空间成本也较高。

由于不同的油气回收处理技术,其适用范围也不同。因此,需要结合油气化工码头实际情况,综合考虑其装卸货种、靠泊船型、尾气排放标准等因素,采取适宜的油气回收处理技术。表 4.5-1 总结了不同油气回收处理技术适用范围。

码头油气回收处理技术对比一览表　　　　　　　　　　　　　表 4.5-1

技术名称	处理技术	尾气排放浓度	处理效率	运行温度	优点	缺点
物理法油气回收技术	冷凝法	≥5~25(g/m^3)	≥90%~95%	低温	适用范围广,回收产品纯度高	冷凝机组耗电量大,运行费用较高;需要解决防冻、融霜问题
	吸收法	≥5~25(g/m^3)	≥90%~95%	常温	适用浓度范围广,适用性强	需要有稳定的吸收液的供应来源,并解决富液的处理问题
	吸附法	≥5~25(g/m^3)	≥90%	常温	脱除效率高,能耗低	需要定期更换吸附剂,并解决吸附剂危废暂存和处理的问题;易使活性炭温度升高
	膜分离法	≥5~25(g/m^3)	≥90%~95%	常温	设备占地尺寸小,运行费用低	分离膜对介质的选择性较高;膜的寿命有限,更换成本较高
化学法油气处理技术	燃烧法	≥60~120(mg/m^3)	≥95%~98%	800~1200℃	净化彻底,处理效率高,设备占地尺寸小	燃烧过程中需要提供燃料气,需要有稳定的气源保障。温度高,容易产生氮氧化物、二噁英、硫化物等二次污染物,需要控制装置进气口油气浓度不得超过其爆炸下限的25%
	催化氧化法	≥60~120(mg/m^3)	≥97%	250~400℃	能耗较低,净化彻底	催化剂易中毒,催化剂更换成本较高,需要控制装置进气口油气浓度不得超过其爆炸下限的25%
	低温等离子法	≥60~120(mg/m^3)	≥90%~98%	常温	占地少	不能处理高浓度有机废气,易产生臭氧及氮氧化物

4.5.3 回收处理技术选取原则

由于不同油气回收处理技术,其适用范围、去除性能、投资运行费用等各不相同,因此,目前国内已建的码头油气回收处理装置通常是采用多种回收处理工艺的组合,采用单一回收处理工艺的较为少见。另外,考虑到油气化工码头的特殊性,其码头平台远离库区,码头平台空间有限,配套设施依托不便,在选择回收处理技术时,还需要结合油气化工码头的现场实际情况。

因此,在选择码头油气回收处理技术时,需要根据不同的回收货种和所执行的尾气排放标准,首先确定是采用物理法油气回收技术还是化学法油气处理技术;然后结合项目的具体位置、设备安装空间、配套设施依托情况,并结合工程投资进行油气回收处理工艺方案比选,确定最终的油气回收处理工艺。

4.5.4 回收处理技术比选案例

以某原油装船码头为例。码头油气回收处理设施设计处理能力按 3000m^3/h 考虑;油气回收处理设施排放限值现阶段要求为:非甲烷总烃小于或等于 10g/m^3,硫化物小于或等于 10mg/m^3,油气处理效率大于或等于 95%,远期可通过对油气回收装置增加深度处理单元,提高油气回收处理设施排放限值要求为:非甲烷总烃小于或等于 60mg/m^3,油气处理效率大于或等于 97%。根据油气回收货种和排放标准,结合国内外已有设施运行使用情况,可应用的工艺技术方案包括"机械冷凝+吸附""吸附+吸收""液氮冷凝+吸附"等,这些方案也是当前国内外目前较为常用的工艺方案,本案例将对此三类方案进行比选,提出推荐方案。

1)"机械冷凝+吸附"工艺方案

(1)工艺方案概述。

本项目的油气处理设施主要处理的物料为轻质原油,结合项目实际情况及挥发气体的性质,原油属于易冷凝回收的油品,故工艺可采用回收效果较好的"冷凝"工艺。考虑到采用单冷凝工艺不易长期稳定达标排放,需在冷凝后端辅以吸附模块。

因此,针对本案例实际情况,拟提出"机械冷凝+吸附"工艺方案,主要包括机械冷凝单元、吸附单元和脱硫单元,其中机械冷凝单元采用双通道三级冷凝。为确保装置可长时间连续性工作,冷凝单元需设计为双蒸发冷凝通道,两条通道一路运行,一路融霜。吸附单元和脱硫单元均采用活性炭吸附法,吸附单元采用双罐设置。

装船产生的油气在风机的作用下依次进入船岸安全装置、油气输送系统,再进入冷凝单元、吸附单元和脱硫单元,最后达标尾气从排气管排放。其中,从"吸附单元"解析的油气重新送入冷凝单元冷凝回收,气液分离罐分离下来的油品和冷凝的油品通过自身重力的作用进入冷凝单元内置的储液罐中,最后输送至凝缩液储罐中。经过冷凝单元后,80%以上的油气被回收冷凝下来。

①机械冷凝单元。

本装置采用压缩机机械制冷,通过蒸发器的特殊换热工艺设计,使其中液态的有机组分与气态空气实现液体与气体的充分分离。冷凝模块采用连续冷却方法降低油气的温度,将油气温度分级降至各组分分压力下各组分对应的露点温度,油气的不同组分分级冷凝为液态,充分冷凝后的低浓度尾气经预冷器加热后输送到下一级处理。

一级制冷:油气处理温度达到 3~7℃,主要处理水蒸气及油气重组分,降低了水蒸气或油气重组分在后面两级制冷中结霜的可能,从而保证了油气管道压力不会过快地升高。

二级制冷:油气处理温度达到 -25~-30℃,主要液化回收油气部分轻组分。

三级制冷:油气处理温度达到 -55~-70℃,主要液化回收油气轻组分,保证 90% 以上的油气被处理掉。

热回收:经三级制冷后,低温不凝气体可作为很好的冷源来吸收制冷系统液化潜热,降低制冷系统压缩机能耗,同时也将尾气提升到 5~25℃ 进入吸附模块,大幅提高吸附效率。此外,还可有效降低活性炭吸附后的温度,使吸附模块更加安全可靠地运行。

冷凝下来的液体在重力作用下输送至冷凝模块内置的储液罐中。冷凝模块设置加热装置,保证输液管和储液罐不会产生堵塞。此外,输液管路及储液罐上缠绕电伴热加热带,双重保障,避免凝液在管路或储液罐中结晶。

当冷凝模块内置的储液罐到达高液位时,油泵自动启动,使所回收油品经计量表(对回收的油品实时计量)、单向阀输送到凝缩液储罐中,当冷凝模块内置的储液罐到达低液位时,油泵自动关闭。

另外,由于码头装船作业时间较长,为保证装置连续运行,冷凝模块配置单套制冷系统自动控制的双蒸发器系统,即油气通道为双通道,当一路通道结霜到一定程度时,系统自动切换到另一通道工作,同时结霜程度大的通道进入融霜模式,融霜结束后根据指令自动地恢复冷场通道通畅,处于待使用状态。双蒸发通道设计从根本上解决了油气冷凝通道结霜导致装置不能长时间运行的问题。

②吸附单元。

经冷凝单元处理后的低浓度油气进入到吸附单元,吸附单元的吸附剂为活性炭,采用真空泵脱附,脱附出的油气进入冷凝单元重新回收处理。

变压吸附工艺是利用吸附剂对吸附质的选择性,即油气-空气混合气中各组分与吸附剂之间结合力强弱的差别,使难吸附的空气组分与易吸附的油气组分分离。同时利用吸附剂对吸附质的吸附容量随压力变化而有差异的特性,真空下脱附这些油气而使吸附剂获得再生。整个操作过程均在环境温度下进行。整个过程包括吸附和再生两个基本操作。

吸附单元由两座并联的吸附塔组成,来自冷凝单元的极低浓度气体进入其中 1 座吸附塔,在吸附塔中,油气自下而上依次穿过吸附剂,油气被吸附在吸附剂表面,达标空气直接从吸附塔顶端排放。达到设定吸附时间后,吸附饱和的吸附塔则进入真空解析过程,解析后的高浓度气体进入冷凝前端进行再冷凝处理。同时,并联的另 1 座吸附塔进入吸附过程,解析后的高浓度气体进入冷凝单元进行再冷凝处理,回收的油品通过油泵自动输送至凝缩液储罐中。

③脱硫单元。

对于高含硫油气,经过上述单元处理后的尾气还需要经过脱硫单元进行脱硫处理。脱硫单元和吸附单元原理类似,只是吸附剂采用脱硫专用吸附剂。经过脱硫处理的尾气经检测合格后通过排气管排入大气。

"机械冷凝+吸附"方案工艺流程如图 4.5-1 所示。

(2)工艺技术特点。

采用"机械冷凝+吸附"方案治理 VOCs,其主要技术特点如下。

①设备使用的安全性。

冷凝单元是把常压油气通过多级梯度降温,最终将油气温度处理到 -70℃ 左右,高浓度油气一直处在低温场内,不存在因将高浓度油气压缩而带来的安全隐患,处理过程安全可靠。

被冷凝且经过回热交换后的常温低浓度油气进入活性炭吸附系统,不存在因活性炭吸附负荷过大吸附塔床层易产生高温的问题,该设备的吸附系统温升不超过 5℃,基本处于常温状态,并且整个油气处理过程在常压下进行,无须提高压力,系统处理过程平稳,不存在可能产生静电的安全隐患。

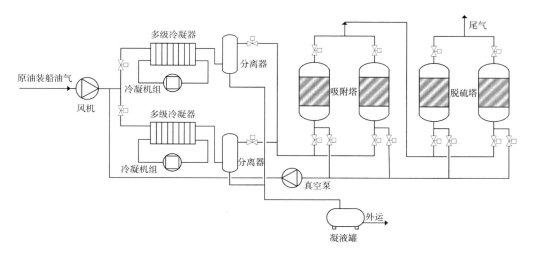

图 4.5-1 "机械冷凝+吸附"方案工艺流程

油品输送自动连锁控制,且双重保障防止用户大罐中油倒流。PLC 控制柜等设备均安装在橇块上,PLC 控制柜和配电柜独立设置;控制柜面板配有显示屏,具有运行参数显示、报警显示和控制参数修改功能;PLC 使用标准部件或模块化设计,不应受电力电缆、数据电缆、接地回路、整流器和其他系统干扰的影响。

所有电气、仪表及控制系统均选用防爆型,防护等级不低于 IP65,防爆等级 Exd Ⅱ BT4。仪表、控制阀与信号电缆之间采用镀锌管和防爆挠性管连接,无电缆裸露。整机满足 Exd Ⅱ BT4 的防爆要求。

②设备运行的节能性。

油气回收系统内部对气相和液相的冷量进行了充分的回收,设备制冷系统的所有制冷量全部用于克服油气从气态变为液态的汽化潜热,无多余的冷量浪费低温冷凝箱隔热设计及超强的保冷措施,确保低温状态下保温性能好,无负荷恒温待机状态下,每 90(夏季)~150min(冬季),制冷系统只需运行 10min,体现出节能的待机性能。

③操作使用方便。

设备操作简单,运行维护方便。设备全天候无人值守运行,日常运行及维护除耗电外只有每年 1~2 次压缩机的保养(主要是更换冷冻油)。

④设备使用寿命长。

标准化管理模式、规模化生产能力,保证机组优异的可靠性,提高其使用寿命;外壳采用不锈钢,对于沿海设备其翅片换热器采用铜管套铜片,以防止海边盐雾腐蚀,设备制冷模块的使用寿命为 20 年以上。活性炭吸附系统所承担的负荷相应较小,大大减少了易耗品的更换量,使用成本低。

⑤快速融冰。

融冰效率高且不需要另外增加热源,融冰时间短,可在发油间隙或用户指定的时间段内手动或自动完成,融冰结束后可根据指令自动快速地恢复冷场。冷凝模块配置双通道,当一路通道结霜到一定程度时,系统自动切换到另一通道工作,从根本上解决油气冷凝通道结霜导致装置不能长时间运行的问题。

⑥适用范围广。

可处理多种有机物气体(如汽油、原油、环氧丙烷、苯、二甲苯、石脑油、其他 VOCs 等)。操作弹性大,对间断性装船工况适应性强。模块化设计,撬装结构,占地面积小,外围配套工程简单。

(3)工艺危险有害因素。

本工艺方案油气回收过程主要涉及有机物气体分子的冷凝过程和吸附过程,属于有机物气体分子的物理变化过程。在油气回收过程中,本工艺方案存在的主要工艺危险有害因素包括:

①制冷设备低温冻伤。

冷凝装置的二级制冷单元温度可达到$-30 \sim -25℃$,三级制冷单元温度可达到$-70 \sim -55℃$。在冷凝装置在运行过程中,如果设备和管道没有进行有效绝热,一旦操作人员直接接触到没有有效绝热的设备和管道,会导致操作人员冻伤。

②设备及管道冻堵超压。

冷凝装置中,会涉及多组换热器的使用,在冷凝过程中,油气中的有部分水蒸气、大分子有机物会被凝结在换热器内部管道中,导致管道出现冻堵。如果设备和管道不能进行有效的解冻化霜,则会导致设备和管道冻堵超压,严重时会导致超压爆炸事故发生。

③吸附罐床层升温。

吸附罐内活性炭吸附床在吸附过程中,由于吸附分子与活性炭上的分子吸引作用,会释放出大量的热量;另外,高速气流在穿越活性炭吸附床过程中,也会由于气体分子与吸附床层的摩擦而产生大量热量。因此,在活性炭吸附过程中,通常会导致吸附罐床层的温升较大,由于活性炭属于可燃物质,高温状态的活性炭遇到氧气容易自然着火,从而导致火灾爆炸事故。

④设备及管道负压泄漏。

活性炭吸附罐在解吸过程中,通常采用真空泵进行真空脱附,从而将活性炭吸附的油气分子脱离出来,实现活性炭的再生利用。在真空脱附过程中,由于真空泵的作用,会使吸附塔和管道产生负压,如果因设备和管道密封不严,会导致空气进入,容易形成爆炸性混合气体,导致爆炸事故发生。

(4)公用工程消耗及经济性分析。

本工艺方案的公用工程消耗主要为制冷压缩机、散热风机、输油泵、真空泵等设备的用电消耗,以及惰化、吹扫和置换的氮气消耗和仪表风消耗,其公用工程消耗量见表4.5-2。

"机械冷凝+吸附"工艺方案公用工程消耗量　　　　表 4.5-2

序号	名称	参数	用途	数量	备注
1	动力电	380/50Hz	设备电源	730kW	工况功率 520kW
2	氮气	—	惰化、吹扫	60Nm³/h	瞬时最大用量
3	仪表风	—	仪表用气	4Nm³/h	

本工艺方案在运行过程中,其运行成本主要集中在活性炭吸附剂、设备电能消耗、氮气和仪表风等方面,暂不考虑操作人员的工资和设备折旧等费用;其收益主要体现在回收油品产生的收益,回收的油品暂不按危险废物考虑。油气回收处理设施在运行过程中,各项费用和收益测算如下:

①活性炭吸附剂费用。

本工艺方案由于油气经过冷凝单元处理,大部分油气已被凝结下来,但有少量的 C2、C3 和 C4 等小分子有机物需要进入接下来的吸附单元,测算其中普通活性炭使用量总计约为 120t,价格约为 15000 元/t,脱硫专用活性炭使用量总计约为 50t,价格约为 25000 元/t。根据《油气回收处理设施技术标准》(GB/T 50759—2022),活性炭设计使用寿命不宜低于 4 年。本项目运行费用测算活性炭使用寿命拟按照 5 年考虑,则折合每年的活性炭费用为:(120×15000+50×25000)/(5×10000)= 61.0 万元。如果活性炭使用寿命延长,则每年活性炭使用费可进一步降低。

②废旧活性炭危险废物处理费用。

由于废旧活性炭属于危险废物,需要由有资质的单位进行回收处理,其处理费用约为 3000 元/t。如果活性炭使用寿命按照 5 年考虑,则折合每年的废旧活性炭处理费用为:(120×3000+50×3000)/(5×10000)= 10.2 万元。

③装置运行电费。

本工艺方案油气回收装置的工况功率为 520kW,根据案例原油码头近年装船情况,其油气回收处理设施年运行时间按 2000h 计算,工业供电电费按照 1.20 元/(kW·h)考虑,则油气回收装置每年运行电费为:520×2000×1.20/10000 = 124.8 万元。

④氮气及仪表风费用。

本工艺方案所需氮气和仪表风拟利用码头和库区现有空压和制氮设施,鉴于其用气量较小,拟不考虑使用氮气及仪表风的费用。

⑤回收油品收益。

如果按照油气回收处理设施处理规模的方法核算回收油品量,则本案例油气回收处理设施处理规模为 3000m³/h,装置入口平均油气浓度取 200g/m³,回收处理后装置出口油气浓度取 10g/m³,油气回收处理设施年运行时间按 2000h 考虑,每年回收的油品为 1140t。

如果按照装船损耗率的方法核算回收油品量,本案例码头原油年装船量为 246.6 万 t,其装船损耗率按照 0.07% 计算,损耗的油品回收率取油气回收设施处理效率为 95%,则每年回收的油品为 1639.9t。

每年回收油品量取上述方法的较小值为 1140t,回收的油品价格按照 2500 元/t 计算,则每年回收油品的收益为:1140×2500/10000 = 285.0 万元。

因此,采用"机械冷凝+吸附"工艺方案时,扣除油气回收处理设施的运行费用,其每年产生的经济收益约为:285.0−(61.0+10.2+124.8)= 89.0 万元。

(5)设备平面布置。

①船岸安全装置。

在案例码头泊位装卸区设置一套船岸安全装置,船岸安全装置占地不大于 1.5×7 = 10.5m²,可实现撬装运输。

②油气回收装置。

码头油气回收装置拟布置在码头后方陆域，整个装置占地面积为 $35\times10=350m^2$。

(6) 处理效果。

经"机械冷凝+吸附"装置处理后的 VOCs 中非甲烷总烃小于或等于 $10g/m^3$，硫化物小于或等于 $10mg/m^3$，处理效率大于或等于 95%。远期经技术升级后，通过增设末端深度处理单元，本装置可实现非甲烷总烃小于或等于 $60mg/m^3$。

2) "吸附+吸收"工艺方案

(1) 工艺方案概述。

原油装船产生的 VOCs 先经油气回收装置的浅冷单元，经由制冷机组提供冷量的换热器浅冷降温至 5~20℃（制冷机组只在夏季高温时节运行，其余时间不运行），然后进入吸附单元，吸附单元至少由两座吸附塔组成，其中 1 座处于吸附状态，另外 1 座处于脱附状态。吸附后的油气然后进入脱硫单元，脱硫采用干法脱硫，使用脱硫专用活性炭，脱硫单元主要由 2 座脱硫塔组成，当其中 1 座脱硫塔内脱硫剂达到饱和状态后，切换到另外 1 座脱硫塔开始工作。整个回收处理过程主要按以下步骤运行：

①吸附步骤。

吸附塔吸附入口阀和吸附出口阀打开，其余阀门关闭。油气自吸附塔下部进入吸附塔，在穿过吸附塔过程中油气中的有机物组分被吸附剂吸附下来，不易被吸附的空气或氮气等组分则穿过吸附剂床层，作为尾气从吸附塔顶部出口排出，经阻火器后在 15m 高处直排大气。在尾气线上通常设置有 VOCs 浓度在线检测仪，检测并记录尾气浓度趋势。当吸附塔达到一定吸附饱和度时，自动启动再生系统，关闭吸附塔进口和出口阀，吸附塔切换至再生操作。

②脱附步骤。

吸附塔再生操作共包括抽真空步骤、真空清洗步骤和破真空步骤。

a. 抽真空步骤。

打开吸附塔入口侧的抽真空阀，用真空泵对吸附塔进行抽真空。随着抽真空压力的降低，吸附在吸附剂上的有机物逐渐开始被脱附下来。真空泵出口排出的有机物浓度较高的脱附气排入吸收塔，用吸收油进行吸收。

b. 真空清洗步骤。

在真空泵继续对吸附塔进行抽真空的同时，打开吸附塔出口侧的清洗破真空阀和清洗气阀，引入少量氮气，通过降低油气分压的作用，进一步将吸附在吸附剂上的有机物脱附下来。通过真空清洗步骤得到的脱附气与抽真空步骤得到的脱附气经历同样的流程。真空清洗步骤结束后，吸附塔得到彻底再生。

c. 破真空步骤。

打开吸附塔出口侧的清洗破真空阀，在破真空调节阀的控制下，逐渐用氮气将吸附塔均匀地破真空至大气压。至此吸附塔完成一个吸附周期，进入下一个周期的循环。2 座吸附塔按照控制时序交错运行。整个装置在可编程逻辑控制器（PLC）的控制下自动切换操作，实现工艺过程的连续运行。

"吸附+吸收"方案工艺流程如图 4.5-2 所示。

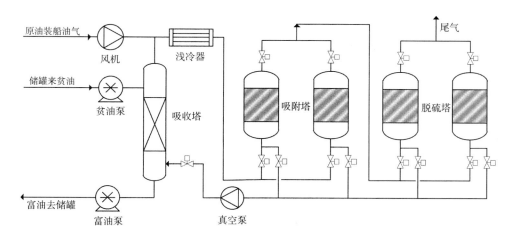

图 4.5-2 "吸附+吸收"方案工艺流程

③吸收单元。

吸附单元脱附出来的高浓度脱附气随后进入吸收单元,吸收单元采用装船介质的原油作为吸收剂。原油自储罐或装船管线引出,进入油气回收装置后,先经贫油泵升压,从上部进入吸收塔,与从下部进入吸收塔的脱附气在填料上逆流接触,脱附气中的有机物被吸收下来,塔顶不凝气与原料气混合再次进入吸附单元,塔底富吸收油经富油泵升压后输送至储罐或装船线。

④脱硫单元。

对于高含硫油气,经过上述单元处理后的尾气还需要经过脱硫单元进行脱硫处理。脱硫单元和吸附单元原理类似,只是吸附剂采用脱硫专用吸附剂。经过脱硫处理的尾气经检测合格后,通过排气管排入大气。

(2)工艺技术特点。

采用"吸附+吸收"方案治理 VOCs,其主要技术特点如下:

①吸附装置中每座吸附塔分层装填 A 型和 B 型两种吸附剂,可大幅提高吸附效果。吸附剂寿命到期后,若性能没有明显下降,则可继续使用,性能无法满足使用要求时则需要更换新吸附剂。

②采用装船物料进行吸收,可从装船管线中抽取吸收油,利用相似相容原理,实现富气的回收,并返回装船管线,无须建设大型吸收油储罐,不产生二次污染。

③可安全、无人值守地长周期稳定运行。在吸附塔吸附剂床层的上、中、下 3 个位置设有温度检测仪表,当任何一点床层温度超过 65℃时,装置自动关闭;任何时候油气回收装置内至少有一组吸附塔进出口阀门是处于打开状态,以保障油气尽可能从油气回收装置放空口排放。

④装置内吸附塔的设计、制造和验收遵守《压力容器》(GB 150.1~150.4—2011)的相关要求,吸附塔正常操作工况为 0.001MPa(G)、❶常温,设备设计压力为 1.0MPa(G),设计温

---

❶ (G)表示用压力表测量的表压。

度为150℃。

(3) 工艺危险有害因素。

本工艺方案油气回收过程主要涉及有机物气体分子的吸附过程和吸收过程,属于有机物气体分子的物理变化过程。在油气回收过程中,本工艺方案存在的主要工艺危险有害因素包括:

①吸附罐床层升温。

吸附罐内活性炭吸附床在吸附过程中,由于吸附分子与活性炭上的分子吸引作用,会释放出大量的热量;另外,高速气流在穿越活性炭吸附床过程中,也会由于气体分子与吸附床层的摩擦而产生大量热量。因此,在活性炭吸附过程中,通常会导致吸附罐床层的温升较大,由于活性炭属于可燃物质,高温状态的活性炭遇到氧气容易自然着火,从而导致火灾爆炸事故。

②吸收塔溢流。

吸收塔在回收吸附罐解吸出来的富气过程中,需要通过输油泵不断地向吸收塔顶部喷洒吸收贫液,油气从吸收塔下部进入,当气流经过吸收塔填料时,油气会被贫液吸收而形成富液,吸收后的富液则需要通过输油泵从吸收塔内排出,吸收塔内的贫油进入和富液排出需要处于稳定平衡状态,使塔底液体段处于一个稳定的液位。因此,在吸收过程中,贫油输油泵和富油输油泵需要有较好的联动控制,否则液位过高,会导致吸收液进入尾气管中;如果液位过低,油气会通过富液排液管进入储罐或装船管道,从而导致油品或油气的溢流泄漏事故发生。

③设备及管道负压泄漏。

活性炭吸附罐在解吸过程中,通常采用真空泵进行真空脱附,从而将活性炭吸附的油气分子脱离出来,实现活性炭的再生利用。在真空脱附过程中,由于真空泵的作用,会使吸附塔和管道产生负压,如果因设备和管道密封不严,会导致空气进入,容易形成爆炸性混合气体,导致爆炸事故发生。

(4) 公用工程消耗及经济性分析。

本工艺方案的公用工程消耗主要为风机、油泵、真空泵等设备的用电消耗,以及惰化、吹扫和置换的氮气消耗和仪表风消耗,其公用工程消耗量见表4.5-3。

"吸附+吸收"工艺方案公用工程消耗量　　　　表4.5-3

序号	名称	参数	用途	数量	备注
1	动力电	380/50Hz	设备电源	503kW	工况功率352kW
2	氮气	—	惰化、吹扫	300Nm^3/h	瞬时最大用量
3	仪表风	—	仪表用气	20Nm^3/h	

本工艺方案在运行过程中,其运行成本主要集中在吸收液、活性炭吸附剂、设备电能消耗、氮气和仪表风等方面,暂不考虑操作人员的工资和设备折旧等费用;其收益主要体现在回收油品产生的收益,回收的油品暂不按危险废物考虑。油气回收处理设施在运行过程中,各项费用和收益测算如下:

①吸收液费用。

吸收液拟利用码头后方库区的原油,吸收后的富液再回到油罐或装船管道,不考虑吸收液的使用费,其费用主要为贫液和富液输油泵的运行电费。

②活性炭吸附剂费用。

活性炭吸附剂分为普通活性炭和脱硫专用活性炭,其中普通活性炭使用量总计约为200t,价格约为15000元/t,脱硫专用活性炭使用量总计约为50t,价格约为25000元/t。根据《油气回收处理设施技术标准》(GB/T 50759—2022),活性炭设计使用寿命不宜低于4年。本项目运行费用测算活性炭使用寿命拟按照5年考虑。则折合每年的活性炭费用为:(200×15000+50×25000)/(5×10000)=85.0万元。如果活性炭使用寿命延长,则每年活性炭使用费可进一步降低。

③废旧活性炭危废处理费用。

由于废旧活性炭属于危险废物,需要由有资质的单位进行回收处理,其处理费用约为3000元/t。如果活性炭使用寿命按照5年考虑,则折合每年的废旧活性炭处理费用为:(200×3000+50×3000)/(5×10000)=15.0万元。

④装置运行电费。

本工艺方案油气回收装置的工况功率为352kW,根据案例码头近年装船情况,其油气回收处理设施年运行时间按2000h计算,工业供电电费按照1.20元/(kW·h)考虑,则油气回收装置每年运行电费为:352×2000×1.20/10000=84.5万元。

⑤氮气及仪表风费用。

本工艺方案所需氮气和仪表风拟利用码头和库区现有制氮设施,鉴于其用气量较小,拟不考虑使用氮气及仪表风的费用。

⑥回收油品收益。

如果按照油气回收处理设施处理规模的方法核算回收油品量,本项目油气回收处理设施处理规模为3000m^3/h,装置入口平均油气浓度取200g/m^3,回收处理后装置出口油气浓度取10g/m^3,油气回收处理设施年运行时间按2000h考虑,则每年回收的油品为1140t。

如果按照装船损耗率的方法核算回收油品量,案例码头泊位原油年装船量为246.6万t,其装船损耗率按照0.07%计算,损耗的油品回收率取油气回收设施处理效率95%,则每年回收的油品为1639.9t。

每年回收油品量取上述方法的较小值为1140t,回收的油品价格按照2500元/t计算,则每年回收油品的收益为:1140×2500/10000=285.0万元。

因此,采用"吸附+吸收"工艺方案时,扣除油气回收处理设施的运行费,其每年产生的经济收益约为:285.0-(85.0+15.0+84.5)=100.5万元。

(5)设备平面布置。

①船岸安全装置。

在案例码头泊位装卸区设置一套船岸安全装置,船岸安全装置占地不大于6×2=12m^2,可实现撬装运输。

②油气回收装置。

码头油气回收装置拟布置在码头后方陆域,整个装置占地面积为35×12=420m^2。

(6)处理效果。

经"吸附+吸收"装置处理后的 VOCs 中,非甲烷总烃小于或等于 $10g/m^3$,硫化物小于或等于 $10mg/m^3$,处理效率大于或等于 95%。远期经技术升级后,通过增设末端深度处理单元,本装置可实现非甲烷总烃小于或等于 $60mg/Nm^3$。

3)"液氮冷凝+吸附"工艺方案

(1)工艺方案概述。

①液氮冷凝单元。

液氮冷凝油气回收工艺是利用液氮低温能量,冷却装船排放的油气,使油气从气相冷凝成液相,从而达到净化、回收油品的目的。液氮冷凝装置用于处理码头装船油气以及变压吸附(PSA)装置的脱附气,脱附气经真空泵输送至液氮冷凝装置入口。

油气进入冷凝装置后,先与 0~2℃的冷媒换热进行预冷,油气温度降至 2~5℃之间,油气中的重组分和水分凝结成液体,从油气中分离出来。经过预冷后油气再与液氮深冷器排出的低温净化油气换热,油气温度降至-20~-40℃,油气中的 VOCs 进一步凝结,从油气中分离出来,油气则进入液氮深冷器进一步冷却。

液氮深冷器采用专用热交换器,液氮以间接换热方式对油气进行冷却,随着温度的逐渐下降,油气携带 VOCs 的能力也随之而下降,VOCs 凝结成液滴或冻结成颗粒,从工艺油气中分离出来。液氮深冷器的油气冷凝温度采用自动控制,可根据油气的组成,冷凝温度可在-70~-150℃之间灵活调整。考虑到本案例原油油气中会含有 C2 组分,建议将冷凝温度设置在-130℃以下。

液氮深冷器排出的低温净化油气,先与预冷后的油气换热,充分回收低温净化油气的冷量,再通过强制空气对流复温器将净化油气温度升高至环境温度,油气经液氮冷凝装置处理后,非甲烷总烃浓度基本可控制在 $25g/m^3$ 以内达标排放,也可考虑在尽量回收凝液的前提下尽可能减少液氮用量,此时油气则可进入变压吸附系统作进一步处理。冷凝过程中生成的冷凝液从底部自流进凝液收集罐,用泵输送至装置回用系统。

液氮深冷器排出低温氮气,先与低温冷媒换热回收低温氮气的冷量,换热后氮气温度升高至-5℃左右,氮气再经过空浴式汽化器回温至环境温度,经过阀组调节压力后进入氮气系统管网,用于罐区氮封及装船油气惰化系统。

液氮来源为外购,液氮储罐可租赁或外购。乙二醇来源为外购,主要作为载冷剂用于油气的预冷,去除油气中的水分,避免后续深冷过程出现"冰堵",同时能有效降低液氮的消耗。乙二醇可循环使用,仅一次投入,正常不消耗。

液氮冷凝装置整个系统凡是有可能结霜、凝固的设备,均采用双通道设计,并配置化霜设施,可及时切换进行化霜操作,确保冷凝过程的稳定连续运行。由于装船为间歇运行,且每次运行持续时间一般不超过 48h,故装船油气液氮冷凝装置采用优化的间歇性深冷工艺,待每次装船结束后,即启动化霜程序。

②吸附单元。

码头装船油气经过深冷装置处理后,其未达标油气随后进入变压吸附(PSA)装置,油气中的有机物被吸附在吸附剂中,净化气达标排放。变压吸附装置由两座吸附塔组成,任意时刻均有 1 座吸附塔处于吸附步骤,另外 1 座吸附塔处于再生步骤。

吸附塔采用分级吸附有机物,分别吸附油气中的 C4 及以上组分(C5+)和部分 C3 组分,以及吸附油气中剩余的 C3 组分和 C2 组分,经过吸附处理的尾气达标后高处放空。

吸附结束后采用真空泵进行抽空再生,可使再生效果更彻底,解吸气送至液氮冷凝装置进行回收处理。再生合格的吸附塔准备进行下一次吸附。

③脱硫单元。

对于高含硫油气,经过上述单元处理后的尾气还需要经过脱硫单元进行脱硫处理。脱硫单元和吸附单元原理类似,只是吸附剂采用脱硫专用吸附剂。经过脱硫处理的尾气经检测合格后通过排气管排入大气。

"液氮冷凝+吸附"方案工艺流程如图 4.5-3 所示。

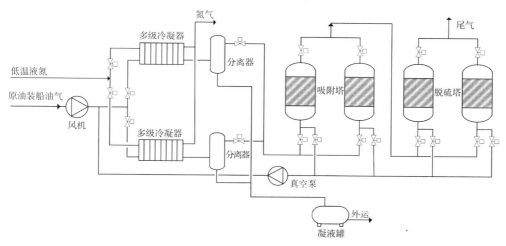

图 4.5-3 "液氮冷凝+吸附"方案工艺流程

(2)工艺技术特点。

采用"液氮冷凝+吸附"治理 VOCs,其主要技术特点如下:

①安全性。

采用低温冷凝原理设计,除机泵外成套设备无动设备,凡是有可能结霜、凝固的设备,均采用冗余设计,可及时切换进行化霜操作,实现了冷凝技术连续操作的要求,确保系统不受结霜、堵塞等影响,工艺畅通;采用分级冷凝,油气缓慢降温,饱和蒸汽压也随之下降,油气中 VOCs 浓度逐步降低,液滴逐步析出并流入分液罐。对于本项目,预冷器的冷源采用 0℃的乙二醇,可有效避免油气中的水蒸气、苯等易凝结成分接触低温物料而造成可能的表面快速结霜。

预处理过程完全为物理过程,没有化学反应,只有属于传热过程中油气冷却分离过程。随着油气温度的降低,油气中 VOCs 浓度随之降低,安全性随之提高。整个油气回收处理过程中,没有爆炸危险介质的产生。冷凝后废气 VOCs 浓度极低,对后续油气的进一步处理更有利,可保证本质安全。冷凝法的特点是冷后介质温度低,废气浓度低,尤其适用于易聚合物料的废气处理。

②可靠性。

液氮冷凝技术解决了常规机械冷凝技术将油气温度深冷至-110℃以下,甚至深冷至-145℃以下的高耗能问题,其原理简单明了,只要液氮来源稳定,冷量就可以得到保证。通过设定好的冷后温度来控制液氮用量,操作弹性范围大,可靠性高,适应能力强。PSA 吸附系统采用保压状态进行脱附,可确保脱附的彻底性,并对脱附压力实时进行调节,确保系统安全可靠。

③节能性。

采用冷量集成设计,液氮的冷量得到了充分利用,净化油气的冷量和低温氮气的冷量均得到了有效的回收,冷量损失少,单位油气处理的液氮消耗量主要取决于油气中的 VOCs 含量。整个冷凝装置动设备较少,能耗低,自动化程度高。

④经济性。

冷源为液氮,汽化后的氮气直接进码头或库区氮气总管网,与罐区氮封及装船油气的惰化系统互补性强。液氮冷凝后产生的氮气可得到充分利用,甚至在某些场合下相当于免费利用了液氮汽化过程产生的冷量。

⑤稳定性。

系统冷量主要依靠自控阀门进行调节,对非稳态油气适应性强,可快速启动或响应;系统采用自动强制化霜模式。与一般多级冷凝不同的是,提供的液氮冷凝单元内化霜热介质不与换热器内有机相形成的"霜"直接接触,以避免在严重冻堵时热介质无法进入换热器而导致化霜失败。

(3) 工艺危险有害因素。

本工艺方案油气回收过程主要涉及有机物气体分子的冷凝过程和吸附过程,属于有机物气体分子的物理变化过程。在油气回收过程中,本工艺方案存在的主要工艺危险有害因素包括:

①液氮储罐超压。

本工艺方案涉及低温液氮的使用,液氮储罐容积约 50m^3,储存温度为 -196℃。虽然液氮的储存通常采用真空绝热储罐,但储罐仍会有一定冷量的散失,致使储罐内液氮挥发从而导致储罐压力增加。如果储罐内压力不能得到及时有效的释放,超出储罐最大承受压力,则有发生储罐爆炸的危险。

②液氮低温冻伤。

液氮温度低至 -196℃,在储存和使用过程中,如果出现液氮泄漏,或者设备和管道没有进行有效绝热,一旦操作人员直接接触到液氮或者没有有效绝热的设备和管道,会导致操作人员出现严重的冻伤事故。

③设备及管道冻堵超压。

液氮冷凝装置中,会涉及多组换热器的使用,在低温冷凝过程中,油气中的有部分水蒸气、大分子有机物会被凝结在换热器内部管道中,会导致管道出现冻堵。如果设备和管道不能进行有效的解冻化霜,则会导致设备和管道冻堵超压,严重时会导致超压爆炸事故发生。

④吸附罐床层升温。

吸附罐内活性炭吸附床在吸附过程中,由于吸附分子与活性炭上的分子吸引作用,会释放出大量的热量;另外,高速气流在穿越活性炭吸附床过程中,也会由于气体分子与吸附床层的摩擦而产生大量热量。因此,在活性炭吸附过程中,通常会导致吸附罐床层的温升较大,由于活性炭属于可燃物质,高温状态的活性炭遇到氧气容易自然着火,从而导致火灾爆炸事故。

⑤设备及管道负压泄漏。

活性炭吸附罐在解吸过程中,通常采用真空泵进行真空脱附,从而将活性炭吸附的油气分子脱离出来,实现活性炭的再生利用。在真空脱附过程中,由于真空泵的作用,会使吸附塔和管道产生负压,如果因设备和管道密封不严,会导致空气进入,容易形成爆炸性混合气体导致爆炸事故发生。

(4)公用工程消耗及经济性分析。

本工艺方案的公用工程消耗主要为机泵、真空泵等设备的电能消耗,液氮深冷装置的液氮消耗,以及装置惰化、吹扫和置换的氮气消耗和仪表风消耗,其中电能主要用于油气增压、凝液输送泵、真空泵和化霜用电加热器,氮气消耗可利用深冷装置换热后液氮产生的氮气。"液氮冷凝+吸附"工艺方案公用工程消耗见表4.5-4。

"液氮冷凝+吸附"工艺方案公用工程消耗量表　　　表4.5-4

序号	名称	参数	用途	数量	备注
1	动力电	380/50Hz	设备电源	77kW	
2	仪表风	—	仪表用气	20Nm^3/h	间歇运行
3	液氮消耗	—	废气冷凝	1.2t/h	间歇运行

本工艺方案在执行过程中,其运行成本主要集中在液氮采购、活性炭吸附剂、设备电能消耗、仪表风等方面,暂不考虑操作人员的工资和设备折旧等费用;其收益主要体现在回收油品产生的收益,回收的油品暂不按危险废物考虑。油气回收处理设施在运行过程中,各项费用和收益测算如下:

①液氮采购费用。

本项目液氮冷凝单元所需液氮通过外购获取,其液氮市场价格约1000元/t。按照油气回收处理设施年运行时间2000h,平均每小时液氮消耗量1.0t考虑,则每年液氮使用费为:1000×1.0×2000/10000 = 200.0万元。

②活性炭吸附剂费用。

本工艺方案由于油气经过液氮深冷单元处理,绝大部分的油气已被凝结下来,仅有少量的C2和C3需要进入接下来的吸附单元,其活性炭用量较小,其中普通活性炭使用量总计约为80t,价格约为15000元/t,脱硫专用活性炭使用量总计约为40t,价格约为25000元/t。根据《油气回收处理设施技术标准》(GB/T 50759—2022),活性炭设计使用寿命不宜低于4年。本项目运行费用测算活性炭使用寿命拟按照5年考虑。则折合每年的活性炭费用为:(80×15000+40×25000)/(5×10000)= 44.0万元。如果活性炭使用寿命延长,则每年活性炭使用费可进一步降低。

③废旧活性炭危废处理费用。

由于废旧活性炭属于危险废物,需要由有资质的单位进行回收处理,其处理费用约为3000元/t。如果活性炭使用寿命按照5年考虑,则折合每年的废旧活性炭处理费用为:(80×3000+40×3000)/(5×10000)= 7.2万元。

④装置运行电费。

本工艺方案油气回收装置的工况功率为77kW,根据案例原油码头泊位近年装船情况,其油气回收处理设施年运行时间按2000h计算,工业供电电费按照1.20元/(kW·h)考虑,则油气回收装置每年运行电费为:77×2000×1.20/10000=18.5万元。

⑤氮气及仪表风费用。

本工艺方案所需氮气和仪表风拟利用码头和库区现有空压和制氮设施,鉴于其用气量较小,拟不考虑使用氮气及仪表风的费用。

⑥回收油品收益。

如果按照油气回收处理设施处理规模的方法核算回收油品量,本案例油气回收处理设施处理规模为3000m^3/h,装置入口平均油气浓度取200g/m^3,回收处理后装置出口油气浓度取10g/m^3,油气回收处理设施年运行时间按2000h考虑,则每年回收的油品为1140t。

如果按照装船损耗率的方法核算回收油品量,案例码头泊位原油年装船量为246.6万t,其装船损耗率按照0.07%计算,损耗的油品回收率取油气回收设施处理效率为95%,则每年回收的油品为1639.9t。

每年回收油品量取上述方法的较小值为1140t,回收的油品价格按照2500元/t计算,则每年回收油品的收益为:1140×2500/10000=285.0万元。

⑦回收氮气收益。

液氮使用之后,会产生大量的氮气,可用接入库区和码头的氮气管网,用于设备和管道的吹扫使用,也可用于油船或油气回收处理设施的惰化使用。但鉴于码头和库区已经建设有制氮设施,故暂不考虑回收氮气的收益。

因此,采用"液氮冷凝+吸附"工艺方案时,扣除油气回收处理设施的运行费用,其每年产生的经济收益约为:285.0-(200.0+44.0+7.2+18.5)=15.3万元。如果考虑副产品氮气的收益,则整体的经济收益还会进一步增加。

(5)设备平面布置。

①船岸安全装置。

在案例码头泊位装卸区设置一套船岸安全装置,船岸安全装置占地不大于6×2=12m^2,可实现撬装运输。

②油气回收装置。

码头油气回收装置拟布置在码头后方陆域,由液氮冷凝单元和变压吸附单元组成,其中液氮冷凝装置,占地面积为15×4=60m^2,可撬装至现场;变压吸附装置,占地面积为15×24=360m^2,需要现场组撬;油气回收装置总占地面积约30×15=450m^2。

(6)处理效果。

经"液氮冷凝+吸附"处理后VOCs中非甲烷总烃小于或等于10g/m^3,硫化物小于或等于10mg/m^3,处理效率大于或等于95%。远期经技术升级后,通过增设末端深度处理单元,本装置可使非甲烷总烃小于或等于60mg/m^3。

4)推荐工艺方案

上述不同工艺方案对比详见表4.5-5。

4 码头油气回收处理设施设计要点

工艺方案对比　　　　　　　　　　　　　　　　　　　表 4.5-5

比选项目	工艺方案		
	机械冷凝+吸附	吸附+吸收	液氮冷凝+吸附
尾气排放浓度	$10g/m^3$	$10g/m^3$	$10g/m^3$
处理效率	95%	95%	95%
装机功率	730kW	503kW	77kW
仪表风	$4Nm^3/h$	$20Nm^3/h$	$20Nm^3/h$
氮气	$60Nm^3/h$	$300Nm^3/h$	—
低温液氮	—	—	1.2t/h
船岸安全装置尺寸	$7×1.5=10.5m^2$	$6×2=12m^2$	$6×2=12m^2$
油气回收装置尺寸	$35×10=350m^2$	$35×12=420m^2$	$30×15=450m^2$
耗材	活性炭	吸收液、活性炭	低温液氮、活性炭
危废产生	废活性炭	废活性炭	废活性炭
油气回收装置费用	2500 万元	2700 万元	2300 万元
年运行费用	193.6 万元/年	184.5 万元/年	269.7 万元/年
年经济收益	89.0 万元/年	100.5 万元/年	15.3 万元/年
方案比选	★★★	★★	★

通过对"机械冷凝+吸附""吸附+吸收""液氮冷凝+吸附"三种工艺方案进行对比,结合案例原油码头没有吸收油储罐和吸收油、液氮稳定供应难度大等问题,综合考虑不同工艺方案的处理效果、设备占地尺寸、运行费用和设备投资,经技术经济比选,本案例码头油气回收处理设施拟推荐采用"机械冷凝+吸附"工艺方案。

4.6 油气回收处理设施平面布置

4.6.1 布置方式

在确定了码头油气回收处理设施的处理规模、处理工艺后,就需要结合油气化工码头的现场实际情况,合理选择油气回收处理装置的安装位置。根据码头油气回收处理设施建设规范要求,当油气回收处理设施布置在码头前沿区域时,不应采用产生明火或处理温度高于油气引燃温度的油气处理装置。因此,在选址过程中,需要结合油气回收装置处理工艺、码头及陆域安装空间、设备尺寸、相邻设施情况、工程投资等进行多方案比选。其核心是需要根据油气回收处理装置周边相邻建构筑物及设施的属性,确定其防火间距,确保油气回收处理装置及周边建构筑物和设施的安全。

从码头平面布置的角度,油气化工码头可以分为连片式布置和墩台式布置。对于连片式码头,其系、靠船设施可结合码头工作平台一起建设,通常工作平台尺寸会较大,除各泊位装卸区外,装卸区之间还有较大的使用空间;对于墩台式码头,需要建设单独的系船墩和靠船墩,码头工作平台通常只布置码头装卸设施,其平台尺寸较小,没有较多的富裕使用空间。

因此,当油气回收处理装置布置在连片式码头上时,可结合相邻泊位之间的工作平台空间,合理布置码头油气回收处理装置。由于该布置方式充分利用了码头平台空间,可节省工程投资。当油气回收处理装置布置在墩台式码头上时,由于码头工作平台空间有限,需要增大工作平台尺寸,或者在工作平台后方建设专门的油气回收平台,用于布置油气回收处理装置,该布置方式会导致工程投资增加。

当油气回收处理装置布置在后方陆域时,需要结合陆域罐区位置及陆域空间,合理确定油气回收处理装置的布置位置。当后方陆域罐区离码头较近时,可结合库区油气回收装置合建,便于操作管理,也充分利用了罐区的相关水、电、控等配套设施,可节省工程投资;当后方陆域罐区离码头较远时,需要在水陆域附近选择合适的陆域空间,布置码头油气回收处理装置,该布置方式需要配套建设相应的水、电、控等配套设施。

4.6.2 防火间距

防火间距是指发生火灾时,为减小与相邻码头、船舶及陆上相关设施的相互影响和便于消防扑救而确定的间隔距离。由于建构筑物或设施着火时,在一定时间内燃烧可能会引燃相邻设施,为了避免设施之间的相互影响以及便于消防救援,需要确保相邻设施之间具有足够的距离要求。影响防火间距的因素主要包括热辐射、设施燃烧性能、风向和风速等。影响防火间距的因素主要包括热辐射、设施燃烧性能、风向和风速等。

(1)热辐射。辐射热是着火物向周围传递能量的量度,是影响防火间距的主要因素。着火设施的火焰温度越高,其热辐射强度越大,辐射距离也越远,所要求的防火间距也越大。

(2)可燃物种类和数量。对于不同的可燃物,其数量不同时,在一定时间内其燃烧火焰的温度也会有所差异。材料越易燃,受热辐射的影响越大,可以在较近的距离内被引燃;可燃物数量越多,其燃烧产生的辐射热也就越大。

(3)风向与风速。风能够促进着火物的燃烧,加速火灾的蔓延。对于顺风向,会增大辐射热的影响范围,需要增加防火间距;对于逆风向,辐射热在下游的影响减弱,可以减小防火间距。

(4)消防设施。如果码头设置有火灾自动报警系统和消防设施,一旦发生火灾,能够将火灾扑灭在初起阶段。这样不仅能够减小火灾对码头设施造成的损失,而且在很大程度上可以降低火灾蔓延到其他建筑物的概率。

(5)灭火时间。在发生火灾后,着火物体的温度通常会随着火灾延续时间的增加而发生变化。火灾延续时间越长,则火场的温度会越高,对周围建筑物的威胁也会增大。

由于油气化工码头的特殊性,其装卸货种和回收的油气通常都具有易燃易爆属性;另外码头空间有限,其空间拓展成本也较高。因此,在确定码头油气回收处理装置与周边设施的防火间距时,需要防止火灾蔓延、避免相邻设施互相影响,并保证灭火救援的操作需要,同时还要考虑其经济性。

目前,涉及油气回收处理装置防火间距的标准规范主要包括《码头油气回收处理设施建设技术规范》(JTS/T 196—12—2023)、《油气回收处理设施技术标准》(GB/T 50759—2022)(2022年12月1日实施),另外还涉及《石油库设计规范》(GB 50074—2014)、《石油化工企业设计防火标准》(GB 50160—2008)(2018年版)等规范。表4.6-1、表4.6-2中列出了不同标准中,关于油气回收处理装置与周围设施的防火间距。

油气回收装置与周围设施的防火间距(非明火工艺)(单位:m)　　表4.6-1

标准	区域						
	码头前沿线	装卸区	消防泵房	变配电室	消防控制室	明火地点	其他建筑物
《码头油气回收处理设施建设技术规范》(JTS/T 196—12—2023)	30/15	—	30	15	30	20	12
《油气回收处理设施技术标准》(GB/T 50759—2022)	—	10/4.5	—	15	15	—	3
《石油库设计规范》(GB 50074—2014)	15	—	30	15	30	20	12
《石油化工企业设计防火标准》(GB 50160—2008)(2018年版)	—	35	40	35	40	30	—

油气处理装置与周围设施的防火间距(明火工艺)(单位:m)　　表4.6-2

标准	区域						
	码头前沿线	装卸区	消防泵房	变配电室	消防控制室	明火地点	其他建筑物
《码头油气回收处理设施建设技术规范》(JTS/T 196—12—2023)	—	—	—	—	—	—	—
《油气回收处理设施技术标准》(GB/T 50759—2022)	—	22.5/15/9	—	15	15	—	15
《石油库设计规范》(GB 50074—2014)	40/30	—	—	—	—	—	—
《石油化工企业设计防火标准》(GB 50160—2008)(2018年版)	—	35	40	35	40	—	—

从上述防火间距表中可以看出,不同的规范,关于油气回收处理设施与相邻建构筑物及设施的防火间距也不一样。不同的规范,关于油气回收装置的属性也不一致。在《石油库设计规范》(GB 50074—2014)中,将焚烧式回收装置按照明火或散发火花的建构筑物及地点

考虑,其他油气回收装置按照甲乙类泵房考虑;在《石油化工企业设计防火标准》(GB 50160—2008)(2018年版)中,仅提出了汽车和火车装车系统的油气回收设备与装车鹤管和泵房的间距要求,并没有提出与其他设施的防火间距,可以参考将焚烧式回收装置按照明火或散发火花的建构筑物及地点考虑,其他油气回收装置可以参考甲类装置考虑。

4.6.3 防火间距规范性复核案例

1)案例一

某原油装船码头,码头油气回收处理设施设计处理能力为 3000m³/h;油气回收处理设施排放限值为:非甲烷总烃小于或等于 10g/m³,油气处理效率大于或等于 95%;工艺技术方案拟定为"机械冷凝+吸附"。基于案例推荐的油气回收装置平面布置方案,其油气回收处理设施布设在码头后方储罐区域,油气回收装置周边的建构筑物主要为油品储罐、防火堤、雨水监控池、泡沫泵棚、配电室、围墙、危废暂存间和临时棚等。油气回收装置与相邻建构筑物间距检查表见表 4.6-3。

油气回收装置与相邻建构筑物间距检查表　　表 4.6-3

方向	相邻建构筑物	实际距离(m)	防火间距(m)	依据条款	规范符合性
北侧	10万m³外浮顶储罐(G14)	46	20	《石油库设计规范》(GB 50074—2014)第5.1.3条	符合
	防火堤	35	12	《石油库设计规范》(GB 50074—2014)第5.1.3条、《码头油气回收处理设施建设技术规范》(JTS/T 196—12—2023)第4.2.7条、《建筑设计防火规范(2018年版)》(GB 50016—2014)第4.2.1条	符合
	泡沫泵棚	65	30	《石油库设计规范》(GB 50074—2014)第5.1.3条、《码头油气回收处理设施建设技术规范》(JTS/T 196—12—2023)第4.2.7条	符合
	配电室	43	15	《石油库设计规范》(GB 50074—2014)第5.1.3条、《码头油气回收处理设施建设技术规范》(JTS/T 196—12—2023)第4.2.7条	符合
	箱式变压器	81	15	《石油库设计规范》(GB 50074—2014)第5.1.3条	符合
东侧	雨水监控池	15	12	《石油库设计规范》(GB 50074—2014)第5.1.3条	符合

续上表

方向	相邻建构筑物	实际距离（m）	防火间距（m）	依据条款	规范符合性
南侧	围墙	15	10	《石油库设计规范》(GB 50074—2014)第5.1.3条	符合
	外单位3万m^3外浮顶罐	72	22.5	《石油库设计规范》(GB 50074—2014)第4.0.15条、第5.1.3条	符合
	外单位5000m^3拱顶罐	54	22.5	《石油库设计规范》(GB 50074—2014)第4.0.15条、第5.1.3条	符合
	外单位中控室	50	45	《石油库设计规范》(GB 50074—2014)第5.1.3条	符合
西侧	危险废物暂存间	0	12	《石油库设计规范》(GB 50074—2014)第5.1.3条	不符合拟搬离
	临时棚	14	12	《石油库设计规范》(GB 50074—2014)第5.1.3条	符合

根据《石油库设计规范》(GB 50074—2017)、《码头油气回收处理设施建设技术规范》(JTS/T 196—12—2023)、《油气回收处理设施技术标准》(GB/T 50759—2022)、《建筑设计防火规范》(GB 50016—2014)(2018年版)的判别,案例油气回收装置与相邻建构筑物的防火间距除危险废物暂存间外均满足规范要求,油气回收装置可能需要部分占用危险废物暂存间位置,建议考虑将危险废物暂存间搬离,或将油气回收处理设施建设地点重新选址。

2)案例二

某成品油码头,进行装船作业的货种主要为石脑油、汽油和航空煤油。该码头属于公共货运码头;本案例码头油气回收设施设计处理能力为700m^3/h;油气回收装置油气排放限值为:非甲烷总烃小于或等于20g/m^3,油气处理效率大于或等于95%。基于推荐的油气回收装置平面布置方案,案例油气回收装置周边的建构筑物主要为消防水泵房、工具器材仓车、变电站、生活污水处理站、门岗、调度楼等。油气回收装置与相邻建构筑物间距见表4.6-4。

油气回收装置与相邻建构筑物间距检查表　　　　表4.6-4

相邻建构筑物	实际距离（m）	防火间距（m）	依据条款	规范符合性
消防水泵房	32.1	30	《码头油气回收处理设施建设技术规范》(JTS/T 196—12—2023)第4.2.7条	符合
门岗	19.5	12	《码头油气回收处理设施建设技术规范》(JTS/T 196—12—2023)第4.2.7条	符合
调度楼	20.4	12	《码头油气回收处理设施建设技术规范》(JTS/T 196—12—2023)第4.2.7条	符合

续上表

相邻建构筑物	实际距离（m）	防火间距（m）	依据条款	规范符合性
变电站	28.5	15	《码头油气回收处理设施建设技术规范》（JTS/T 196—12—2023）第4.2.7条	符合
生活污水处理站	32.5	12	《码头油气回收处理设施建设技术规范》（JTS/T 196—12—2023）第4.2.7条	符合
工具器材仓库	13.0	12	《码头油气回收处理设施建设技术规范》（JTS/T 196—12—2023）第4.2.7条	符合
石油化工码头	56.2	15	《码头油气回收处理设施建设技术规范》（JTS/T 196—12—2023）第4.2.7条	符合

根据《码头油气回收处理设施建设技术规范》（JTS/T 196—12—2023）、《油气回收处理设施技术标准》（GB/T 50759—2022）、《石油库设计规范》（GB 50074—2017）的判别，本案例油气回收装置与相邻建构筑物的防火距离均满足规范要求。

4.7 油气回收安全系统

4.7.1 油气收集系统安全

码头油气收集系统主要采用输气臂或输气软管，其安全设施的配置应该与装船系统的输油臂和输油软管相协调。由于输气臂自动化程度高，相关报警和紧急处理系统完备，在使用过程中，受人为因素影响较小，其安全性也会得到保障。其风险因素主要在输气臂旋转接头密封、紧急脱离装置（ERS）和超限报警装置的可靠性等方面。同时，在输气臂的使用过程中，定期对旋转部件的密封、润滑等进行检查和维护，以及紧急脱离装置和超限报警装置进行测试，也可以提高输气臂的安全性。但输气臂也存在着设备荷载及安装尺寸较大、设备投资高的缺点，而且由于输气臂受其包络线范围的限制，其输气臂接管口与船舶蒸汽接口的距离不能太远。

对于码头输气软管，其作业环境较差，在存放、搬运、安装和使用过程中，受操作人员的专业水平、操作方式等因素影响较大，其安全风险较大，容易导致软管出现磨损、开裂、钢丝裸露、橡胶老化等现象。同时在安装和使用过程中，还会出现安装角度和位置不合适、过度弯曲导致软管扭曲和打折等现象。这些操作轻则会缩短软管的使用寿命、成为安全隐患，重则会造成软管被破坏、引发事故、影响安全生产。但输气软管对于潮差较大、偏心靠泊时，具有较高的适应性。

当采用输气臂时，其安全设施主要包括超限报警装置、紧急脱离装置和船岸电气绝缘法兰等。超限报警装置主要是通过输气臂上安装的感应接近开关,实时判断输气臂的水平转动、内臂摆动和外臂摆动的运动位置,并进行超限报警。对于没有安装紧急脱离装置的输气臂,通常会配备单级超限报警系统。对于安装有紧急脱离装置的输气臂,应配备至少两级报警系统,当船舶接管法兰接近漂移工作区域边界时,输气臂应进行鸣笛预报警;当船舶接管法兰超过漂移工作区域边界时,输气臂应进行声光报警,提醒作业人员停止作业,关闭阀门;当船舶接管法兰接近临界工作区域边界时,输气臂应进行声光报警,并自动使输气臂与船舶接管脱离。紧急脱离装置主要是为使船舶在紧急情况下能够快速、安全地进行船岸分离,确保码头设施和船舶的安全。紧急脱离装置通常安装在输气臂外臂前端与三维旋转接头之间。在紧急情况时,可迅速关闭紧急脱离装置两端的阀门,然后使输气臂与船舶接管快速脱离。

当采用输气软管时,其安全设施主要包括拉断阀和绝缘短接。当输气软管因船舶位移较大,会拉扯输气软管,容易导致输气软管损坏或被拉断。拉断阀是当软管受力较大时,通过拉断阀的自动脱开,而避免软管被拉断,其作用与输气臂的紧急脱离装置相同。

船舶在航行过程中,由于舱内液体的晃荡,容易集聚静电,而且船舶为了防腐,通常会由于阴极保护而使船体产生杂散电流。当码头油气收集系统与船舶接管口连接时,容易由于两者之间的电位差产生火花或电弧,而发生危险。因此,油气化工码头与作业船舶之间通常会通过绝缘法兰或绝缘短接采取电气绝缘措施。

4.7.2 船岸界面安全

由于油品蒸汽的易燃易爆属性,当油气浓度一旦达到爆炸极限范围,在遇到火花或者静电时,极易发生火灾爆炸事故。为了保护船舶、码头和油气回收处理装置的安全,防止不合格的油气进入码头油气回收处理设施,需要在码头与船舶的连接区域设置船岸安全装置。

根据《码头油气回收船岸安全装置》(JT/T 1330—2020)的规定,码头油气回收船岸安全装置一般由管道、手动切断阀、止回装置、惰化调节阀、压力传感器、高速透气阀/真空阀或压力/真空释放阀、电动卸载阀、电动切断阀、气液分离器、氧含量传感器、阻爆轰型阻火器、气体流量传感器、防爆控制箱、控制系统等组成。

氧含量传感器检测到VOCs中的含氧量超过6%时进行报警,并自动开启惰化系统;当含氧量超过8%时,系统会自动关闭船岸安全装置电动切断阀,同时开启电动卸载阀进行紧急排放。

压力传感器主要用于检测管道内的运行压力,当压力高于或低于船舶设定的超压或超真空状态规定时,压力/真空释放阀泄压,延时超压时自动关闭切断阀,同时开启旁路排放阀门。高速透气阀/真空阀或压力/真空释放阀通常其压力释放值为14kPa,真空压力释放值为-3.5kPa。

船岸安全装置含氧量、压力、流量等监测信号,以及紧急切断阀、高速透气阀/真空阀或压力/真空释放阀、气液分离器、防爆轰型阻火器和惰性气体管道等工作状态信号,应与油气回收处理总控系统进行通信和联锁。其自动控制系统、检测报警系统均应能自动控制或远程控制,对油气回收处理系统开启和关闭、船舶压力和含氧量异常、系统故障、人员误操作等设置应急控制动作。

4.7.3 油气输送系统

船舱排出的油气,需要克服油气收集系统、船岸安全装置等设备及管道的沿程摩阻和局部摩阻,并确保还有足够的压力进入油气回收装置,以便于油气的后续回收处理工作。油气输送系统主要包括风机、阻火器、阀门和管道等设施,其核心设备主要为压缩机。风机的用途是对船舱排出的油气进行增压,以达到管道输送要求的压力。

油气输送系统中压缩机的选型应根据油气输送管道压力损失、油气流速控制等确定,并确保船舱内气相空间压力应满足船舶安全和油气回收装置进口压力的要求,且不应大于设定的真空释放阀的释放能力。如果油气回收装置与码头前沿油气收集口的距离较近,油气输送管道距离较短,可以考虑油气输送风机与油气回收装置合并设置,在码头平台上不再单独设置油气输送风机。

4.7.4 管道阻火设施

由于气体着火时,其火焰传播速度极快,为防止液货舱或码头油气回收处理设施发生火灾时,其爆燃或爆轰的火焰通过油气管道进行蔓延,应在船岸安全装置、风机、油气回收处理装置、排气筒等区域设置阻火器。

阻火器是火灾发生后,为了降低码头损失、避免火灾蔓延的最后一道安全屏障,对于油气回收处理设施的安全至关重要。阻火器可以允许气体通过,但可以组织火焰和爆炸的蔓延,其阻火原理主要是基于传热作用和器壁效应。由于阻火器是由许多细小通道或空隙组成的,当火焰进入这些细小的空间后,火焰会被分割为较多的细小火焰,同时这些细小火焰在通过通道壁时会与之进行热交换,会使火焰温度进一步降低,直至火焰熄灭。器壁效应是基于燃烧与爆炸连锁反应机理,在反应过程中不但产生新的自由基,以维持燃烧或爆炸持续进行,而在细小通道或空隙中,反应过程中自由基的碰撞概率会不断降低,而与器壁的碰撞概率却不断增大,从而降低了自由基反应,也阻止了火焰的蔓延。

根据《码头油气回收处理设施建设技术规范》(JTS/T 196—12—2023)第 4.1.13 条,油气回收处理设施应在船岸安全装置、风机进出口、油气回收装置和油气处理装置入口、尾气排放管等位置设置阻火器,且阻火器的选型和设置应符合现行行业标准《石油化工石油气管道阻火器选用、检验及验收标准》(SH/T 3413)的有关规定;船岸安全装置主管道应采用阻爆轰型阻火器,高速透气/真空阀的真空入口、压力/真空释放阀的压力出口和真空入口应采用阻爆燃型阻火器;风机进出口、油气回收装置和油气处理装置入口宜设置阻爆轰型阻火器;油气回收装置的尾气排放管应设置阻爆燃型阻火器。

码头油气回收处理设施的阻火器应满足以下要求:

(1)阻火元件阻火间隙的最大试验安全间隙(MGSE)值应与预计的油船液货舱内油气介质特性相符,能够阻止装置任何一端火焰的爆轰燃烧。

(2)防爆轰型阻火器两端应配有差压式传感器和温度传感器,具备实时输出检测数据功能,并向本装置控制系统提供检测信号。

(3)防爆轰阻火器的通过流量应与预计的最大装船量相适应。阻火器流量/压降曲线图应有专门的型式试验报告。

4.7.5 紧急排放设施

码头油气回收处理设施的排放主要包括正常排放和紧急排放。正常排放是在油气处理结束之后,VOCs中所含有的氮气、氧气和二氧化碳等尾气需要排放至大气中,其排气管位于油气回收处理装置末端,排气管管口高度根据油气排放强度确定,应高出地面15m及以上,并满足防火间距和环境保护要求。

紧急排放管是位于船岸安全装置处,用于接入码头的油气在其氧含量持续超标情况下的紧急排放,确保码头油气回收处理设施的安全。其排放口高度应高于8m范围内建筑物顶端3m以上。

对于正常排放,应确保其排放气体的浓度满足相关大气污染物排放标准的要求。目前,部分地方环保部门已经明确要求在排气管处安装在线浓度检测装置,并将检测信号上传至环保部门的统一监控系统。建设单位在进行油气回收设施建设时根据地方要求,考虑在线检测装置的安装运行可行性。

4.7.6 安全仪表系统

安全仪表系统是实现一个或多个安全仪表功能的仪表系统,通过测量仪表、逻辑控制器、最终元件及相关软件等实现安全保护功能或安全控制功能,防止、减少危险事件发生或保持过程安全状态,通常独立于基本过程控制系统,并独立完成安全仪表功能。

由于码头油气回收处理设施涉及多个装置单元,当各装置单元中的氧含量、压力、流量等工艺参数超出安全极限,未及时处理或处理不当时,便有可能会发生安全生产事故。因此,在码头油气回收处理设施的控制系统中,应设置安全仪表系统,采用故障安全型设计,能接收来自控制室或装船自动控制系统、油船、油气回收处理设施各装置单元的紧急停车或连锁信号,并能发出声光报警及紧急停机指令。

5

码头油气回收处理设施建设与监管要求

5.1 项目建设审批要求

在工程项目建设过程中,应该按照工程建设的相关法律法规,履行基本建设手续,不同的建设规模和项目性质,其基本建设手续也会有所不同。按照项目规模的不同,可以将工程项目分为大型、中型和小型项目;按照项目性质的不同,可以将工程项目分为新建项目、改建项目和扩建项目。

新建项目是指根据国民经济和社会发展的近远期规划,按照相关法律法规规定的程序进行立项,从无到有开始建设的项目。对于与油气化工码头主体一起建设的油气回收处理设施建设项目,可以按照新建项目的基本建设程序进行,其码头油气回收处理设施作为码头主体工程的一部分,严格执行危险品码头工程建设的相关建设手续,并确保安全设施"三同时"和环保设施"三同时"的有效实施。相关建设手续主要依托码头主体工程的建设手续,与码头主体工程一起立项、建设和验收。

改建项目是指为了提高生产运行效率、提高产品质量,对原有的设备、设施和工程进行改造的项目,包括不增加生产运行规模的辅助设施建设。另外,对现有项目的生产技术、工艺流程进行升级换代,用先进的技术代替落后的技术,用先进的工艺和装备代替落后的工艺和装备,达到提高产品质量、促进产品更新换代、节约能源、降低消耗的目的,称为技术改造项目,属于广义的改建项目。根据《危险化学品建设项目安全监督管理办法》(国家安全监督管理总局令2015年第79号),改建项目为:企业对在役危险化学品生产、储存装置(设施),在原址更新技术、工艺、主要装置(设施)、危险化学品种类的;企业对在役伴有危险化学品产生的化学品生产装置(设施),在原址更新技术、工艺、主要装置(设施)的。

扩建项目是指为了扩大生产运行规模或增加生产能力,而建设相关的设备、设施和工程的项目。根据《危险化学品建设项目安全监督管理办法》(国家安全监督管理总局令2015年第79号),扩建项目为:企业建设与现有技术、工艺、主要装置(设施)、危险化学品品种相同,但生产、储存装置(设施)相对独立的;企业建设与现有技术、工艺、主要装置(设施)相同,但生产装置(设施)相对独立的伴有危险化学品产生的。

但对于在老旧码头上新增的油气回收处理设施建设项目,由于码头油气回收处理设施属于港口"三废"治理的环境保护设施,按照国务院《关于促进企业技术改造的指导意见》(国发〔2012〕44号)规定,技术改造是企业采用新技术、新工艺、新设备、新材料对现有设施、工艺条件及生产服务等进行改造提升,淘汰落后产能,实现内涵式发展的投资活动,是实现技术进步、提高生产效率、推进节能减排、促进安全生产的重要途径。

因此,对于与油气化工码头一起新建的油气回收处理设施,执行新建项目的建设手续,国家及行业已经有明确的建设程序要求。对于在老旧码头上新增的油气回收处理设施建设项目,可以按照技术改造项目的基本建设手续进行建设,但国家层面没有发布相关技改项目的建设管理规定,部分地方主管部门发布了当地的技术改造项目核准备案管理办法,相关工程建设手续可以在新建项目的基础上进行简化处理。部分省(自治区、直辖市)发布的技术改造项目核准备案管理办法,主要包括:广东省工业和信息化厅发布的《广东省企业技术改造投资项目核准和备案管理的实施细则(试行)》(粤工信规字〔2019〕3号);江苏省经济和信息化委员会发布的《江苏省技术改造投资项目核准管理办法》;山东省工业和信息化厅发布的《山东省企业技术改造项目核准备案管理办法》(鲁经信改〔2016〕476号);河北省工业和信息化厅发布的《关于做好工业企业技术改造投资项目核准和备案工作的通知》(冀工信规函〔2018〕716号)等。

码头油气回收处理设施建设审批要求主要包括以下手续。

5.1.1 项目立项

为了对社会经济发展进行有效控制,通常需要对具有一定规模的固定资产投资项目进行项目立项。按照项目投资主体、投资规模和项目性质的不同,项目立项程序可以分为审批、核准和备案三种。

项目立项的相关法规依据如下:

《政府投资条例》(国务院令2019年第712号)第9条:政府采取直接投资方式、资本金注入方式投资的项目,项目单位应当编制项目建议书、可行性研究报告、初步设计,按照政府投资管理权限和规定的程序,报投资主管部门或者其他有关部门审批。

第10条:除涉及国家秘密的项目外,投资主管部门和其他有关部门应当通过投资项目在线审批监管平台,使用在线平台生成的项目代码办理政府投资项目审批手续。

《企业投资项目核准和备案管理条例》(国务院令2016年第673号)第3条:对关系国家安全、涉及全国重大生产力布局、战略性资源开发和重大公共利益等项目,实行核准管理。具体项目范围以及核准机关、核准权限依照政府核准的投资项目目录执行。对前款规定以外的项目,实行备案管理。

《企业投资项目核准和备案管理办法》(国家发展改革委令2017年第2号)第4条:对关系国家安全、涉及全国重大生产力布局、战略性资源开发和重大公共利益等项目,实行核准管理。其他项目实行备案管理。

第6条:实行备案管理的项目按照属地原则备案。

第12条:除涉及国家秘密的项目外,项目核准、备案通过全国投资项目在线审批监管平台实行网上受理、办理、监管和服务,实现核准、备案过程和结果的可查询、可监督。

建议:

(1)对于涉及政府投资的码头油气回收项目,实行审批制,由投资主管部门负责审批。通过投资项目在线审批监管平台进行审批管理。

(2)对于企业投资的在《政府核准的投资项目目录》范围内的油气化工码头项目,实行核准制,其油气回收处理设施与项目主体一起实行政府核准管理。

(3)单独的码头油气回收处理设施建设项目,由于不在《政府核准的投资项目目录》范围内,实行备案制,可在投资主管部门的全国投资项目在线审批监管平台上进行备案管理。

(4)对于已有油气回收处理设施技术改造项目,目前国家层面没有发布相关的建设管理规定,但各省(自治区、直辖市)发布了当地的技术改造项目核准备案管理办法,具体建设手续按照各地管理规定执行。

5.1.2 安全条件论证及安全预评价

生产经营单位应当具备法律法规和标准规范规定的安全生产条件,不具备安全生产条件的,不得从事生产经营活动。安全条件审查就是对建设项目的安全条件进行论证,分析建设项目内在的危险、有害因素对周边企业生产经营活动或者居民生活的影响,周边企业生产经营活动或者居民生活对建设项目的影响,以及当地自然条件的影响。

安全预评价是建设项目在组织实施前,根据相关基础资料,辨识和分析建设项目潜在的危险、有害因素,评估与相关安全生产法律法规、标准规范的符合性,预测发生事故的可能性及严重程度,并提出科学、合理的安全对策措施,最终作出安全评价结论。

安全条件论证及安全预评价的相关法规依据如下:

《中华人民共和国安全生产法》(主席令第88号)第32条:矿山、金属冶炼建设项目和用于生产、储存、装卸危险物品的建设项目,应当按照国家有关规定进行安全评价。

《危险化学品安全管理条例》(国务院令2013年第645号)第12条:新建、改建、扩建生产、储存危险化学品的建设项目,应当由安全生产监督管理部门进行安全条件审查。新建、改建、扩建储存、装卸危险化学品的港口建设项目,由港口行政管理部门按照国务院交通运输主管部门的规定进行安全条件审查。

《港口危险货物安全管理规定》(交通运输部令2023年第8号)第5条:新建、改建、扩建储存、装卸危险货物的港口建设项目,应当由港口行政管理部门进行安全条件审查。未通过安全条件审查,危险货物港口建设项目不得开工建设。

第8条:涉及危险化学品的港口建设项目,建设单位还应当进行安全条件论证,并编制安全条件论证报告。

第9条:建设单位应当向危险货物建设项目所在地港口行政管理部门申请安全条件审查。

建议:

(1)涉及储存和装卸危险化学品的港口建设项目,应当进行安全预评价及安全条件审查,对于与油气化工码头一起建设的油气回收处理设施,可与主体项目一起进行安全预评价及安全条件论证。

(2)对于单独的码头油气回收处理设施建设项目,法规并未明确是否需要进行安全预评价及安全条件论证。但考虑到油气回收处理设施与危险化学品装卸作业紧密相关,可认为是对装卸设施的升级改造或者属于装卸设施的一部分,可以按照装卸危险物品建设项目进行管理;另外,由于油气回收处理设施需要确保与相邻设施的防火间距,油气回收处理设施的设置也增加了周边设施的安全风险。因此,综合考虑上述因素,对于单独的码头油气回收处理设施建设项目建议,也应该进行安全预评价及安全条件论证。

5.1.3 环境影响评价

建设项目环境影响评价是指对建设项目实施后可能造成的环境影响进行分析、预测和评估,提出预防或者减轻不良环境影响的对策和措施,进行跟踪监测的方法与制度。

环境影响评价是从环境方面分析项目的可行性,根据建设项目特征和所在区域的环境敏感程度,综合考虑建设项目可能对环境产生的影响,对建设项目的环境影响评价实行分类管理,包括组织编制建设项目环境影响报告书、环境影响报告表或者填报环境影响登记表。

环境影响评价的相关法规依据如下:

《中华人民共和国港口法》(主席令第23号)第15条:建设港口工程项目,应当依法进行环境影响评价。

《建设项目环境保护管理条例》(国务院令2017年第682号)第6条:国家实行建设项目环境影响评价制度。

第7条:国家根据建设项目对环境的影响程度,按照下列规定对建设项目的环境保护实行分类管理:①建设项目对环境可能造成重大影响的,应当编制环境影响报告书,对建设项目产生的污染和对环境的影响进行全面、详细的评价;②建设项目对环境可能造成轻度影响的,应当编制环境影响报告表,对建设项目产生的污染和对环境的影响进行分析或者专项评价;③建设项目对环境影响很小,不需要进行环境影响评价的,应当填报环境影响登记表。

《中华人民共和国环境影响评价法》(主席令第48号)第16条:国家根据建设项目对环境的影响程度,对建设项目的环境影响评价实行分类管理。①可能造成重大环境影响的,应当编制环境影响报告书,对产生的环境影响进行全面评价;②可能造成轻度影响的,应当编制环境影响报告表,对产生的环境影响进行分析或者专项评价;③对环境影响很小、不需要进行环境影响评价的,应当填报环境影响登记表。

《中华人民共和国环境影响评价法》(主席令第48号)第22条:建设项目的环境影响报告书、报告表,由建设单位按照国务院的规定报有审批权的生态环境主管部门审批。国家对环境影响登记表实行备案管理。

《建设项目环境影响评价分类管理目录》(2021年版)(生态环境部令2020年第16号)第100项:单独的脱硫、脱硝、除尘、VOCs治理等大气污染治理工程只需填报登记表。

第138项:新建;岸线、水工建筑物、吞吐量、储运量增加的扩建;装卸货种变化的扩建油气、液体化工码头,应编制环境影响报告书。其他的油气、液体化工码头应编制环境影响报告表。

建议:

(1)对于与油气化工码头一起建设的油气回收处理设施,可与主体项目一起进行环境影响评价,编制环境影响报告书或报告表。

(2)对于单独的码头油气回收处理设施建设项目和技改项目,属于VOCs大气污染治理工程,只需填写环境影响登记表。

5.1.4 安全设施设计

码头安全设施是指在港口生产经营活动中用于预防、控制、减少与消除事故采用的设备、设施、装备及其他技术措施的总称。对于危险货物港口建设项目安全设施的设计,应根据建设项目的安全特点和危险因素及危害程度的分析结果,基于本质安全设施、事故预防优先、可靠性优先等设计原则,采取具有针对性、可操作性、技术成熟可靠和经济合理的安全设施。

建设项目的安全设施必须与主体工程同时设计、同时施工、同时投入使用,对于油气化工码头,其安全设施设计还应经过主管部门审查,且审查通过之后,方可进入下一阶段的建设程序。

安全设施设计及审查的相关法规依据如下:

《中华人民共和国安全生产法》(主席令第88号)第33条:矿山、金属冶炼建设项目和用于生产、储存、装卸危险物品的建设项目的安全设施设计应当按照国家有关规定报经有关部门审查,审查部门及其负责审查的人员对审查结果负责。

《港口危险货物安全管理规定》(交通运输部令2023年第8号)第13条:建设单位应当在危险货物港口建设项目初步设计阶段按照国家有关规定委托设计单位对安全设施进行设计。

第14条:由港口行政管理部门负责初步设计审批的危险货物港口建设项目,在初步设计审批中对安全设施设计进行审查。

建议:

(1)涉及储存和装卸危险化学品的港口建设项目,应当进行安全设施设计,对于与油气化工码头一起建设的油气回收处理设施,可与主体项目一起进行编制安全设施设计专篇。

(2)对于单独的码头油气回收处理设施建设项目,法规并未明确是否需要进行单独进行安全设施设计。但考虑到油气回收处理设施与危险化学品装卸作业紧密相关,可认为是对装卸设施的升级改造,属于装卸危险物品的建设项目;另外,由于油气回收处理设施的建设,也增加了相应的危险有害因素,需要对相关危险有害因素进行识别并采取相应的安全防范措施。因此,综合考虑上述因素,对于单独的码头油气回收处理设施建设项目,建议按照《危险货物港口建设项目安全设施设计专篇编制规范》(JTS/T 108-3—2019)编制安全设施设计专篇,但部分章节内容可适当简化。

5.1.5　消防设施设计

建设项目的消防设施,是指在一旦发生火灾,及时向生产作业人员发出报警,帮助其快速地疏散到安全地带,并对着火设施和相邻设施进行灭火、冷却和隔离等。对于装卸易燃易爆危险物品的码头等特殊建设工程,应该进行消防设施专项设计和审查,未经消防设计审查或者审查不合格的,建设单位和施工单位不得施工。

消防设施设计及审查的相关法规依据如下:

《建设工程消防设计审查验收管理暂行规定》(住房和城乡建设部令2023年第58号)第14条:具有下列情形之一的建设工程是特殊建设工程:生产、储存、装卸易燃易爆危险物品的工厂、仓库和专用车站、码头,易燃易爆气体和液体的充装站、供应站、调压站。

第15条:对于特殊建设工程施行消防设计审查制度。特殊建设工程的建设单位应当向消防设计审查验收主管部门申请消防设计审查,消防设计审查验收主管部门依法对审查的结果负责。特殊建设工程未经消防设计审查或者审查不合格的,建设单位、施工单位不得施工。

第34条:对其他建设工程施行备案抽查制度,分类管理。其他建设工程依法抽查不合格的,应当停止使用。

建议:

（1）对于与油气化工码头一起建设的油气回收处理设施,可与主体项目一起编制消防设施设计专篇并进行消防设计审查。

（2）对于单独的码头油气回收处理设施建设项目,不属于《建设工程消防设计审查验收管理暂行规定》中的特殊建设工程,其消防设施设计审查按其他建设工程考虑,采取备案抽查制度。不需要单独编制消防设施设计专篇,建设单位在申请施工许可或者申请批准开工报告时,提供满足施工需要的消防设计图纸及技术资料即可。

5.1.6 初步设计、施工图设计

初步设计也称基础设计,是建设项目在完成立项手续之后,从技术和经济上进一步论证各分部工程方案的合理性,提出合理、可行的设计方案,并根据推荐的设计方案确定建设项目投资概算。

施工图设计也称详细设计,是根据已经批复的初步设计文件,对建设项目各分部工程进行详细设计,编制施工图纸、材料表和设备规格书等文件,用于指导现场采购、施工和安装。

初步设计和施工图设计的相关法规依据如下:

《建设工程质量管理条例》(国务院令2019年第714号)第11条:施工图设计文件未经审查批准的,不得使用。

《港口工程建设管理规定》(交通运输部令2019年第34号)第19条:对于技术复杂、难度较大、风险较大的港口工程建设项目,交通运输主管部门或者所在地港口行政管理部门在审批初步设计前应当委托另一设计单位进行技术审查咨询。所在地港口行政管理部门在审批施工图设计前可以委托另一设计单位进行技术审查咨询。

第23条:对于建设内容简单、投资规模较小的按照备案管理的港口工程建设项目,初步设计和施工图设计可以合并设计,深度应当达到施工图设计要求。

建议:

（1）对于与油气化工码头一起建设的油气回收处理设施,可与主体项目一起进行初步设计和施工图设计。

（2）对于单独的码头油气回收处理设施建设项目,可以将初步设计和施工图设计可以合并设计,其深度应当达到施工图设计要求。

（3）设计内容应涵盖所有压力容器及管道,包括油气回收橇装内的压力容器和压力管道,以便于后续的监管。

5.2 项目建设验收要求

5.2.1 开工许可

建设项目开工许可是指建设项目在具备开工条件后,在开工之前所取得的建设手续。

建设单位应当在开工前依法向主管部门申请施工许可,未经许可的不得进行施工。

开工许可的相关法规依据如下:

《中华人民共和国建筑法》(主席令第29号)第7条:建筑工程开工前,建设单位应当按照国家有关规定向工程所在地县级以上人民政府建设行政主管部门申请领取施工许可证;但是,国务院建设行政主管部门确定的限额以下的小型工程除外。按照国务院规定的权限和程序批准开工报告的建筑工程,不再领取施工许可证。

《港口工程建设管理规定》(交通运输部令2019年第32号)第25条:港口工程建设项目在条件具备后方可开工建设。项目单位在开工建设前,应当完成法规规定的各项手续,登录在线平台填写项目开工基本信息,并接受省级交通运输主管部门、所在地港口行政管理部门等对项目依法负有监督管理职责的相关部门的监管。所在地港口行政管理部门应当通过在线监测、现场核查等方式加强对项目开工建设的监管。

建议:

(1)对于与油气化工码头一起建设的油气回收处理设施,可与主体项目一起办理开工备案手续。

(2)对于单独的码头油气回收处理设施建设项目,也应办理工程开工备案手续。开工备案之前,建设单位应确保各项前期各项手续均已办理完毕,向主管部门提交相关资料,办理开工许可。

5.2.2 质量监督

工程建设项目质量监督是工程建设主管部门根据相关法律法规和工程强制性标准,对建设项目的责任主体履行质量责任的行为,以及工程实体的质量进行监督检查,维护公众利益的行政执法行为。工程建设项目质量监督通常由行政主管部门委托相关质量监督机构进行监督检查。

质量监督的相关法规依据如下:

《建设工程质量管理条例》(国务院令2019年第714号)第13条:建设单位在开工前,应当按照国家有关规定办理工程质量监督手续,工程质量监督手续可以与施工许可证或者开工报告合并办理。

第43条:国家实行建设工程质量监督管理制度。国务院建设行政主管部门对全国的建设工程质量实施统一监督管理。国务院铁路、交通、水利等有关部门按照国务院规定的职责分工,负责对全国的有关专业建设工程质量的监督管理。

第46条:建设工程质量监督管理,可以由建设行政主管部门或者其他有关部门委托的建设工程质量监督机构具体实施。

《中华人民共和国特种设备安全法》(主席令第4号)第25条:锅炉、压力容器、压力管道元件等特种设备的制造过程和锅炉、压力容器、压力管道、电梯、起重机械、客运索道、大型游乐设施的安装、改造、重大修理过程,应当经特种设备检验机构按照安全技术规范的要求进行监督检验;未经监督检验或者监督检验不合格的,不得出厂或者交付使用。

《压力管道安全技术监察规程——工业管道》(TSG D0001—2009)第58条:管道施工

前,安装单位应当填写《特种设备安装改造维修告知书》,向管道安装工程所在地负责管道使用登记的质量技术监督部门书面告知,并且按照规定接受监督检验。

建议:

(1)对于与油气化工码头一起建设的油气回收处理设施,可与主体项目一起办理工程质量监督手续。其监督内容主要包括水运工程质量监督、石油化工工程质量监督和特种设备监督检验。

(2)对于单独的码头油气回收处理设施建设项目,也应办理工程质量监督手续。其监督内容主要包括石油化工工程质量监督和特种设备监督检验。

5.2.3 交工验收

交工验收是指建设项目合同所约定的各项内容已经建设完成,具备交工验收条件后,由项目单位组织勘察、设计、施工、监理和试验检测等单位,对合同履行情况、工程质量进行检查验收,评价合同执行情况、工程质量与技术标准和设计要求的符合性,明确交工验收结论,出具交工验收意见的活动。

交工验收的相关法规依据如下:

《港口工程建设管理规定》(交通运输部令2019年第32号)第39条:港口工程建设项目合同段完工后,由项目单位组织设计、施工、监理、试验检测等单位进行交工验收,并邀请所在地港口行政管理部门参加。

第43条:国家重点水运工程建设项目由项目单位向省级交通运输主管部门申请竣工验收。前款规定以外的港口工程建设项目,属于政府投资的,由项目单位向所在地港口行政管理部门申请竣工验收;属于企业投资的,由项目单位组织竣工验收。所在地港口行政管理部门应当加强对项目单位验收活动和验收结果的监督核查。

建议:

(1)对于与油气化工码头一起建设的油气回收处理设施,可与主体项目一起办理交工验收手续。

(2)对于单独的码头油气回收处理设施建设项目,也应办理工程交工验收手续。交工验收由建设单位组织设计、施工、监理、试验检测等单位,并邀请所在地港口行政管理部门参加。工程交工验收按照《港口工程竣工验收规程》(JTS 125—1—2021)规定的验收内容和步骤进行。

5.2.4 安全设施验收

安全设施验收是指在建设项目投入使用之前,对其安全设施的建设情况进行专项验收的程序。在安全设施验收前,建设单位应该委托具有相关资质的安全评价机构进行安全设施验收评价,并编制安全设施验收评价报告。

安全设施验收评价是在港口建设项目竣工验收前,通过检查港口建设项目安全设施"三同时"的情况,检查安全生产管理措施到位情况,检查安全生产规章制度及操作规程健全情况,检查事故应急救援体系建立和试运行情况,审查港口建设项目是否满足安全生产法律法规、标准等的要求,对港口建设项目的安全运行和安全管理进行评价。

安全设施验收及验收评价的相关法规依据如下:

《中华人民共和国安全生产法》(主席令第 88 号)第 32 条:矿山、金属冶炼建设项目和用于生产、储存、装卸危险物品的建设项目竣工投入生产或者使用前,应当由建设单位负责组织对安全设施进行验收;验收合格后,方可投入生产和使用。负有安全生产监督管理职责的部门应当加强对建设单位验收活动和验收结果的监督核查。

《港口工程建设管理规定》(交通运输部令〔2019〕第 32 号)第 11 条:储存、装卸危险货物的港口工程建设项目,项目单位除执行本规定第九条、第十条的规定外,还应当按照《中华人民共和国安全生产法》《危险化学品安全管理条例》《港口危险货物安全管理规定》等要求,办理安全条件审查、安全设施设计审查手续,组织安全设施验收。

《港口危险货物安全管理规定》(交通运输部令 2023 年第 8 号)第 18 条:危险货物港口建设项目的安全设施应当与主体工程同时建设,并由建设单位组织验收。验收前建设单位应当按照国家有关规定委托有资质的安全评价机构对建设项目及其安全设施进行安全验收评价,并编制安全验收评价报告。建设单位进行安全设施验收时,应当组织专业人员对该建设项目进行现场检查,并对安全设施施工报告及监理报告、安全验收评价报告等进行审查,作出是否通过验收的结论。参加验收人员的专业能力应当涵盖该建设项目涉及的所有专业内容。

第 19 条:安全设施验收合格后,建设单位应当将验收过程中涉及的文件、资料存档。港口行政管理部门应当加强对建设单位验收活动和验收结果的监督核查。

建议:

(1)对于与油气化工码头一起建设的油气回收处理设施,可与主体项目一起办理安全设施验收手续。验收前,需要委托有资质的安全评价机构编制安全验收评价报告。

(2)对于单独的码头油气回收处理设施建设项目,法规并未明确是否需要进行单独进行安全设施验收。如果在前期办理了安全条件论证、安全预评价和安全设施设计手续,则应该相应地办理安全设施验收手续。验收前,需要委托有资质的安全评价机构编制安全验收评价报告。

5.2.5 消防验收

建设项目消防验收是指主管机关依据消防法律法规和消防技术标准,对纳入消防行政许可范围的建设工程在建设单位组织竣工验收合格的基础上,对建设项目进行现场评定。主要包括对消防灭火设施的外观进行现场抽样查看;通过专业一起设备对涉及距离、高度、宽度、长度、面积、厚度等可测量的指标进行现场抽样测量;对消防设施的功能进行抽样测试、联调联试等。

在建设项目竣工验收后,建设单位应根据项目情况,向消防主管部门申请消防验收,未经消防验收或者消防验收不合格的,禁止投入使用。

消防验收的相关法规依据如下:

《建设工程消防设计审查验收管理暂行规定》(住房和城乡建设部令2023年第58号)第27条:对特殊建设工程施行消防验收制度。特殊建设工程竣工验收后,建设单位应当向消防设计审查验收主管部门申请消防验收;未经消防验收或者消防验收不合格的,禁止投入使用。

第36条:其他建设工程竣工验收合格之日起五个工作日内,建设单位应当报消防设计审查验收主管部门备案。

第37条:消防设计审查验收主管部门收到建设单位备案材料后,对备案材料齐全的,应当出具备案凭证;备案材料不齐全的,应当一次性告知需要补正的全部内容。

建议:

(1)对于与油气化工码头一起建设的油气回收处理设施,属于《建设工程消防设计审查验收管理暂行规定》中的特殊建设工程,可与主体项目一起进行消防验收。

(2)对于单独的码头油气回收处理设施建设项目,属于《建设工程消防设计审查验收管理暂行规定》中的其他建设项目,其消防设施采取备案抽查制度。将相关备案材料提交消防设计审查验收主管部门办理备案凭证。

5.2.6 环保验收

建设项目竣工环境保护验收是在建设项目竣工后,建设单位应当对防治环境污染和生态破坏以及开展环境监测所需的装置、设备和工程设施等,进行查验、监测、记载建设项目环境保护设施的建设和调试情况,并编制验收监测报告,也可委托有资质的技术机构编制。

环境保护设施应当与主体工程同时建成,且经验收合格后,其主体工程方可投入生产或者使用。未经验收或者验收不合格的,不得投入生产或者使用。

环保验收的相关法规依据如下:

《建设项目竣工环境保护验收暂行办法》(国环规环评〔2017〕4号)第4条:建设单位是建设项目竣工环境保护验收的责任主体,应当按照本办法规定的程序和标准,组织对配套建设的环境保护设施进行验收,编制验收报告,公开相关信息,接受社会监督,确保建设项目需要配套建设的环境保护设施与主体工程同时投产或者使用,并对验收内容、结论和所公开信息的真实性、准确性和完整性负责,不得在验收过程中弄虚作假。

第5条:建设项目竣工后,建设单位应当如实查验、监测、记载建设项目环境保护设施的建设和调试情况,编制验收监测(调查)报告。建设单位不具备编制验收监测(调查)报告能力的,可以委托有能力的技术机构编制。建设单位对受委托的技术机构编制的验收监测(调查)报告结论负责。

《建设项目环境保护管理条例》(国务院令〔2017〕第682号)第17条:编制环境影响报告书、环境影响报告表的建设项目竣工后,建设单位应当按照国务院环境保护行政主管部门规定的标准和程序,对配套建设的环境保护设施进行验收,编制验收报告。建设单位在环境保护设施验收过程中,应当如实查验、监测、记载建设项目环境保护设施的建设和调试情况,不得弄虚作假。

第19条:编制环境影响报告书、环境影响报告表的建设项目,其配套建设的环境保护设施经验收合格,方可投入生产或者使用;未经验收或者验收不合格的,不得投入生产或者使用。前款规定的建设项目投入生产或者使用后,应当按照国务院环境保护行政主管部门的规定开展环境影响后评价。

《建设项目环境影响登记表备案管理办法》(环境保护部令2016年第41号)第9条:建设单位应当在建设项目建成并投入生产运营前,登录网上备案系统,在网上备案系统注册真实信息,在线填报并提交建设项目环境影响登记表。

建议:

(1)对于与油气化工码头一起建设的油气回收处理设施,可与主体项目一起进行环保验收。环保验收由建设单位组织,并编制环保验收报告或委托有能力的技术机构编制。建设单位对受委托的技术机构编制的验收监测(调查)报告结论负责。

(2)对于单独的码头油气回收处理设施建设项目,属于VOCs大气污染治理工程,在项目建成并投入生产运营前,在线填报并提交建设项目环境影响登记表。建设项目环境影响登记表备案完成后,建设单位应当严格执行相应污染物排放标准及相关环境管理规定,落实建设项目环境影响登记表中填报的环境保护措施,有效防治环境污染和生态破坏。

5.2.7 竣工验收

竣工验收是指建设项目完工后、正式投入使用前,竣工验收组织部门或单位成立现场核查组,对工程交工验收、执行强制性标准、投资使用等情况进行全面检查验收,对工程建设、设计、施工、监理等工作进行综合评价,明确竣工验收核查结论,形成竣工验收现场核查报告的活动。

竣工验收的相关法规依据如下:

《中华人民共和国港口法》(主席令第23号)第19条:港口设施建设项目竣工后,应当按照国家有关规定经验收合格,方可投入使用。

《港口工程建设管理规定》(交通运输部令2019年第32号)第38条:港口工程建设项目应当按照法规和国家有关规定及时组织竣工验收,经竣工验收合格后方可正式投入使用。

第42条:港口工程建设项目建成后,符合竣工验收条件的,项目单位应当及时办理港口工程竣工验收手续。

第43条:国家重点水运工程建设项目由项目单位向省级交通运输主管部门申请竣工验收。前款规定以外的港口工程建设项目,属于政府投资的,由项目单位向所在地港口行政管理部门申请竣工验收;属于企业投资的,由项目单位组织竣工验收。所在地港口行政管理部门应当加强对项目单位验收活动和验收结果的监督核查。

第44条:省级交通运输主管部门或者所在地港口行政管理部门应当按照国家规定的程序和时限完成港口工程竣工验收。竣工验收合格的,应当签发《港口工程竣工验收证书》。

建议:

(1)对于与油气化工码头一起建设的油气回收处理设施,可与主体项目一起进行竣工验收。国家重点水运工程建设项目由建设单位向省级交通运输主管部门申请竣工验收;企业投资建设项目由建设单位组织竣工验收。

(2) 对于单独的码头油气回收处理设施建设项目,属于港口工程配套设施,也应该按照《港口工程建设管理规定》的要求,由建设单位组织竣工验收。

5.2.8 排污许可

排污许可制是国家法律规定的固定污染源环境管理的制度,是推动落实排污单位治污主体责任和改善环境质量的重要举措。企业通过取得排污许可证或者排污登记管理,按照规定进行排污。

排污许可的相关法规依据如下:

《排污许可管理条例》(国务院令〔2020〕第 736 号)第 2 条:依照法律规定实行排污许可管理的企业事业单位和其他生产经营者,应当依照本条例规定申请取得排污许可证;未取得排污许可证的,不得排放污染物。污染物产生量、排放量和对环境的影响程度都较小的排污单位,实行排污许可简化管理。

第 6 条:排污单位应当向其生产经营场所所在地设区的市级以上地方人民政府生态环境主管部门申请取得排污许可证。

第 7 条:申请取得排污许可证,可以通过全国排污许可证管理信息平台提交排污许可证申请表,也可以通过信函等方式提交。

第 15 条:在排污许可证有效期内,排污单位有下列情形之一的,应当重新申请取得排污许可证:①新建、改建、扩建排放污染物的项目;②生产经营场所、污染物排放口位置或者污染物排放方式、排放去向发生变化;③污染物排放口数量或者污染物排放种类、排放量、排放浓度增加。

《固定污染源排污许可分类管理目录(2019 年版)》第 2 条:对污染物产生量、排放量或者对环境的影响程度较大的排污单位,实行排污许可重点管理;对污染物产生量、排放量和对环境的影响程度较小的排污单位,实行排污许可简化管理。对污染物产生量、排放量和对环境的影响程度很小的排污单位,实行排污登记管理。实行登记管理的排污单位,不需要申请取得排污许可证,应当在全国排污许可证管理信息平台填报排污登记表,登记基本信息、污染物排放去向、执行的污染物排放标准以及采取的污染防治措施等信息。

第 101 项——水上运输辅助活动:单个泊位 1000 吨级及以上的内河、单个泊位 1 万吨级及以上的沿海专业化干散货码头(煤炭、矿石)、通用散货码头,按照简化管理;其他货运码头,按照登记管理。

第 102 项——危险品仓储:总容量 10 万 m^3 及以上的油库(含油品码头后方配套油库,不含储备油库),按照重点管理;总容量 1 万 m^3 及以上 10 万 m^3 以下的油库(含油品码头后方配套油库,不含储备油库),按照简化管理;其他危险品仓储(含油品码头后方配套油库,不含储备油库),按照登记管理。

建议:

(1) 由于码头油气回收装置已经对大气污染物进行的回收处理,其尾气中 VOCs 的排放量和对环境的影响程度已经很小,可以实行排污登记管理,不用办理排污许可证。

(2) 在全国排污许可证管理信息平台填报排污登记表,登记基本信息、污染物排放去向、执行的污染物排放标准以及采取的污染防治措施等信息。

5.3 项目运营和监管要求

根据码头油气回收处理设施建设手续及各参建方的建设责任,梳理相关主管部门的监管要求如下。

5.3.1 投资主管部门

投资主管部门主要对建设项目的审批、核准或者备案进行监督管理,对政府采取直接投资方式、资本金注入方式投资的项目,进行审批管理;对关系国家安全、涉及全国重大生产力布局、战略性资源开发和重大公共利益等项目,进行核准管理;对于其他项目,则进行备案管理。

投资主管部门监管的主要法规依据如下:

《政府投资条例》(国务院令〔2019〕第712号)第9条:政府采取直接投资方式、资本金注入方式投资的项目,项目单位应当编制项目建议书、可行性研究报告、初步设计,按照政府投资管理权限和规定的程序,报投资主管部门或者其他有关部门审批。

第10条:除涉及国家秘密的项目外,投资主管部门和其他有关部门应当通过投资项目在线审批监管平台,使用在线平台生成的项目代码办理政府投资项目审批手续。

《企业投资项目核准和备案管理条例》(国务院令〔2016〕第673号)第46条:项目核准和备案机关、行业管理、城乡规划(建设)、国土安全、国土(海洋)资源、环境保护、节能审查、金融监管、安全生产监管、审计等部门,应当按照谁"审批谁监管、谁主管谁监管"的原则,采取在线监测、现场核查等方式,依法加强对项目的事中事后监管。项目核准、备案机关应当根据法律法规和发展规划、产业政策、总量控制目标、技术政策、准入标准及相关环保要求等,对项目进行监管。

根据作者研究,投资主管部门相关职责如下(仅供参考,具体各地执行情况咨询相关主管部门):

(1)对投资项目履行综合管理职责。
(2)对建设项目申请报告、工程可行性研究报告进行审查。
(3)对建设项目进行审批、核准或备案管理。
(4)根据法律法规和发展规划、产业政策、总量控制目标、技术政策、准入标准及相关环保要求等,对项目进行监管。

5.3.2 环境保护部门

环境保护部门主要负责对建设项目的环评进行审批或者备案,制定相关环境保护政策,对建设项目的环境污染防治进行监督管理,履行环保监督执法职责。

环境保护部门监管的主要法规依据如下:

《建设项目环境保护管理条例》(国务院令〔2017〕第682号)第9条:依法应当编制环境影响报告书、环境影响报告表的建设项目,建设单位应当在开工建设前将环境影响报告书、环境影响报告表报有审批权的环境保护行政主管部门审批;建设项目的环境影响评价文件未依法经审批部门审查或者审查后未予批准的,建设单位不得开工建设。

环境保护行政主管部门审批环境影响报告书、环境影响报告表,应当重点审查建设项目的环境可行性、环境影响分析预测评估的可靠性、环境保护措施的有效性、环境影响评价结论的科学性等。

依法应当填报环境影响登记表的建设项目,建设单位应当按照国务院环境保护行政主管部门的规定将环境影响登记表报建设项目所在地县级环境保护行政主管部门备案。环境保护行政主管部门应当开展环境影响评价文件网上审批、备案和信息公开。

《中华人民共和国环境影响评价法》(主席令第48号)第20条:建设单位应当对建设项目环境影响报告书、环境影响报告表的内容和结论负责,接受委托编制建设项目环境影响报告书、环境影响报告表的技术单位对其编制的建设项目环境影响报告书、环境影响报告表承担相应责任。设区的市级以上人民政府生态环境主管部门应当加强对建设项目环境影响报告书、环境影响报告表编制单位的监督管理和质量考核。负责审批建设项目环境影响报告书、环境影响报告表的生态环境主管部门应当将编制单位、编制主持人和主要编制人员的相关违法信息记入社会诚信档案,并纳入全国信用信息共享平台和国家企业信用信息公示系统向社会公布。

第22条:建设项目的环境影响报告书、报告表,由建设单位按照国务院的规定报有审批权的生态环境主管部门审批。

《中华人民共和国大气污染防治法》(主席令第16号)第108条:储油储气库、加油加气站和油罐车、气罐车等,未按照国家有关规定安装并正常使用油气回收装置的,由县级以上人民政府生态环境主管部门责令改正,处二万元以上二十万元以下的罚款;拒不改正的,责令停产整治。

《中华人民共和国环境保护法》(主席令第9号)第25条:企业事业单位和其他生产经营者违反法律法规规定排放污染物,造成或者可能造成严重污染的,县级以上人民政府环境保护主管部门和其他负有环境保护监督管理职责的部门,可以查封、扣押造成污染物排放的设施、设备。

《排污许可管理条例》(国务院令2020年第736号)第3条:国务院生态环境主管部门负责全国排污许可的统一监督管理。设区的市级以上地方人民政府生态环境主管部门负责本行政区域排污许可的监督管理。

第25条:生态环境主管部门应当加强对排污许可的事中事后监管,将排污许可执法检查纳入生态环境执法年度计划,根据排污许可管理类别、排污单位信用记录和生态环境管理需要等因素,合理确定检查频次和检查方式。生态环境主管部门应当在全国排污许可证管理信息平台上记录执法检查时间、内容、结果以及处罚决定,同时将处罚决定纳入国家有关信用信息系统向社会公布。

根据作者研究,环境保护部门相关管理职责如下(仅供参考,具体各地执行情况咨询相关主管部门):

(1)审批环境影响报告书、环境影响报告表,对环境影响登记表进行备案管理。

(2)开展环境影响评价文件网上审批、备案和信息公开。

(3)对污染防治工作实施监督管理。

(4)制定污染物排放标准。

(5)对排污许可进行监督管理。

(6)对建设项目环境保护设施设计、施工、验收、投入生产或者使用情况,以及有关环境影响评价文件确定的其他环境保护措施的落实情况,进行监督检查。

(7)对建设项目投入生产或者使用后所产生的环境影响进行跟踪检查,对造成严重环境污染或者生态破坏的,应当查清原因、查明责任,并进行处罚。

5.3.3 住房和城乡建设部门

住房和城乡建设部门主要承担规范住房和城乡建设管理秩序的责任,建立科学规范的工程建设标准体系的责任,承担建筑工程质量安全监管的责任等。由于港口建设项目的特殊性,码头建设项目的主体监管主要由交通港航部门负责,但根据住房和城乡建设部、应急管理部下发的《关于做好移交承接建设工程消防设计审查验收职责》(建科函〔2019〕52号),建设项目的消防设计审核、消防验收、备案和抽查职责,从消防救援机构移交至住房和城乡建设部门。

住房和城乡建设部门监管的主要法规依据如下:

《建设工程勘察设计管理条例》(国务院令2017年第687号)第31条:国务院建设行政主管部门对全国的建设工程勘察、设计活动实施统一监督管理。国务院铁路、交通、水利等有关部门按照国务院规定的职责分工,负责对全国的有关专业建设工程勘察、设计活动的监督管理。县级以上地方人民政府建设行政主管部门对本行政区域内的建设工程勘察、设计活动实施监督管理。县级以上地方人民政府交通、水利等有关部门在各自的职责范围内,负责对本行政区域内的有关专业建设工程勘察、设计活动的监督管理。

《建设工程消防设计审查验收管理暂行规定》(住房和城乡建设部令2023年第58号)第3条:县级以上地方人民政府住房和城乡建设主管部门依职责承担本行政区域内建设工程的消防设计审查、消防验收、备案和抽查工作。

第24条:对符合条件的,消防设计审查验收主管部门(住房和城乡建设主管部门)应当出具消防设计审查合格意见。

根据作者研究,投资住房和城乡建设部门相关职责如下(仅供参考,具体各地执行情况咨询相关主管部门):

(1)对行政区域内的建设工程勘察设计活动实施监督管理。

(2)负责建设工程的消防设计审查、备案和抽查。

(3)出具消防设计审查合格通知书。

5.3.4 特种设备安全监察部门

特种设备安全监察部门隶属于市场监督管理部门,其职责主要是对特种设备生产、经营、使用单位和检验、检测机构实施监督检查,包括对特种设备的设计单位、施工单位和检测检验单位及其相关人员的资质管理。

特种设备安全监察部门监管的主要法规依据如下:

《特种设备生产和充装单位许可规则》(TSG 07—2019)第1.3条:实施特种设备生产和充装单位许可的部门为国家市场监督管理总局和省级人民政府负责特种设备安全监督管理的部门。

《特种设备安全监察条例》(国务院令〔2009〕第549号)第4条:国务院特种设备安全监督管理部门负责全国特种设备的安全监察工作,县以上地方负责特种设备安全监督管理的部门对本行政区域内特种设备实施安全监察。

第50条:特种设备安全监督管理部门依照本条例规定,对特种设备生产、使用单位和检验检测机构实施安全监察。

《中华人民共和国特种设备安全法》(主席令第4号)第4条:国家对特种设备的生产、经营、使用,实施分类的、全过程的安全监督管理。

第5条:国务院负责特种设备安全监督管理的部门对全国特种设备安全实施监督管理。县级以上地方各级人民政府负责特种设备安全监督管理的部门对本行政区域内特种设备安全实施监督管理。

第20条:特种设备产品、部件或者试制的特种设备新产品、新部件以及特种设备采用的新材料,按照安全技术规范的要求需要通过型式试验进行安全性验证的,应当经负责特种设备安全监督管理的部门核准的检验机构进行型式试验。

根据作者研究,特种设备安全监察部门相关职责如下(仅供参考,具体各地执行情况咨询相关主管部门):

(1)核发特种设备设计、制造、安装单位特种设备资质证书。油气回收撬装内的也需要正规有资质的设计单位出设计文件。

(2)对特种设备的生产、使用单位和检验检测机构实施安全监察;对压力管道的安装过程进行监督检验。

(3)对特种设备操作、管理和检测检验人员进行考核;对安装单位及人员资质和资格进行管理。

(4)对特种设备产品的型式试验进行监督管理。

(5)对本行政区域内特种设备使用安全、高耗能特种设备节能实施监督管理,并对特种设备进行使用登记。

5.3.5 应急管理部门

应急管理部门的主要职责为负责安全生产综合监督管理,工矿商贸行业安全生产监督管理,组织制定相关行业安全生产规章、规程和标准并监督实施,指导监督相关行业企业安全生产标准化、安全预防控制体系建设,指导安全生产类应急救援等。

根据国务院安全生产委员会《关于印发〈国务院安全生产委员会成员单位安全生产工作任务分工〉的通知》(安委〔2020〕10号)的要求:国务院应急管理部门依法对全国安全生产工作实施综合监督管理,承担职责范围内行业领域安全生产监管执法工作;负有安全生产监督管理职责的有关部门在各自职责范围内,对有关行业领域的安全生产工作实施监督管理;负有行业领域管理职责的国务院有关部门要将安全生产工作作为行业领域管理工作的重要内容,切实承担起安全管理的职责,制定实施有利于安全生产的法规标准、政策措施,指导、检查和督促企事业单位加强安全防范;其他有关部门结合本部门工作职责,为安全生产工作提供支持保障。

应急管理部门监管的主要法规依据如下:

《中华人民共和国安全生产法》(主席令第88号)第10条:国务院应急管理部门依照本法,对全国安全生产工作实施综合监督管理;县级以上地方各级人民政府应急管理部门依照本法,对本行政区域内安全生产工作实施综合监督管理。

国务院交通运输、住房和城乡建设、水利、民航等有关部门依照本法和其他有关法律、行政法规的规定,在各自的职责范围内对有关行业、领域的安全生产工作实施监督管理;县级以上地方各级人民政府有关部门依照本法和其他有关法律、法规的规定,在各自的职责范围内对有关行业、领域的安全生产工作实施监督管理。对新兴行业、领域的安全生产监督管理职责不明确的,由县级以上地方各级人民政府按照业务相近的原则确定监督管理部门。

《关于全面加强危险化学品安全生产工作的意见》:应急管理部门负责危险化学品安全生产监管工作和危险化学品安全监管综合工作;按照《危险化学品安全管理条例》规定,应急管理、交通运输、公安、铁路、民航、生态环境等部门分别承担危险化学品生产、贮存、使用、经营、运输、处置等环节相关安全监管责任;在相关安全监管职责未明确部门的情况下,应急管理部门承担危险化学品安全综合监督管理兜底责任。

《关于明确港口危险化学品安全监督管理若干问题的通知》(厅水字〔2012〕第4号):按照部门职责分工,港口行政管理部门根据港口总体规划确定的范围,对港区内危险化学品码头建设项目和储存设施建设项目按照国务院交通运输主管部门的规定进行安全条件审查。港区范围不明确的,其储存设施及仓储作业的安全监管主体和范围由设区的市级港口行政管理部门会同当地规划、安全生产监督管理等部门协商确定(上述职责划分,不涉及海事部门职责)。

在港区内危险化学品生产和使用危险化学品的生产装置及相连储罐部分,由安全生产监督管理部门负责安全监管;仅与危险化学品码头相连的储罐部分,由港口行政管理部门负责安全监管。

根据作者研究,应急管理部门相关职责如下(仅供参考,具体各地执行情况咨询相关主管部门):

(1)对安全评价机构进行资质管理、从业人员及机构考核。

(2)对于相关安全监管职责未明确部门的情况,承担危险化学品安全综合监督管理兜底责任。

(3)港区内的危险品建设项目的安全条件审查、安全监管由交通港航部门负责。

根据作者研究,交通港航部门与应急管理部分的安全监管职责划分如下(仅供参考,具体各地执行情况咨询相关主管部门):

(1)港口总体规划确定范围内的危险化学品码头建设项目和储存设施项目,由交通港航部门负责安全条件审查。

(2)港区范围不明确的,其储存设施及仓储作业的安全监管主体和范围由设区的市级港口行政管理部门会同当地规划、安全生产监督管理等部门协商确定。

(3)在港区内危险化学品生产和使用危险化学品的生产装置及相连储罐部分,由安全生产监督管理部门负责安全监管。

(4)与危险化学品码头相连的储罐部分,由港口行政管理部门负责安全监管。

(5)在港区陆上专门为港口企业的装卸设备、非营运车辆服务的加油站,由港口行政管理部门负责安全监管

(6)在港区陆上为社会车辆服务的加油站,由安全生产监督管理部门负责安全监管。

5.3.6 交通港航部门

交通港航部门负责港口岸线使用、航道通航条件和水路运输经营许可的技术服务工作,包括新建、改建、扩建储存、装卸危险化学品的港口建设项目的安全条件审查,协助开展全省(自治区、直辖市)水运建设项目的前期工作。协助开展水路交通运输安全生产工作,参与安全事故的调查处理,负责内河和所辖海区航道航标的设置、维护等工作。

交通港航部门监管的主要法规依据如下:

《中华人民共和国安全生产法》(主席令第88号)第10条:国务院交通运输、住房和城乡建设、水利、民航等有关部门依照本法和其他有关法律、行政法规的规定,在各自的职责范围内对有关行业、领域的安全生产工作实施监督管理;县级以上地方各级人民政府有关部门依照本法和其他有关法律、法规的规定,在各自的职责范围内对有关行业、领域的安全生产工作实施监督管理。对新兴行业、领域的安全生产监督管理职责不明确的,由县级以上地方各级人民政府按照业务相近的原则确定监督管理部门。

《中华人民共和国港口法》(主席令第23号)第32条:港口经营人必须依照《中华人民共和国安全生产法》等有关法律、法规和国务院交通主管部门有关港口安全作业规则的规定,加强安全生产管理,建立健全安全生产责任制等规章制度,完善安全生产条件,采取保障安全生产的有效措施,确保安全生产。

《中华人民共和国港口法》(主席令第23号)第33条:港口行政管理部门应当依法制定可能危及社会公共利益的港口危险货物事故应急预案、重大生产安全事故的旅客紧急疏散和救援预案以及预防自然灾害预案,建立健全港口重大生产安全事故的应急救援体系。

《中华人民共和国港口法》(主席令第23号)第36条:港口行政管理部门应当依法对港口安全生产情况实施监督检查,对旅客上下集中、货物装卸量较大或者有特殊用途的码头进行重点巡查;检查中发现安全隐患的,应当责令被检查人立即排除或者限期排除。负责安全生产监督管理的部门和其他有关部门依照法律、法规的规定,在各自职责范围内对港口安全

生产实施监督检查。

第52条：港口经营人违反本法第32条关于安全生产的规定的，由港口行政管理部门或者其他依法负有安全生产监督管理职责的部门依法给予处罚；情节严重的，由港口行政管理部门吊销港口经营许可证，并对其主要负责人依法给予处分；构成犯罪的，依法追究刑事责任。

《建设工程质量管理条例》（国务院令2019年第714号）第44条：国务院建设行政主管部门和国务院铁路、交通、水利等有关部门应当加强对有关建设工程质量的法律、法规和强制性标准执行情况的监督检查。

《危险化学品安全管理条例》（国务院令2013年第645号）第12条：新建、改建、扩建储存、装卸危险化学品的港口建设项目，由港口行政管理部门按照国务院交通运输主管部门的规定进行安全条件审查。

《公路水运工程质量监督管理规定》（交通运输部令2017年第28号）第20条：公路水运工程实行质量监督管理制度。交通运输主管部门及其委托的建设工程质量监督机构应当依据法律、法规和强制性标准等，科学、规范、公正地开展公路水运工程质量监督管理工作。

第22条：交通运输主管部门或者其委托的建设工程质量监督机构依法要求建设单位按规定办理质量监督手续。

《港口工程建设管理规定》（交通运输部令2019年第34号）第13条：交通运输部负责国家重点水运工程建设项目初步设计审批。省级交通运输主管部门负责经省级人民政府及其投资主管部门审批、核准或者备案的港口工程建设项目初步设计审批。所在地港口行政管理部门负责其余港口工程建设项目初步设计审批。

《关于明确港口危险化学品安全监督管理若干问题的通知》（厅水字〔2012〕第4号）：按照部门职责分工，港口行政管理部门根据港口总体规划确定的范围，对港区内危险化学品码头建设项目和储存设施建设项目按照国务院交通运输主管部门的规定进行安全条件审查。港区范围不明确的，其储存设施及仓储作业的安全监管主体和范围由设区的市级港口行政管理部门会同当地规划、安全生产监督管理等部门协商确定（上述职责划分，不涉及海事部门职责）。

在港区内危险化学品生产和使用危险化学品的生产装置及相连储罐部分，由安全生产监督管理部门负责安全监管；仅与危险化学品码头相连的储罐部分，由港口行政管理部门负责安全监管。

《港口危险货物重大危险源监督管理办法》（交水规〔2021〕第6号）第25条：所在地港口行政管理部门应当加强港口重大危险源监督检查，督促港口经营人做好本单位港口重大危险源的辨识、评估及分级、登记建档、监测监控、备案核销和安全管理、应急准备等工作。

第26条：所在地港口行政管理部门应根据辖区内港口重大危险源的数量、等级和危险程度、安全生产风险分级管控和隐患排查治理落实情况、安全生产标准化达标情况、应急预案演练情况等，制定完善年度监督检查计划，定期对存在港口重大危险源的港口经营人进行监督检查。

《国务院安全生产委员会成员单位安全生产工作任务分工》的通知（安委〔2020〕第10号）：

……

(11)生态环境部：

……

(2)依法对废弃危险化学品等危险废物的收集、储存、处置等进行安全监督管理,防止人身伤亡和财产损失事故发生。按照职责分工负责危险化学品生产安全事故相关环境污染、生态破坏问题调查和事故现场应急环境监测。

(3)指导协调地方政府开展生产安全事故次生环境污染和其他相关突发环境事件的应急、预警和处置工作。

(4)指导督促地方和相关企业单位对重点环保设施和项目组织开展安全风险评估和隐患排查治理。

……

(13)交通运输部：

(1)指导公路、水路行业安全生产和应急管理工作。拟订并监督实施公路、水路行业安全生产政策、规划和应急预案,指导有关安全生产和应急处置体系建设,承担公路、水路重大突发事件处置的组织协调工作,承担有关公路、水路运输企业安全生产监督管理工作。负责指导交通运输综合执法和队伍建设有关工作。

……

(4)负责公路、水路建设工程安全生产监督管理工作。按规定制定公路、水路工程建设有关政策、制度和技术标准并监督实施。指导公路、水路有关工程建设安全生产监督管理工作,指导交通运输基础设施管理和维护,承担有关重要设施的管理和维护。

……

(9)负责交通运输行业安全生产统计分析,依法组织或参加有关事故的调查处理,按照职责分工对事故发生单位落实防范和整改措施的情况进行监督检查。

……

根据作者研究,交通港航部门相关职责如下(仅供参考,具体各地执行情况咨询相关主管部门)：

(1)负责港口工程建设项目的监督管理。

(2)负责港区内危险化学品码头建设项目和储存设施建设项目安全条件审查。

(3)负责港口工程建设项目的初步设计和施工图设计审批,对设计文件中涉及公共利益、公众安全、工程建设强制性标准的内容进行审查。对于技术复杂、难度较大、风险较大的港口工程建设项目,委托第三方进行技术审查咨询。

(4)对危险货物港口建设项目进行安全设施设计审查,审查部门及其负责审查的人员对审查结果负责;出具安全设施设计审查予以通过决定。

(5)委托建设工程质量监督机构对建设工程质量进行监督管理;通过在线监测、现场核查等方式对建设项目的开工建设进行监管。

(6)参加建设单位组织的交工验收,并对建设单位验收活动和验收结果的监督核查。

(7)交通运输主管部门、所在地港口行政管理部门应当通过市场检查、专项督查等方式对项目单位组织的竣工验收工作进行监督检查。上级交通运输主管部门应当对省级交通运输主管部门或者所在地港口行政管理部门组织的竣工验收工作进行监督检查。

（8）对危险货物港口作业和装卸、储存区域实施监督检查。对于后方陆域储罐，仅与危险化学品码头相连的储罐部分，由港口行政管理部门负责安全监管。

（9）对港区内的重大危险源进行监督检查，制定年度监督检查计划，建立监督检查台账。

5.3.7　交通海事部门

交通海事部门主要履行水上交通安全监督管理、船舶及相关水上设施检验和登记、防治船舶污染和航海保障等行政管理和执法职责。具体职责主要包括统一管理水上交通安全和防治船舶污染，负责船舶、海上设施检验行业管理以及船舶适航和船舶技术管理，负责船舶载运危险货物及其他货物的安全监督，核定船舶靠泊安全条件等。

交通海事部门监管的主要法规依据如下：

《中华人民共和国船舶安全监督规则》（交通运输部令〔2022〕第 27 号）第 4 条：交通运输部主管全国船舶安全监督工作。国家海事管理机构统一负责全国船舶安全监督工作。各级海事管理机构按照职责和授权开展船舶安全监督工作。

第 5 条：本规则所称船舶安全监督，是指海事管理机构依法对船舶及其从事的相关活动是否符合法律、法规、规章以及有关国际公约和港口国监督区域性合作组织的规定而实施的安全监督管理活动。船舶安全监督分为船舶现场监督和船舶安全检查。

船舶现场监督，是指海事管理机构对船舶实施的日常安全监督抽查活动。

船舶安全检查，是指海事管理机构按照一定的时间间隔对船舶的安全和防污染技术状况、船员配备及适任状况、海事劳工条件实施的安全监督检查活动，包括船旗国监督检查和港口国监督检查。

《中华人民共和国海事行政许可条件规定》（交通运输部令〔2021〕第 26 号）第 9 条：载运危险货物和污染危害性货物的船舶，按规定已办理船舶载运危险货物和污染危害性货物出港审批，载运情况符合船舶载运危险货物的安全、防污染和保安管理要求。

第 12 条：拟靠泊或者进行危险货物或者污染危害性货物装卸作业的港口、码头、泊位具备有关法律、行政法规规定的危险货物作业经营资质。

根据作者研究，交通海事部门相关职责如下（仅供参考，具体各地执行情况咨询相关主管部门）：

（1）负责船舶及相关设施的检验。

（2）负责船舶载运危险货物的安全监督。

（3）载运危险货物进出港的审批。

5.4　参建各方责任和义务

环境保护坚持保护优先、预防为主、综合治理、公众参与、损害担责的原则。治理大气污染,是全体社会成员共同的责任和事业。在码头油气回收处理设施建设过程中,各参建方应切实承担起法律法规要求的相关责任与义务。码头油气回收处理设施建设过程中,各参建单位的职责如下。

5.4.1 建设单位

1) 油气回收处理设施建设义务

建设单位是实施排放标准的责任主体,应采取必要措施,确保大气污染物达标排放。目前,相关国家法律法规和部门规章制度已经明确要求在原油和成品油码头开展油气回收治理工作。

《中华人民共和国大气污染防治法》(主席令第 16 号)第 47 条:储油储气库、加油加气站、原油成品油码头、原油成品油运输船舶和油罐车、气罐车等,应当按照国家有关规定安装油气回收装置并保持正常使用。

《中华人民共和国环境保护法》(主席令第 9 号)第 6 条:企业事业单位和其他生产经营者应当防止、减少环境污染和生态破坏,对所造成的损害依法承担责任。

《中华人民共和国环境保护法》(主席令第 9 号)第 41 条:建设项目中防治污染的设施,应当与主体工程同时设计、同时施工、同时投产使用。防治污染的设施应当符合经批准的环境影响评价文件的要求,不得擅自拆除或者闲置。

《中华人民共和国环境保护法》(主席令第 9 号)第 42 条:排放污染物的企业事业单位和其他生产经营者,应当采取措施,防治在生产建设或者其他活动中产生的废气、废水、废渣、医疗废物、粉尘、恶臭气体、放射性物质以及噪声、振动、光辐射、电磁辐射等对环境的污染和危害。排放污染物的企业事业单位,应当建立环境保护责任制度,明确单位负责人和相关人员的责任。重点排污单位应当按照国家有关规定和监测规范安装使用监测设备,保证监测设备正常运行,保存原始监测记录。

《大气污染物防治行动计划》(国发〔2013〕37 号)要求,应推进挥发性有机物污染治理,在原油成品油码头积极开展油气回收治理。

《"十三五"生态环境保护规划》(国发〔2016〕54 号)要求,应控制重点地区重点行业挥发性有机物排放。各地要明确时限,完成加油站、储油库、油罐车油气回收治理,油气回收率提高到 90% 以上,并加快推进原油成品油码头油气回收治理。

《"十三五"挥发性有机物污染防治工作方案》(环大气〔2017〕121 号)中要求,新建的原油、汽油、石脑油等装船作业码头应全部安装油气回收处理设施;已建原油成品油装船码头分区域分阶段实施油气回收系统改造,环渤海、长三角、珠三角等区域率先实施。

《关于印发船舶与港口污染防治专项行动实施方案(2015—2020 年)的通知》(交水发〔2015〕133 号)中要求,推进原油成品油码头油气回收治理,在 2017 年底前,国内沿海稳步推广原油成品油码头油气回收。

《交通运输节能环保"十三五"发展规划》(交规划发〔2016〕94 号)中要求,加强行业大气污染防治工作,分阶段、分步骤实施《珠三角、长三角、环渤海(京津冀)水域船舶排放控制区实施方案》,推进原油成品油码头油气回收治理。

因此,建设单位应根据国家相关法律法规和部门规章制度的要求,对于涉及废气排放的原油和成品油码头,应积极建设码头油气回收处理设施,确保油气回收处理设施正常使用并达标排放。在码头油气回收处理设施建设及运营过程中,应承担建设主体责任。

2)工程质量及安全管理责任

《港口工程建设管理规定》(交通运输部令〔2019〕第34号)第26条:项目单位依据国家有关规定对港口工程建设项目实行全过程管理,对工程质量和安全管理负总责。项目单位应当符合《水运建设市场监督管理办法》规定的管理能力;不具备管理能力的,应当按照规定委托符合条件的代建单位进行项目建设管理。

《公路水运工程质量监督管理规定》(交通运输部令〔2017〕第28号)第8条:建设单位对工程质量负管理责任,应当科学组织管理,落实国家法律、法规、工程建设强制性标准的规定,严格执行国家有关工程建设管理程序,建立健全项目管理责任机制,完善工程项目管理制度,严格落实质量责任制。

3)建设管理责任

《建设项目环境保护管理条例》(国务院令〔2017〕第682号)第16条:建设单位应当将环境保护设施建设纳入施工合同,保证环境保护设施建设进度和资金,并在项目建设过程中同时组织实施环境影响报告书、环境影响报告表及其审批部门审批决定中提出的环境保护对策措施。

第17条:编制环境影响报告书、环境影响报告表的建设项目竣工后,建设单位应当按照国务院环境保护行政主管部门规定的标准和程序,对配套建设的环境保护设施进行验收,编制验收报告。建设单位在环境保护设施验收过程中,应当如实查验、监测、记载建设项目环境保护设施的建设和调试情况,不得弄虚作假。

《建设工程质量管理条例》(国务院令〔2019〕第714号)第7条:建设单位应当将工程发包给具有相应资质等级的单位。

第8条:建设单位应当依法对工程建设项目的勘察、设计、施工、监理以及与工程建设有关的重要设备、材料等的采购进行招标。

4)设施安全运营责任

《中华人民共和国安全生产法》(主席令第88号)第4条:生产经营单位必须遵守本法和其他有关安全生产的法律、法规,加强安全生产管理,建立健全全员安全生产责任制和安全生产规章制度,加大对安全生产资金、物资、技术、人员的投入保障力度,改善安全生产条件,加强安全生产标准化、信息化建设,构建安全风险分级管控和隐患排查治理双重预防机制,健全风险防范化解机制,提高安全生产水平,确保安全生产。

第5条:生产经营单位的主要负责人是本单位安全生产第一责任人,对本单位的安全生产工作全面负责。其他负责人对职责范围内的安全生产工作负责。

《港口危险货物安全管理规定》(交通运输部令2023年第8号)第3条:港口危险货物安全管理坚持安全第一、预防为主、综合治理的方针,强化和落实危险货物港口建设项目的建设单位和港口经营人安全生产主体责任。

第54条:危险货物港口经营人应当建立安全风险分级管控制度,开展安全生产风险辨识、评估,针对不同风险,制定具体的分级管控措施,落实管控责任。

《中华人民共和国特种设备安全法》(主席令第4号)第15条:特种设备生产、经营、使用单位对其生产、经营、使用的特种设备应当进行自行检测和维护保养,对国家规定实行检验的特种设备应当及时申报并接受检验。

《特种设备安全监察条例》(国务院令2009年第549号)第27条:特种设备使用单位应当对在用特种设备进行经常性日常维护保养,并定期自行检查。特种设备使用单位对在用特种设备应当至少每月进行一次自行检查,并作出记录。特种设备使用单位在对在用特种设备进行自行检查和日常维护保养时发现异常情况的,应当及时处理。特种设备使用单位应当对在用特种设备的安全附件、安全保护装置、测量调控装置及有关附属仪器仪表进行定期校验、检修,并作出记录。

第28条:特种设备使用单位应当按照安全技术规范的定期检验要求,在安全检验合格有效期届满前1个月向特种设备检验检测机构提出定期检验要求。

5) 设施达标排放责任

《排污许可管理条例》(国务院令2020年第736号)第20条:实行排污许可重点管理的排污单位,应当依法安装、使用、维护污染物排放自动监测设备,并与生态环境主管部门的监控设备联网。排污单位发现污染物排放自动监测设备传输数据异常的,应当及时报告生态环境主管部门,并进行检查、修复。

《中华人民共和国大气污染防治法》(主席令第16号)第20条:企业事业单位和其他生产经营者向大气排放污染物的,应当依照法律法规和国务院生态环境主管部门的规定设置大气污染物排放口。禁止通过偷排、篡改或者伪造监测数据、以逃避现场检查为目的的临时停产、非紧急情况下开启应急排放通道、不正常运行大气污染防治设施等逃避监管的方式排放大气污染物。

结论建议:

(1) 建设单位是实施排放标准的责任主体,应采取必要措施,确保大气污染物达标排放。承担油气回收处理设施建设的义务。

(2) 建设单位对油气回收建设项目实行全过程管理,对工程质量和安全管理负总责。

(3) 建立健全全员安全生产责任制和安全生产规章制度,落实安全生产主体责任,确保油气回收处理设施安全运行。

(4) 应确保油气回收处理设施的正常达标运营,禁止偷排、篡改或者伪造监测数据等行为。

5.4.2 设计单位

对于码头油气回收处理设施的建设,从前期可行性论证、方案比选、工程设计,到后期的施工配合和工程验收,设计单位自始至终都需要全程参与,在码头油气回收处理设施选址、处理规模、工艺技术、设备及管道平面布置等关键参数的确定方面至关重要。设计单位的相关责任和义务要求如下。

1) 设计资质

《建设工程勘察设计管理条例》(国务院令2017年第687号)第8条:建设工程勘察、设计单位应当在其资质等级许可的范围内承揽建设工程勘察、设计业务。禁止建设工程勘察、设计单位超越其资质等级许可的范围或者以其他建设工程勘察、设计单位的名义承揽建设工程勘察、设计业务。

《建设工程质量管理条例》(国务院令2019年第714号)第18条:从事建设工程勘察、设计的单位应当依法取得相应等级的资质证书,并在其资质等级许可的范围内承揽工程。禁止勘察、设计单位超越其资质等级许可的范围或者以其他勘察、设计单位的名义承揽工程。禁止勘察、设计单位允许其他单位或者个人以本单位的名义承揽工程。

《关于进一步加强危险化学品建设项目安全设计管理的通知》(安监总管三〔2013〕76号):建设项目的设计单位必须取得化工石化医药、石油天然气(海洋石油)等相关工程设计资质。涉及"两重点一重大"的大型建设项目,其设计单位资质应为工程设计综合资质或相应工程设计化工石化医药、石油天然气(海洋石油)行业、专业资质甲级。

《压力管道安全技术监察规程——工业管道》(TSG D0001—2009)第35条:管道的设计单位应当取得相应的设计许可证书。

《固定式压力容器安全技术监察规程》(TSG 421—2016)第3.1条:设计单位及其主要负责人对压力容器的设计质量负责,压力容器设计单位的资质、设计类别、品种范围应当符合有关安全技术规程的规定。

2) 设计质量

《建设工程质量管理条例》(国务院令2019年第714号)第19条:勘察、设计单位必须按照工程建设强制性标准进行勘察、设计,并对其勘察、设计的质量负责。

《中华人民共和国安全生产法》(主席令第88号)第33条:建设项目安全设施的设计人、设计单位应当对安全设施设计负责。矿山、金属冶炼建设项目和用于生产、储存、装卸危险物品的建设项目的安全设施设计应当按照国家有关规定报经有关部门审查,审查部门及其负责审查的人员对审查结果负责。

结论建议:
(1) 设计单位应当具备相应的设计资质,包括勘察设计资质和压力管道设计资质。
(2) 设计单位应当对其设计文件负责。

5.4.3 评价、检测单位

评价、检测单位作为建设项目的第三方机构,在其单位和人员具备相关评价和检测资质的前提下,需要依据国家相关法律法规和标准规范,对相关评价、检测给出合法、真实的结论。评价、检测单位的相关责任和义务要求如下:

《中华人民共和国安全生产法》(主席令第88号)第72条:承担安全评价、认证、检测、检验职责的机构应当具备国家规定的资质条件,并对其作出的安全评价、认证、检测、检验结果的合法性、真实性负责。资质条件由国务院应急管理部门会同国务院有关部门制定。

《建设项目环境影响评价资质管理办法》(环境保护部令2015年第36号)第2条:为建设项目环境影响评价提供技术服务的机构,应当按照本办法的规定,向环境保护部申请建设项目环境影响评价资质,经审查合格,取得《建设项目环境影响评价资质证书》后,方可在资质证书规定的资质等级和评价范围内接受建设单位委托,编制建设项目环境影响报告书或者环境影响报告表。环境影响报告书(表)应当由具有相应资质的机构编制。

《特种设备安全监察条例》(国务院令2009年第549号)第6条:特种设备检验检测机构,应当依照本条例规定,进行检验检测工作,对其检验检测结果、鉴定结论承担法律责任。

结论建议:

(1)对于安全评价单位、环境影响评价单位,均需具备相应的评价资质,并对其评价质量和评价结果负责。

(2)检测单位应当对其检测结果和鉴定结论负责。

5.4.4 设备制造单位

由于码头油气回收处理设施内部涉及较多的压力容器和压力管道等特种设备,其设备制造单位应具备相应的特种设备制造许可资质,并按照国家相关法律法规和标准规范的要求,进行特种设备的制造、检验和测试,确保特种设备的制造质量。设备制造单位的相关责任和义务要求如下:

《特种设备安全监察条例》(国务院令2009年第549号)第10条:特种设备生产单位,应当依照本条例规定以及国务院特种设备安全监督管理部门制定并公布的安全技术规范的要求,进行生产活动。

第13条:按照安全技术规范的要求,应当进行型式试验的特种设备产品、部件或者试制特种设备新产品、新部件、新材料,必须进行型式试验和能效测试。

《压力管道安全技术监察规程——工业管道》(TSG D0001—2009)第15条:管道元件制造单位应当取得《特种设备制造许可证》,并且按照相关安全技术规范的要求,接受特种设备检验检测机构对其产品制造过程的监督检验。

《固定式压力容器安全技术监察规程》(TSG 421—2016)第4.1.1条:压力容器制造单位应当取得特种设备制造许可证,按照批准的范围进行制造,依据有关法规、安全技术规范的要求建立压力容器质量保证体系并且有效运行,制造单位及其主要负责人必须对压力容器的制造质量负责。

结论建议:

(1)设备制造单位需取得《特种设备制造许可证》。

(2)设备制造单位应对其制造质量负责。

5.4.5 施工安装单位

码头油气回收处理设施的安装涉及动火作业、吊装作业、高处作业等特殊作业,以及压力管道的安装,其施工单位应该具备相关的施工资质,制定相关施工方案并确保施工质量。施工安装单位的相关责任和义务要求如下:

《建设工程质量管理条例》(国务院令2019年第714号)第25条:施工单位应当依法取得相应等级的资质证书,并在其资质等级许可的范围内承揽工程。禁止施工单位超越本单位资质等级许可的业务范围或者以其他施工单位的名义承揽工程。禁止施工单位允许其他单位或者个人以本单位的名义承揽工程。施工单位不得转包或者违法分包工程。

第 26 条:施工单位对建设工程的施工质量负责。施工单位应当建立质量责任制,确定工程项目的项目经理、技术负责人和施工管理负责人。建设工程实行总承包的,总承包单位应当对全部建设工程质量负责;建设工程勘察、设计、施工、设备采购的一项或者多项实行总承包的,总承包单位应当对其承包的建设工程或者采购的设备的质量负责。

《压力管道安全技术监察规程——工业管道》(TSG D0001—2009)第 57 条:管道安装单位应当取得特种设备安装许可,安装单位应当对管道的安装质量负责。

第 58 条:管道施工前,安装单位应当填写《特种设备安装改造维修告知书》,向管道安装工程所在地负责管道使用登记的质量技术监督部门书面告知,并且按照规定接受监督检验。

第 60 条:监督检验机构应当按照压力管道安装监督检验规则的规定进行监督检验。管道安装完工后,监督检验机构应当及时出具安装监督检验证书和报告,作为管道安装工程竣工验收和办理使用登记的依据。

《固定式压力容器安全技术监察规程》(TSG 421—2016)第 5.1 条:从事压力容器安装、改造或者重大修理的单位应当是取得相应资质的单位。安装改造维修单位应当按照相关安全技术规范的要求,建立质量保证体系并且有效运行,安装改造修理单位及其主要负责人必须对压力容器安装、改造、维修质量负责。

结论建议:

(1)施工安装单位必须具备施工机电安装资质、压力管道安装资质和压力容器安装资质。

(2)施工安装单位应对其安装质量负责。

5.4.6 监理单位

工程监理单位受建设单位委托,根据法律法规、工程建设标准、勘察设计文件及合同,在施工阶段对建设工程质量、进度、造价进行控制,对合同、信息进行管理,对工程建设相关方的关系进行协调,并履行建设工程安全生产管理法定职责的服务活动。监理单位对工程建设中的设计与施工质量负监督与控制责任,对其验收合格项目的施工质量负直接责任。监理单位的相关责任和义务要求如下:

《建设工程质量管理条例》(国务院令 2019 年第 714 号)第 12 条:实行监理的建设工程,建设单位应当委托具有相应资质等级的工程监理单位进行监理,也可以委托具有工程监理相应资质等级并与被监理工程的施工承包单位没有隶属关系或者其他利害关系的该工程的设计单位进行监理。

下列建设工程必须实行监理:

(1)国家重点建设工程。

(2)大中型公用事业工程。

(3)成片开发建设的住宅小区工程。

(4)利用外国政府或者国际组织贷款、援助资金的工程。

(5)国家规定必须实行监理的其他工程。

第 34 条:工程监理单位应当依法取得相应等级的资质证书,并在其资质等级许可的范围内承担工程监理业务。禁止工程监理单位超越本单位资质等级许可的范围或者以其他工程监理单位的名义承担工程监理业务。禁止工程监理单位允许其他单位或者个人以本单位的名义承担工程监理业务。工程监理单位不得转让工程监理业务。

《建设工程监理范围和规模标准规定》(建设部令 2001 年第 86 号)第 7 条:国家规定必须实行监理的其他工程是指:(2)铁路、公路、管道、水运、民航以及其他交通运输业等项目;……(6)生态环境保护项目。

结论建议:

(1)对于与油气化工码头一起建设的油气回收处理设施,可与主体项目一起进行监理。

(2)对于单独的码头油气回收处理设施建设项目,属于生态环境保护项目,按照《建设工程监理范围和规模标准规定》的要求,也应该进行监理。

(3)监理单位应对其监理质量负责。

5.5 油气回收物处置要求

5.5.1 油气回收物种类

根据油气回收装置处理的货种不同,在油气回收过程中会得到不同的回收物。其回收物主要分为以下几类:

(1)成品油。

该类回收物主要针对油气回收装置在同一时间,只回收处理单一油品所得到的回收物,如处理原油、汽油、石脑油和航空煤油等单一货种,该情况下得到的油气回收物品质属于轻质油品,性质与汽油相似。

(2)化学品。

该类回收物主要针对油气回收装置在同一时间,只回收处理单一化学品所得到的回收物,如处理苯、甲苯、二甲苯、丙烯腈等单一货种,该情况下得到的油气回收物品质与原化学品基本一致。由于回收的化学品通常都属于危险化学品,其处置应按照《危险化学品安全管理条例》的相关要求执行。

(3)混合物。

该类回收物主要针对油气回收装置在同一时间,回收处理多种油品或化学品所得到的回收物,该种情况下得到的油气回收物为多种物质的混合物,其物性参数已经与原单一的油品或化学品性质差别较大,不能按照商品成品油或化学品进行处理。

另外,在码头油气回收过程中,还会因处理工艺的不同而产生相关的附加产物,如:吸附工艺中产生的废活性炭,碱洗脱硫工艺中产生的废碱液,催化氧化工艺中产生的废催化剂,在油气回收处理设施维修清理过程中产生的废油、含油废水等。

5.5.2 油气回收物的所有权

1) 油气所有权

由于货物贸易方式的不同,买卖双方的交货地点可以是装船港或者是卸船港,导致货物在码头和船舶上的所有权也不同。当以到岸价计算时,在装船港码头和运输船舶上的货物所有权均属于卖方;当以离岸价计算时,在装船港码头上的货物所有权属于买方,在运输船舶上的货物所有权属于卖方。

而码头和船舶作为买卖双方约定的承运人,对货物在装卸运输过程中造成的非正常损耗或损失需要承担赔偿责任。因此,在码头装船过程中,码头方和船舶方均需要准确计量货物的装船量,尽量降低货物损失量,避免超出约定损耗率而导致计量纠纷。

《中华人民共和国民法典》(主席令第45号)第224条:动产物权的设立和转让,自交付时发生效力,但是法律另有规定的除外。

第240条:所有权人对自己的不动产或者动产,依法享有占有、使用、收益和处分的权利。

第458条:基于合同关系等产生的占有,有关不动产或者动产的使用、收益、违约责任等,按照合同约定;合同没有约定或者约定不明确的,依照有关法律规定。

第832条:承运人对运输过程中货物的毁损、灭失承担赔偿责任。但是,承运人证明货物的毁损、灭失是因不可抗力、货物本身的自然性质或者合理损耗以及托运人、收货人的过错造成的,不承担赔偿责任。

因此,当以到岸价计算时,在装船港码头和运输船舶上的货物所有权均属于卖方。其装船作业过程中,从液货舱内挥发出来的油气,其所有权归卖方所有。当油气从液货舱透气口排出,如果不进入回收装置直接排入大气,属于卖方主动放弃所有权,卖方需要为此承担排污费。

当以离岸价计算时,由于货物在装船过程中,其物权自交付时发生转移,装船后其货物归买方所有。因此,在装船港码头上的货物所有权属于卖方,在运输船舶上的货物所有权以及从液货舱内挥发出来的油气所有权均属于买方。当油气从液货舱透气口排出,如果不进入回收装置直接排入大气,属于买方主动放弃所有权,买方需要为此承担排污费。

2) 回收物所有权

为了减少港区大气污染,码头方(或卖方)通常会在码头上设置油气回收装置,其投资及所有权属于码头方(或卖方)。由于买卖双方对油气所有权的不同,其油气回收装置的回收物所有权也有所不同。

《中华人民共和国民法典》(主席令第45号)第322条:因加工、附合、混合而产生的物的归属,有约定的,按照约定;没有约定或者约定不明确的,依照法律规定;法律没有规定的,按照充分发挥物的效用以及保护无过错当事人的原则确定。因一方当事人的过错或者确定物的归属造成另一方当事人损害的,应当给予赔偿或者补偿。

第458条:基于合同关系等产生的占有,有关不动产或者动产的使用、收益、违约责任等,按照合同约定;合同没有约定或者约定不明确的,依照有关法律规定。

第460条:不动产或者动产被占有人占有的,权利人可以请求返还原物及其孳息;但是,应当支付善意占有人因维护该不动产或者动产支出的必要费用。

《原油成品油码头油气回收行动方案》(交规划发〔2016〕43号)中明确:按照"谁投资谁收益"的原则,回收油品归码头设施投资人所有,并依据回收油品处置办法对回收的油气进行处理。

由于码头在进行油气回收处理作业,应该是船岸双方都达成一致意见的,表明船方同意将液货舱会发出来的油气交由码头方进行处理,但在船岸双方的作业协议里面应该有相关约定,避免后续纠纷。

因此,当货物以到岸价计算时,由于油气所有权属于卖方,其油气回收装置回收物的所有权也属于卖方,卖方依法享有油气占有、使用和收益的权利。如果卖方和码头方分属不同的单位,卖方需要向码头方支付油气的回收处理费用。

当货物以离岸价计算时,由于油气所有权属于买方,当油气从液货舱透气口排出,不进入回收装置直接排入大气,买方需要承担排污费。如果买方将油气输送至码头方(或卖方)的油气回收装置进行处理,则买方需要向码头方(或卖方)支付油气回收处理费用。

买方、卖方与码头方在签署装卸协议时,应对油气回收物的所有权进行约定。如果买方或卖方向码头方主张油气回收物所有权时,应向码头方支付油气回收物的处理费用;也可以约定买方或卖方放弃油气回收物所有权,由码头方承担油气回收处理费用,码头方享有油气占有、使用和收益的权利。

5.5.3　油气回收物的处置要求

开展码头油气回收处置具有节能减排、保护大气环境的作用,国外部分发达国家的码头油气回收在具有较好的环境效益的同时,回收油品也给企业带来了较好的经济效益。但根据我国码头油气回收调研情况分析,回收的油品使得企业产生经济效益的占比并不高,尤其是非业主码头,回收油品大部分交回油品货主储油库,甚至部分企业回收的油品按照国家相关管理规定界定为危险废物,需要付费交给有处理资质的单位处置。

根据2021年作者参与开展的全国码头油气回收情况调研,截至2021年11月,全国共建码头及其罐区油气回收处理设施123套,在回收油品再利用方式或去向中,有54%是作为油品回输入储罐,13%的油品再利用做其他用途,5%的油品被作为危险废物付费处理,7%被用于燃烧供热,1%用于燃烧发电,还有11%用于其他方式的回收。其中作为油品回输入储罐的情况为部分非业主码头无法处置售卖回收的油品,无偿输送回储罐。

关于码头油气回收处理得到的回收物,其处置权限及要求可以执行如下规定:

《关于加快发展流通促进商业消费的意见》(国办发〔2019〕42号)第17条:扩大成品油市场准入。取消石油成品油批发仓储经营资格审批,将成品油零售经营资格审批下放至地市级人民政府,加强成品油流通事中事后监管,强化安全保障措施落实。

《关于做好石油成品油流通管理"放管服"改革工作的通知》(商运函〔2019〕659号):市场主体从事石油成品油批发、仓储经营活动,应当符合企业登记注册、国土资源、规划建设、油品质量、安全、环保、消防、税务、交通、气象、计量等方面法律法规,达到相关标准,取得相关资质或通过相关验收,依法依规开展经营,无须向商务主管部门申请经营许可。地级市人民政府确定具体执行部门负责成品油的零售经营资格审批及管理。

《危险化学品安全管理条例》(国务院令 2013 年第 645 号)第 33 条:国家对危险化学品经营(含仓储经营)施行许可制度。未经许可,任何单位和个人不得经营危险化学品。依据《中华人民共和国港口法》的规定取得港口经营许可证的港口经营人,在港区内从事危险化学品的仓储经营,不需要办理危险化学品经营许可。

如果在码头油气回收处理过程中产生的危险废物,其处置权限及要求可以执行如下规定:

《中华人民共和国固体废物污染环境防治法》(主席令第 43 号)第 77 条:对危险废物的容器和包装物以及收集、储存、运输、利用、处置危险废物的设施、场所,应当按照规定设置危险废物识别标志。

第 79 条:产生危险废物的单位,应当按照国家有关规定和环境保护标准要求储存、利用、处置危险废物,不得擅自倾倒、堆放。

第 80 条:从事收集、储存、利用、处置危险废物经营活动的单位,应当按照国家有关规定申请取得许可证。

由于油气回收装置的回收物主要分为油品、化学品和混合物,但考虑到回收的油品品质无法达到商品成品油的质量要求,不能对其按照成品油进行零售处理。虽然回收的化学品品质能够达到商品化学品的质量要求,但需要取得危险化学品经营许可证或港口经营许可证。

对于回收物为油品和化学品的混合物,因其成分太复杂,需交由有处理能力的单位进行回收处理或危险废物处理,但码头方需要为此支付处理费用。码头方也可以对其生产作业通过合理调度、设施和管线分开设置等方式,提高回收物的品质。

因此,在装船作业过程中,油气回收物可以通过装船管线直接输送至液货舱,由于货物计量是在装船结束后进行计量,其回收物可以作为船岸货物贸易计量的一部分。也可以通过工艺管线输送至陆域罐区,与罐区性质相似的货物进行调和处理。如果后方具备炼化能力,可以将回收的混合物进行相应处理,也可以作为后方锅炉燃料。

不建议在码头上对油气回收物进行大量存储,如果其储存量达到了《危险化学品重大危险源辨识》(GB 18218—2018)的临界量,则构成码头重大危险源,需要按照重大危险源的相关要求进行报备和管理。

综上所述,如何打通油气回收利用通道,使回收油品的企业产生更大的经济效益,是目前我国码头油气回收深入推动需要解决的重要问题。

5.5.4 油气回收物的处置建议

目前,生态环境部、国家发展改革委、公安部、交通运输部和国家卫生健康委员会联合发布的《国家危险废物名录(2021 版)》(生态环境部 国家发展改革委 公安部 交通运输部 国家卫生健康委员会令〔2020〕15 号)中,提出了危险废物豁免管理清单,以及危险废物的豁免环节、豁免条件和豁免内容。

因此，对于码头的回收物和危险废物，可以参照危险废物豁免管理清单的相关要求，制定码头油气回收物及危险废物的处置办法，明确"点对点"定向利用的管理程序和要求，使码头企业具有投资回报，产生经济效益，提高企业进行油气回收建设与运营的积极性，切实实现油气回收的节能减排效益。这在《关于推进原油成品油码头和油船挥发性有机物治理工作的通知》（环大气〔2022〕76号）文件中，明确提出"鼓励试点，积极支持回收油品资源化定性利用"。

"点对点"定向利用的原则性要求，一是收集和运输过程中严格按危险废物进行管理。在油品回收的暂存和运输环节的环境管理上，应严格执行生态环境部、公安部和交通运输部联合发布的《危险废物转移管理办法》等相关要求，减少危险废物收集、储存与运输环节的环境污染事故发生率和对人体和环境的潜在影响。二是严格"点对点"利用企业主体资格和技术能力审核，确保环境风险可控。码头企业应对炼化企业等定向利用单位的主体资格、技术能力、利用方式和工艺、环境影响和环境风险等进行核实和论证，在确保定向利用单位对码头油气回收物具备回炼能力且环境风险可控的条件下，方案经生态环境部门认可后，通过"点对点"售卖方式实现油气回收物定向再利用。三是加强监督检查，确保油气回收物定向利用合法合规。所在地生态环境管理部门应当通过书面核查和实地检查等方式，加强对油气回收物的收集、储存、转移、再利用的监督检查，彻查环境安全隐患，对检查、抽测中发现的违法问题，依法依规进行处罚，实现全过程控制和信息化追溯。

目前江苏、四川、重庆、湖南、吉林、河南、辽宁、安徽、舟山等多个省市相继发布了危险废物"点对点"定向利用豁免管理工作方案，细化了开展危险废物"点对点"定向利用的申请条件，规范了豁免管理工作程序。

以2022年发布的《舟山市危险废物"点对点"利用试点工作实施方案（试行）》文件为例，此类工作的主要内容如下：

（1）实施方案工作目标。

以危险废物减量化、资源化、无害化为原则，以保障环境安全、防控潜在环境风险为目标，结合舟山市危险废物产生和处置利用实际情况，通过危险废物"点对点"利用试点工作实现危险废物管理疏堵结合，减少危险废物委外处置利用的压力。

（2）试点内容。

试点范围为危险废物"点对点"利用是指在环境风险可控前提下，将危险废物产生单位的危险废物作为另一单位的环境治理或工业原料生产的替代原料进行定向、梯度综合利用，拓展可利用危险废物的资源化途径。试点的危险废物主要为工业废酸，并逐步拓展至其余环境风险可控的危险废物。为防患危险废物转移运输过程的环境和安全风险，试点主要为舟山市域范围内的危险废物产生单位和利用处置单位。

试点原则为危险废物的"点对点"利用试点仅指利用环节不按危险废物管理，其他环节均按危险废物管理。

（3）试点要求。

一是危险废物产生和利用单位均须依法成立、管理规范、环保等相关手续齐全。利用单位所利用的危险废物应具备一定规模且有稳定的市场，物理化学性质相对稳定，利用技术和工艺、设施设备等能相适应。二是危险废物产生和利用单位须加强危险废物规范化管理，完成固体废物出入口建设。三是利用工作方案应包括产生单位危险废物基本信息,储存和转运能力分析,利用单位入场要求、利用工艺和污染防治措施、管理制度执行情况等内容。四是利用单位在开展利用活动前,应按照建设项目环境影响评价和排污许可管理的有关规定,对利用活动进行分析。根据分析结论需要办理环评、排污许可证等相关手续的,应按规定在开展利用活动前完成。五是利用危险废物替代原料生产产品的,产品质量应符合国家、地方或行业通行的产品质量标准,产品中所含有害成分含量符合国家污染控制标准或不高于利用原料生产产品中的有害成分含量,生产产品的工艺过程不增加或通过一定的污染控制措施不增加相应污染物排放。

(4)申请流程。

危险废物产生单位会同利用单位编制危险废物"点对点"利用工作方案并经企业自行组织技术论证后,将备案表、利用工作方案、技术论证意见、环境应急预案专家评估及备案等材料向市生态环境局备案。市生态环境局组织对申请试点单位的申报材料和相关污染防治设施进行现场核查,对符合要求的试点单位进行公示。公示无意见后进行备案及对外公告。利用单位所利用的危险废物物化性质、利用工艺等发生变化,或利用单位的利用数量超过备案规模,与已备案的利用工作方案不符的须重新备案。

(5)环境管理要求。

试点单位应在产生、收集、储存、运输等环节中严格执行危险废物管理相关制度,按照利用工作方案落实危险废物和产品质量的定期检测。生态环境部门将危险废物利用单位列入重点监管单位,开展定期检查,督促落实危险废物管理和环境风险管控工作。

(6)退出机制。

对存在如下情况的,将取消试点单位的试点资格:危险废物"点对点"利用试点单位履行主体责任不到位;企业运营不规范等引发环境污染事故或者安全事故;利用产品不符合相关标准造成恶劣社会影响。

(7)其他要求。

危险废物"点对点"利用试点工作基于危险废物监管和利用处置能力提升、"无废城市"建设等改革工作开展,如相应法律法规变化,将及时修订方案。

6

老旧码头油气回收处理设施改造

6.1　国内已建油气化工码头现状

据统计,截至 2021 年末,全国共有原油、成品油泊位约 1000 个,其中涉及高挥发性油品的泊位约 750 个,万吨级及以上高挥发性油品的泊位约 300 个(图 6.1-1)。设置有油气回收设施的油品泊位数量约 280 个,占高挥发性油品泊位数量的 37%(图 6.1-2)。

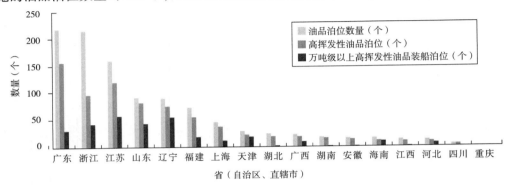

图 6.1-1　全国港口油品泊位数量统计

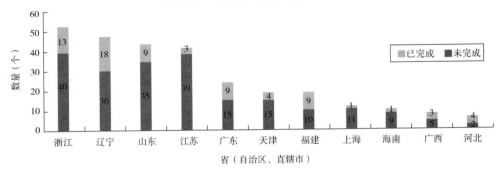

图 6.1-2　全国港口码头油气回收处理设施建设情况统计

6.2　老旧码头改造难点

(1)码头空间有限,设备及管线安装困难。

由于码头平台建设成本较高,在前期码头平面设计过程中,经过不断优化,其平面富裕空间通常都非常有限。如果前期没有预留相应的设备和管线安装空间,后期在码头上增设油气回收处理设施难度较大。

目前,国内很多老旧码头的码头工作平台空间狭小,船岸安全装置安装空间不足,码头前沿输气臂基础改造存在困难。另外,油气回收处理装置占地尺寸较大,在码头和库区很难找到合适的地点布置油气回收处理装置,同时还要确保与周边建筑物及设施的防火间距。

(2)配套设施能力不足,扩容难度大。

由于油气回收处理装置的用电量和氮气用气量通常都较大,一些老旧码头会存在变配电室的变压器容量富裕较小、制氮设施能力不足等问题,如果对相关配套设施进行扩容改造,也会存在安装空间不足、管线改造困难等问题。

因此,在增设码头油气回收处理设施之前,需要对各项依托设施的能力进行逐项复核,能力不足时,需要考虑对相关配套设施进行扩容,确保相关配套设施能够满足码头油气回收处理设施需求。

(3)消防、安全和环保设施陈旧,牵一发而动全身。

在增设码头油气回收处理设施时,也需要同步增设相应的消防、安全和环保设施。考虑到一些老旧码头的安全、环保设施均按照当时的规范进行设计和建设,如果增设码头油气回收处理设施,需要对相关的消防、安全和环保设施按照现行规范进行设计和建设。

由于码头建设时间不同,相关标准规范也在不断更新,老旧码头上的相关消防、安全和环保设施、防火间距等可能不满足新规范的要求。如果对这些设施进行改造,存在着牵一发而动全身的问题。

(4)各地改造和验收手续要求不一,企业执行困难。

尽管码头油气回收处理设施属于环保设施,但其改造过程中,也涉及相关的消防和安全问题。对于新建码头的油气回收处理设施,相关建设和验收手续可以作为码头的一部分,按照码头的建设和验收手续进行。但对于老旧码头,如果增设码头油气回收处理设施,就需要办理与码头油气回收处理设施相关的建设手续。

目前,主管部门还没有制定统一的码头油气回收处理设施建设的相关建设和验收规定,各地在码头油气回收处理设施建设过程中的相关手续要求也不一致,导致企业在执行过程中存在困难。有的企业按照企业内部的技术改造项目进行,由建设单位自行进行建设和验收管理,其建设周期短、建设管理成本较低;有的企业按照交通运输部《港口工程建设管理规定》中改扩建项目的相关要求进行,但其建设周期长、建设管理成本较高。

6.3 措施与建议

(1)增加码头油气回收处理设施建设的政策扶持、补贴力度,提高企业的建设和运行的积极性。

目前,国内大部分万吨级以上油品码头设施了油气回收处理装置,但仍有约一半的油气化工码头还未设置油气回收处理。对于已经建设的码头油气回收处理设施,还有大部分设施并没有正常投入使用。因此,为了提高企业建设油气回收处理设施的积极性,以及建设后能够正常投入运行的积极性,相关主管部门应该制定码头油气回收处理设施的相关扶持和补贴政策,降低企业的负担,提高运行的积极性。

(2)结合国内老旧码头的现状,提高油气回收处理设施建设规范的适应性和灵活性。

现行码头油气回收处理设施的建设规范，主要是根据新建码头进行考虑，但对于已建的老旧码头，适应性较差，很多老旧码头，由于其现场实际情况，严格按照规范要求进行油气回收处理设施建设的难度大。

未来我国码头油气回收处理设施的建设，主要是对老旧码头改造，但老旧码头的实际情况差异大，需要结合老旧码头的实际情况，寻找在老旧码头上增设码头油气回收处理设施存在的共性问题，在建设及验收手续、支持政策和规范修编中考虑老旧码头的实际情况，提高企业改造的积极性。

（3）明确码头油气回收处理设施改造建设手续，明确相关建设、监管要求。

目前，关于老旧码头油气回收处理设施建设项目的相关建设和审批手续不明确，不同地方、不同企业执行的手续也不一样。从国内已建的码头油气回收处理设施情况来看，有较多码头油气回收处理设施没有办理相关的安全和环保的评价和验收手续，即使办理了相关手续的码头，其办理部门及方式各异，没有统一的执行标准。

因此，建议对码头油气回收处理设施的建设给出明确的建设管理要求，明确码头油气回收处理设施建设、监管部门及监管职责。

（4）严格码头油气回收处理设备制造标准，提高设备制造准入门槛。

目前，码头油气回收处理设备制造水平参差不齐，相关油气回收处理装置的工艺流程设计、安全仪表系统设计等没有经过审查和验证，存在一定的安全隐患。建议提高油气回收处理设备制造的准入门槛，增加设备设施的检测评估和产品验证要求。

附录

部分原油、成品油的 VOCs组分谱库

一、原油、成品油种类

采集不同产地的原油共 23 种,原油油种(产地)分别是巴西萨宾诺原油(Sapinhoa)、安哥拉奥冠杰原油(Oguendjo)、尼日尼亚杰诺原油(Djeno)、埃斯波(ESPO)、乌桑(USAN)、安哥拉卡宾达原油(Cabinda)、阿曼原油(Oman)、委内瑞拉马瑞原油(Merey)、麦诺(Mero)、俄罗斯索科尔原油(Sokol)、巴西卢拉原油(Lula)、巴西布齐奥斯原油(Buzios)、巴西图皮原油(Tupi)、福塔金(Flotta Gold)、加蓬曼吉原油(Mangi)、俄罗斯埃斯坡原油(ESPO)、科威特原油(Kuwait)、沙特中质原油(Saudi medium)、阿联酋穆尔班原油(Murban)、拉中伍(UPPER ZAKUM)、加拿大冷湖原油(Cold Lake)、阿联酋上扎库姆原油(Upper Zakum)、MGO;采集不同产地的成品油共有 8 种,分别是丽东化工的石脑油、青州和中石化的三种汽油、中石化的两种柴油、航煤和沥青混合物。

二、检测依据

样品前处理部分参照《水质 挥发性有机物的测定 顶空/气相色谱-质谱法》(HJ 810—2016),样品分析部分参照《环境空气 挥发性有机物的测定 罐采样 气相色谱-质谱法》(HJ 759—2015)(样品检测时间为 2021 年 1 月)。

三、检测说明

(1)样品前处理及分析过程:取 5mL 样品加入 20mL 顶空瓶中,密封后在 25℃环境中,以 30 次/min 的频率震摇 2h(模拟运输条件),取上方气,分别用气相色谱氢火焰离子化检测器和质谱检测器分析。

(2)质谱定性结果:采用气质联用仪对样品进行定性分析,附表 1 中各组分的质谱定性结果为通过 NIST14 谱库检索的结果,取可信度最大者作为定性判定结果。

(3)浓度定量结果:附表 1 中给出了各组分的体积浓度和归一化浓度。备注的 * 表示对该化合物使用其标准气体进行外标法定量获得体积浓度,其余化合物均使用正己烷标准气体进行外标法定量。归一化法以所有在分析仪器上有响应的烃类物质浓度作为总浓度,不含氮气、氧气、水等组分。

(4)分析环境条件温度约 20℃,湿度约 30%RH,检测仪器为气质联用仪。

四、检测结果

检测结果见附表 1~附表 31。

原油(产地萨宾诺)上方气 VOCs 定性定量分析结果　　附表1

序号	化合物名称	分子式	体积浓度检测结果 （μmol/mol）	归一化浓度 （v%）	备注
1	甲烷	CH_4	$1.93×10^3$	0.57	*
2	乙烷	C_2H_6	$2.97×10^4$	8.87	*
3	丙烷	C_3H_8	$1.15×10^5$	34.18	*
4	异丁烷	C_4H_{10}	$3.50×10^4$	10.45	*
5	丁烷	C_4H_{10}	$7.15×10^4$	21.32	*
6	新戊烷	C_5H_{12}	$1.93×10^3$	0.50	
7	异戊烷	C_5H_{12}	$1.69×10^3$	5.89	*
8	戊烷	C_5H_{12}	$2.41×10^4$	7.18	*
9	2,2-二甲基丁烷	C_6H_{14}	$1.85×10^3$	0.55	
10	2-甲基戊烷	C_6H_{14}	$4.21×10^3$	1.26	*
11	环戊烷	C_5H_{10}	$1.83×10^3$	0.55	*
12	3-甲基戊烷	C_6H_{14}	$1.83×10^3$	0.55	
13	正己烷	C_6H_{14}	$5.81×10^3$	1.73	*
14	2,2-二甲基戊烷	C_7H_{16}	$9.98×10^1$	0.03	
15	2,4-二甲基戊烷	C_7H_{16}	$2.45×10^2$	0.07	
16	甲基环戊烷	C_6H_{10}	$2.86×10^3$	0.85	*
17	2,2,3-三甲基丁烷	C_7H_{16}	$2.72×10^1$	0.01	
18	3,3-二甲基戊烷	C_7H_{16}	$5.44×10^1$	0.02	
19	2-甲基己烷	C_7H_{16}	$1.04×10^3$	0.31	
20	环己烷	C_6H_{12}	$1.29×10^3$	0.38	*
21	3-甲基己烷	C_7H_{16}	$1.06×10^3$	0.32	
22	1,1-二甲基环戊烷	C_7H_{14}	$2.36×10^2$	0.07	
23	苯	C_6H_6	$7.62×10^2$	0.23	
24	反-1,3-二甲基环戊烷	C_7H_{14}	$6.26×10^2$	0.19	
25	1,3-二甲基环戊烷	C_7H_{14}	$5.44×10^2$	0.16	
26	1,2-二甲基环戊烷	C_7H_{14}	$9.43×10^2$	0.28	
27	庚烷	C_7H_{16}	$2.52×10^3$	0.75	
28	1,1,3-三甲基环戊烷	C_8H_{16}	$3.54×10^2$	0.11	
29	甲基环己烷	C_7H_{14}	$2.39×10^3$	0.71	
30	乙基环戊烷	C_7H_{14}	$2.54×10^2$	0.08	
31	1,2,4-三甲基环戊烷	C_8H_{16}	$2.27×10^3$	0.07	
32	1,2,3-三甲基环戊烷	C_8H_{16}	$3.63×10^2$	0.11	
33	2,3-二甲基己烷	C_8H_{18}	$4.53×10^1$	0.01	

续上表

序号	化合物名称	分子式	体积浓度检测结果（$\mu mol/mol$）	归一化浓度（$v\%$）	备注
34	2-甲基庚烷	C_8H_{18}	5.62×10^2	0.17	
35	4-甲基庚烷	C_8H_{18}	1.45×10^2	0.04	
36	3-甲基庚烷	C_8H_{18}	2.09×10^2	0.06	
37	1,1,2-三甲基环戊烷	C_8H_{16}	9.07×10^1	0.03	
38	顺-1,3-二甲基环己烷	C_8H_{16}	4.72×10^2	0.14	
39	1,4-二甲基环己烷	C_8H_{16}	1.93×10^3	0.05	
40	甲苯	C_7H_8	1.54×10^2	0.18	
41	辛烷	C_8H_{18}	6.44×10^2	0.19	
42	顺-1,2-二甲基环己烷	C_8H_{16}	0.10×10^2	0.03	
43	反-1,3-二甲基环己烷	C_8H_{16}	9.07×10^1	0.01	
44	2,6-二甲基庚烷	C_9H_{20}	1.09×10^2	0.07	
45	1,1,2-三甲基环己烷	C_9H_{18}	4.53×10^1	0.03	
46	反-1,2-二甲基环己烷	C_8H_{16}	2.72×10^1	0.03	
47	乙基环己烷	C_8H_{16}	1.72×10^2	0.01	
48	1,1,3-三甲基环己烷	C_9H_{18}	1.93×10^3	0.01	
49	2,3-二甲基庚烷	C_9H_{20}	2.54×10^2	0.01	
50	4-甲基辛烷	C_9H_{20}	8.16×10^1	0.05	
51	1,3,5-三甲基环己烷	C_9H_{18}	6.35×10^1	0.08	
52	3-甲基辛烷	C_9H_{20}	5.44×10^1	0.02	
53	乙苯	C_8H_{10}	9.98×10^1	0.02	
54	壬烷	C_9H_{20}	2.54×10^2	0.02	
55	二甲苯	C_8H_{10}	2.35×10^2	0.03	
56	1-乙基-3-甲基环己烷	C_9H_{18}	4.53×10^1	0.03	
57	顺-1-乙基-3-甲基环己烷	C_9H_{18}	5.44×10^1	0.08	
58	3,5-二甲基-3-庚烯	C_9H_{18}	5.44×10^1	0.06	
59	2,6-二甲基辛烷	$C_{10}H_{22}$	3.63×10^1	0.02	
60	2,3-二甲基辛烷	$C_{10}H_{22}$	8.16×10^1	0.02	
61	丙基环己烷	C_9H_{18}	4.53×10^1	0.01	
62	1,1,2,3-四甲基环己烷	$C_{10}H_{20}$	4.53×10^1	0.01	
63	1,2,3-三甲苯	C_9H_{12}	3.63×10^1	0.01	
64	正癸烷	$C_{10}H_{22}$	1.54×10^2	0.05	
65	1,2,4-三甲苯	C_9H_{12}	4.53×10^1	0.01	
66	1-乙基-4-甲基苯	C_9H_{12}	2.72×10^1	0.01	
67	1,3,5-三甲苯	C_9H_{12}	4.53×10^1	0.01	

原油（产地奥冠杰）上方气 VOCs 定性定量分析结果　　附表2

序号	化合物名称	分子式	体积浓度检测结果（$\mu mol/mol$）	归一化浓度（$v\%$）	备注
1	甲烷	CH_4	3.60×10^2	0.10	*
2	乙烷	C_2H_6	1.50×10^4	4.09	*
3	丙烷	C_3H_8	9.53×10^4	25.92	*
4	异丁烷	C_4H_{10}	3.91×10^4	10.64	*
5	丁烷	C_4H_{10}	9.04×10^4	24.59	*
6	新戊烷	C_5H_{12}	6.50×10^2	0.18	*
7	异戊烷	C_5H_{12}	3.25×10^4	8.83	*
8	戊烷	C_5H_{12}	3.74×10^4	10.18	*
9	2,2-二甲基丁烷	C_6H_{14}	7.92×10^2	0.22	*
10	2-甲基戊烷	C_6H_{14}	4.75×10^3	1.29	*
11	环戊烷	C_5H_{10}	1.78×10^3	0.48	*
12	3-甲基戊烷	C_6H_{14}	4.90×10^3	1.33	*
13	正己烷	C_6H_{14}	9.94×10^3	2.70	*
14	2,2-二甲基戊烷	C_7H_{16}	2.26×10^2	0.06	
15	2,4-二甲基戊烷	C_7H_{16}	5.23×10^2	0.14	
16	甲基环戊烷	C_6H_{10}	3.34×10^3	0.91	*
17	3,3-二甲基戊烷	C_7H_{16}	9.90×10^1	0.03	
18	2-甲基己烷	C_7H_{16}	2.43×10^3	0.66	
19	环己烷	C_6H_{12}	1.78×10^3	0.48	*
20	3-甲基己烷	C_7H_{16}	2.54×10^3	0.69	
21	1,1-二甲基环戊烷	C_7H_{14}	2.97×10^2	0.08	
22	苯	C_6H_6	2.30×10^3	0.63	
23	1,3-二甲基环戊烷	C_7H_{14}	6.79×10^2	0.18	
24	1,2-二甲基环戊烷	C_7H_{14}	1.03×10^3	0.28	
25	庚烷	C_7H_{16}	4.78×10^3	1.30	
26	1,1,3-三甲基环戊烷	C_8H_{16}	1.84×10^2	0.05	
27	1,1,3-三甲基环戊烷	C_8H_{16}	1.98×10^2	0.05	
28	甲基环己烷	C_7H_{14}	4.01×10^3	1.09	
29	乙基环戊烷	C_7H_{14}	4.38×10^2	0.12	
30	1,2,4-三甲基环戊烷	C_8H_{16}	2.54×10^2	0.07	
31	1,2,3-三甲基环戊烷	C_8H_{16}	2.97×10^2	0.08	
32	2,3-二甲基己烷	C_8H_{18}	1.13×10^2	0.03	

续上表

序号	化合物名称	分子式	体积浓度检测结果（μmol/mol）	归一化浓度（v%）	备注
33	2-甲基庚烷	C_8H_{18}	$1.13×10^3$	0.31	
34	4-甲基庚烷	C_8H_{18}	$3.68×10^2$	0.10	
35	3-甲基庚烷	C_8H_{18}	$6.36×10^2$	0.17	
36	1,1,2-三甲基环戊烷	C_8H_{16}	$1.55×10^2$	0.04	
37	顺-1,3-二甲基环己烷	C_8H_{16}	$6.50×10^2$	0.18	
38	1,4-二甲基环己烷	C_8H_{16}	$2.54×10^2$	0.07	
39	甲苯	C_7H_8	$1.19×10^3$	0.32	
40	辛烷	C_8H_{18}	$1.40×10^3$	0.38	
41	顺-1,2-二甲基环己烷	C_8H_{16}	$1.55×10^2$	0.04	
42	反-1,2-二甲基环己烷	C_8H_{16}	$2.83×10^2$	0.08	
43	乙基环己烷	C_8H_{16}	$2.69×10^2$	0.07	
44	1,1,3-三甲基环己烷	C_9H_{18}	$2.12×10^2$	0.06	
45	2,3-二甲基庚烷	C_9H_{20}	$1.13×10^2$	0.03	
46	4-甲基辛烷	C_9H_{20}	$2.69×10^2$	0.07	
47	3-甲基辛烷	C_9H_{20}	$1.70×10^2$	0.05	
48	乙苯	C_8H_{10}	$1.70×10^2$	0.05	
49	壬烷	C_9H_{20}	$4.95×10^2$	0.13	
50	间二甲苯	C_8H_{10}	$4.52×10^2$	0.13	
51	3,5-二甲基-3-庚烯	C_9H_{18}	$8.48×10^1$	0.02	
52	正癸烷	$C_{10}H_{22}$	$2.83×10^2$	0.08	

原油（产地杰诺）上方气 VOCs 定性定量分析结果　　　　附表3

序号	化合物名称	分子式	体积浓度检测结果（μmol/mol）	归一化浓度（v%）	备注
1	甲烷	CH_4	$2.72×10^3$	0.85	*
2	乙烷	C_2H_6	$3.01×10^4$	9.40	*
3	丙烷	C_3H_8	$1.06×10^5$	33.20	*
4	异丁烷	C_4H_{10}	$2.97×10^4$	9.28	*
5	丁烷	C_4H_{10}	$6.78×10^4$	21.18	*
6	新戊烷	C_5H_{12}	$2.20×10^2$	0.07	*
7	异戊烷	C_5H_{12}	$2.18×10^4$	6.81	*
8	戊烷	C_5H_{12}	$2.16×10^4$	6.74	*
9	2,2-二甲基丁烷	C_6H_{14}	$3.73×10^2$	0.12	*

续上表

序号	化合物名称	分子式	体积浓度检测结果 ($\mu mol/mol$)	归一化浓度 ($v\%$)	备注
10	2-甲基戊烷	C_6H_{14}	4.10×10^3	1.28	*
11	环戊烷	C_5H_{10}	1.65×10^3	0.52	*
12	3-甲基戊烷	C_6H_{14}	3.10×10^3	0.97	*
13	正己烷	C_6H_{14}	5.33×10^3	1.67	*
14	2,2-二甲基戊烷	C_7H_{16}	1.24×10^2	0.04	
15	2,4-二甲基戊烷	C_7H_{16}	3.25×10^2	0.10	
16	甲基环戊烷	C_6H_{10}	4.10×10^3	1.28	*
17	3,3-二甲基戊烷	C_7H_{16}	5.73×10^1	0.02	
18	2-甲基己烷	C_7H_{16}	1.15×10^3	0.36	
19	环己烷	C_6H_{12}	1.27×10^3	0.40	*
20	3-甲基己烷	C_7H_{16}	1.33×10^3	0.41	
21	1,1-二甲基环戊烷	C_7H_{14}	3.92×10^2	0.12	
22	反-1,3-二甲基环戊烷	C_7H_{14}	1.61×10^3	0.50	
23	1,3-二甲基环戊烷	C_7H_{14}	8.31×10^2	0.26	
24	1,2-二甲基环戊烷	C_7H_{14}	1.26×10^3	0.39	
25	庚烷	C_7H_{16}	2.26×10^3	0.71	
26	1,1,3-三甲基环戊烷	C_8H_{16}	6.11×10^2	0.19	
27	甲基环己烷	C_7H_{14}	2.42×10^3	0.76	
28	乙基环戊烷	C_7H_{14}	2.77×10^2	0.09	
29	1,2,4-三甲基环戊烷	C_8H_{16}	3.34×10^2	0.10	
30	1,2,3-三甲基环戊烷	C_8H_{16}	5.06×10^2	0.16	
31	2,3-二甲基己烷	C_8H_{18}	5.73×10^1	0.02	
32	2-甲基庚烷	C_8H_{18}	5.54×10^2	0.17	
33	4-甲基庚烷	C_8H_{18}	1.72×10^2	0.05	
34	3-甲基庚烷	C_8H_{18}	2.77×10^2	0.09	
35	1,1,2-三甲基环戊烷	C_8H_{16}	1.34×10^2	0.04	
36	顺-1,3-二甲基环己烷	C_8H_{16}	6.30×10^2	0.20	
37	1,4-二甲基环己烷	C_8H_{16}	2.01×10^2	0.06	
38	甲苯	C_7H_8	4.97×10^2	0.16	
39	辛烷	C_8H_{18}	7.35×10^2	0.23	
40	顺-1,2-二甲基环己烷	C_8H_{16}	2.58×10^2	0.08	
41	(Z)-2,3-二甲基-3-己烯	C_8H_{16}	8.60×10^1	0.03	

续上表

序号	化合物名称	分子式	体积浓度检测结果（μmol/mol）	归一化浓度（v%）	备注
42	反-1,2-二甲基环己烷	C_8H_{16}	$2.96×10^2$	0.09	
43	反-1,3-二甲基环己烷	C_8H_{16}	$1.43×10^2$	0.04	
44	2,6-二甲基庚烷	C_9H_{20}	$1.34×10^2$	0.04	
45	1,1,2-三甲基环己烷	C_9H_{18}	$5.73×10^1$	0.02	
46	乙基环己烷	C_8H_{16}	$1.62×10^2$	0.05	
47	1,1,3-三甲基环己烷	C_9H_{18}	$3.73×10^2$	0.12	
48	2,3-二甲基庚烷	C_9H_{20}	$1.24×10^2$	0.04	
49	4-甲基辛烷	C_9H_{20}	$9.55×10^1$	0.03	
50	1,3,5-三甲基环己烷	C_9H_{18}	$8.60×10^1$	0.03	
51	3-甲基辛烷	C_9H_{20}	$5.73×10^1$	0.02	
52	乙苯	C_8H_{10}	$1.05×10^2$	0.03	
53	壬烷	C_9H_{20}	$2.10×10^2$	0.07	
54	二甲苯	C_8H_{10}	$2.29×10^2$	0.07	
55	1-乙基-3-甲基环己烷	C_9H_{18}	$4.78×10^1$	0.01	
56	顺-1-乙基-3-甲基环己烷	C_9H_{18}	$5.73×10^1$	0.02	
57	3,5-二甲基-3-庚烯	C_9H_{18}	$5.73×10^1$	0.02	
58	2,6-二甲基辛烷	$C_{10}H_{22}$	$1.05×10^2$	0.03	
59	2,3-二甲基辛烷	$C_{10}H_{22}$	$3.82×10^1$	0.01	
60	丙基环己烷	C_9H_{18}	$4.78×10^1$	0.01	
61	正癸烷	$C_{10}H_{22}$	$1.24×10^2$	0.04	
62	1,2,4-三甲苯	C_9H_{12}	$3.82×10^1$	0.01	
63	1,3,5-三甲苯	C_9H_{12}	$6.69×10^1$	0.02	

原油（产地埃斯波）上方气 VOCs 定性定量分析结果　　　　附表4

序号	化合物名称	分子式	体积浓度检测结果（μmol/mol）	归一化浓度（v%）	备注
1	甲烷	CH_4	$2.52×10^3$	0.58	*
2	乙烷	C_2H_6	$3.00×10^4$	6.89	*
3	丙烷	C_3H_8	$1.20×10^5$	27.61	*
4	异丁烷	C_4H_{10}	$4.34×10^4$	9.96	*
5	丁烷	C_4H_{10}	$9.82×10^4$	22.55	*
6	新戊烷	C_5H_{12}	$6.87×10^2$	0.16	
7	异戊烷	C_5H_{12}	$3.38×10^4$	7.77	*

续上表

序号	化合物名称	分子式	体积浓度检测结果（$\mu mol/mol$）	归一化浓度（$v\%$）	备注
8	戊烷	C_5H_{12}	$3.89×10^4$	8.95	*
9	2,2-二甲基丁烷	C_6H_{14}	$7.92×10^2$	0.18	*
10	2-甲基戊烷	C_6H_{14}	$6.82×10^3$	1.57	*
11	环戊烷	C_5H_{10}	$1.98×10^3$	0.45	*
12	3-甲基戊烷	C_6H_{14}	$5.44×10^3$	1.25	*
13	正己烷	C_6H_{14}	$1.04×10^4$	2.38	*
14	2,2-二甲基戊烷	C_7H_{16}	$2.24×10^2$	0.05	
15	2,4-二甲基戊烷	C_7H_{16}	$5.53×10^2$	0.13	
16	甲基环戊烷	C_6H_{10}	$5.21×10^3$	1.20	*
17	2,2,3-三甲基丁烷	C_7H_{16}	$7.47×10^1$	0.02	
18	3,3-二甲基戊烷	C_7H_{16}	$1.05×10^2$	0.02	
19	2-甲基己烷	C_7H_{16}	$2.55×10^3$	0.59	
20	环己烷	C_6H_{12}	$4.08×10^3$	0.94	*
21	3-甲基己烷	C_7H_{16}	$2.69×10^3$	0.62	
22	1,1-二甲基环戊烷	C_7H_{14}	$3.14×10^2$	0.07	
23	苯	C_6H_6	$1.64×10^3$	0.38	
24	反-1,3-二甲基环戊烷	C_7H_{14}	$7.92×10^2$	0.18	
25	1,3-二甲基环戊烷	C_7H_{14}	$7.77×10^2$	0.18	
26	1,2-二甲基环戊烷	C_7H_{14}	$1.25×10^3$	0.29	
27	庚烷	C_7H_{16}	$4.99×10^3$	1.15	
28	1,1,3-三甲基环戊烷	C_8H_{16}	$2.69×10^2$	0.06	
29	甲基环己烷	C_7H_{14}	$4.41×10^3$	1.01	
30	己基环戊烷	C_7H_{14}	$5.08×10^2$	0.12	
31	1,2,4-三甲基环戊烷	C_8H_{16}	$2.84×10^2$	0.07	
32	1,2,3-三甲基环戊烷	C_8H_{16}	$3.59×10^2$	0.08	
33	2,3-二甲基己烷	C_8H_{18}	$1.20×10^2$	0.03	
34	2-甲基庚烷	C_8H_{18}	$1.21×10^3$	0.28	
35	4-甲基庚烷	C_8H_{18}	$4.03×10^2$	0.09	
36	3-甲基庚烷	C_8H_{18}	$7.02×10^2$	0.16	
37	1,1,2-三甲基环戊烷	C_8H_{16}	$1.64×10^2$	0.04	
38	顺-1,3-二甲基环己烷	C_8H_{16}	$7.32×10^2$	0.17	
39	1,4-二甲基环己烷	C_8H_{16}	$2.69×10^2$	0.06	

续上表

序号	化合物名称	分子式	体积浓度检测结果（μmol/mol）	归一化浓度（v%）	备注
40	甲苯	C_7H_8	$1.20×10^3$	0.27	
41	辛烷	C_8H_{18}	$1.51×10^3$	0.35	
42	顺-1,2-二甲基环己烷	C_8H_{16}	$2.09×10^2$	0.05	
43	(Z)-2,3-二甲基-3-己烯	C_8H_{16}	$5.98×10^1$	0.01	
44	反-1,2-二甲基环己烷	C_8H_{16}	$3.14×10^2$	0.07	
45	反-1,3-二甲基环己烷	C_8H_{16}	$1.64×10^2$	0.04	
46	2,6-二甲基庚烷	C_9H_{20}	$2.24×10^2$	0.05	
47	1,1,2-三甲基环己烷	C_9H_{18}	$1.05×10^2$	0.02	
48	反-1,2-二甲基环己烷	C_8H_{16}	$2.24×10^2$	0.05	
49	乙基环己烷	C_8H_{16}	$1.64×10^2$	0.04	
50	1,1,3-三甲基环己烷	C_9H_{18}	$1.34×10^2$	0.03	
51	2,3-二甲基庚烷	C_9H_{20}	$2.84×10^2$	0.07	
52	4-甲基辛烷	C_9H_{20}	$5.98×10^1$	0.01	
53	1,3,5-三甲基环己烷	C_9H_{18}	$1.94×10^2$	0.04	
54	3-甲基辛烷	C_9H_{20}	$1.79×10^2$	0.04	
55	乙苯	C_8H_{10}	$4.93×10^2$	0.11	
56	壬烷	C_9H_{20}	$3.73×10^2$	0.09	
57	1-乙基-3-甲基环己烷	C_9H_{18}	$5.98×10^1$	0.01	
58	顺-1-乙基-3-甲基环己烷	C_9H_{18}	$8.96×10^1$	0.02	
59	3,5-二甲基-3 庚烯	C_9H_{18}	$1.05×10^2$	0.02	
60	二甲苯	C_8H_{10}	$1.20×10^2$	0.03	
61	2,6-二甲基辛烷	$C_{10}H_{22}$	$1.05×10^2$	0.02	
62	2,3-二甲基辛烷	$C_{10}H_{22}$	$7.47×10^1$	0.02	
63	1,1,2,3-四甲基环己烷	$C_{10}H_{20}$	$2.99×10^1$	0.01	
64	1,2,3-三甲苯	C_9H_{12}	$4.48×10^1$	0.01	
65	正癸烷	$C_{10}H_{22}$	$2.99×10^2$	0.07	
66	1-乙基-4-甲基苯	C_9H_{12}	$4.48×10^1$	0.01	
67	1,3,5-三甲苯	C_9H_{12}	$7.47×10^1$	0.02	

原油（产地乌桑）上方气 VOCs 定性定量分析结果　　　附表 5

序号	化合物名称	分子式	体积浓度检测结果（μmol/mol）	归一化浓度（v%）	备注
1	甲烷	CH_4	$1.22×10^3$	0.35	*

续上表

序号	化合物名称	分子式	体积浓度检测结果（$\mu mol/mol$）	归一化浓度（$v\%$）	备注
2	乙烷	C_2H_6	2.22×10^4	6.42	*
3	丙烷	C_3H_8	1.01×10^5	29.18	*
4	异丁烷	C_4H_{10}	2.96×10^4	8.56	*
5	丁烷	C_4H_{10}	6.63×10^4	19.18	*
6	新戊烷	C_5H_{12}	4.55×10^2	0.13	
7	异戊烷	C_5H_{12}	3.73×10^4	10.81	*
8	戊烷	C_5H_{12}	3.63×10^4	10.50	*
9	2,2-二甲基丁烷	C_6H_{14}	7.75×10^2	0.22	
10	2-甲基戊烷	C_6H_{14}	5.91×10^3	1.71	*
11	环戊烷	C_5H_{10}	2.19×10^3	0.63	*
12	3-甲基戊烷	C_6H_{14}	4.06×10^3	1.17	*
13	正己烷	C_6H_{14}	7.76×10^3	2.25	*
14	2,2-二甲基戊烷	C_7H_{16}	1.85×10^2	0.05	
15	2,4-二甲基戊烷	C_7H_{16}	4.06×10^2	0.12	
16	甲基环戊烷	C_6H_{10}	3.56×10^3	1.03	
17	2,2,3-三甲基丁烷	C_7H_{16}	4.92×10^1	0.01	
18	3,3-二甲基戊烷	C_7H_{16}	8.61×10^1	0.02	
19	2-甲基己烷	C_7H_{16}	1.59×10^3	0.46	
20	环己烷	C_6H_{12}	1.74×10^3	0.50	*
21	3-甲基己烷	C_7H_{16}	1.66×10^3	0.48	
22	1,1-二甲基环戊烷	C_7H_{14}	4.68×10^2	0.14	
23	苯	C_6H_6	2.92×10^3	0.84	
24	1,3-二甲基环戊烷	C_7H_{14}	8.49×10^2	0.25	
25	1,2-二甲基环戊烷	C_7H_{14}	1.41×10^3	0.41	
26	庚烷	C_7H_{16}	3.41×10^3	0.99	
27	1,1,3-三甲基环戊烷	C_8H_{16}	1.60×10^2	0.05	
28	甲基环己烷	C_7H_{14}	2.92×10^3	0.84	
29	乙基环戊烷	C_7H_{14}	2.71×10^2	0.08	
30	1,2,4-三甲基环戊烷	C_8H_{16}	3.20×10^2	0.09	
31	1,2,3-三甲基环戊烷	C_8H_{16}	4.92×10^2	0.14	
32	2,3-二甲基己烷	C_8H_{18}	4.92×10^1	0.01	
33	2-甲基庚烷	C_8H_{18}	8.12×10^2	0.23	

续上表

序号	化合物名称	分子式	体积浓度检测结果（μmol/mol）	归一化浓度（v%）	备注
34	4-甲基庚烷	C_8H_{18}	1.97×10^2	0.06	
35	3-甲基庚烷	C_8H_{18}	3.45×10^2	0.10	
36	1,1,2-三甲基环戊烷	C_8H_{16}	1.35×10^2	0.04	
37	顺-1,3-二甲基环己烷	C_8H_{16}	7.01×10^2	0.20	
38	1,4-二甲基环己烷	C_8H_{16}	2.34×10^2	0.07	
39	甲苯	C_7H_8	1.02×10^3	0.30	
40	辛烷	C_8H_{18}	1.06×10^3	0.31	
41	顺-1,2-二甲基环己烷	C_8H_{16}	2.46×10^2	0.07	
42	（Z）-2,3-二甲基-3-己烯	C_8H_{16}	7.38×10^1	0.02	
43	反-1,2-二甲基环己烷	C_8H_{16}	3.20×10^2	0.09	
44	反-1,3-二甲基环己烷	C_8H_{16}	1.48×10^2	0.04	
45	2,6-二甲基庚烷	C_9H_{20}	1.48×10^2	0.04	
46	1,1,2-三甲基环己烷	C_9H_{18}	6.15×10^1	0.02	
47	反-1,2-二甲基环己烷	C_8H_{16}	4.92×10^1	0.01	
48	乙基环己烷	C_8H_{16}	2.34×10^2	0.07	
49	1,1,3-三甲基环己烷	C_9H_{18}	4.06×10^2	0.12	
50	2,3-二甲基庚烷	C_9H_{20}	1.11×10^2	0.03	
51	4-甲基辛烷	C_9H_{20}	1.23×10^2	0.04	
52	1,3,5-三甲基环己烷	C_9H_{18}	9.84×10^1	0.03	
53	3-甲基辛烷	C_9H_{20}	7.38×10^1	0.02	
54	乙苯	C_8H_{10}	1.23×10^2	0.04	
55	壬烷	C_9H_{20}	3.08×10^2	0.09	
56	二甲苯	C_8H_{10}	4.18×10^2	0.12	
57	1-乙基-3-甲基环己烷	C_9H_{18}	6.15×10^1	0.02	
58	3,5-二甲基-3-庚烯	C_9H_{18}	4.92×10^1	0.01	
59	2,3-二甲基辛烷	$C_{10}H_{22}$	9.84×10^1	0.03	
60	丙基环己烷	C_9H_{18}	3.69×10^1	0.01	
61	1,1,2,3-四甲基环己烷	$C_{10}H_{20}$	4.92×10^1	0.01	
62	正癸烷	$C_{10}H_{22}$	1.72×10^2	0.05	
63	1,2,4-三甲苯	C_9H_{12}	4.92×10^1	0.01	
64	1,3,5-三甲苯	C_9H_{12}	7.38×10^1	0.02	

原油(产地卡宾达)上方气 VOCs 定性定量分析结果 附表6

序号	化合物名称	分子式	体积浓度检测结果 ($\mu mol/mol$)	归一化浓度 ($v\%$)	备注
1	甲烷	CH_4	1.34×10^3	0.39	*
2	乙烷	C_2H_6	2.20×10^4	6.36	*
3	丙烷	C_3H_8	1.00×10^5	29.04	*
4	异丁烷	C_4H_{10}	2.96×10^4	8.57	*
5	丁烷	C_4H_{10}	6.68×10^4	19.32	*
6	新戊烷	C_5H_{12}	4.72×10^2	0.14	
7	异戊烷	C_5H_{12}	3.75×10^4	10.85	*
8	戊烷	C_5H_{12}	3.59×10^4	10.38	*
9	2,2-二甲基丁烷	C_6H_{14}	7.71×10^2	0.22	*
10	2-甲基戊烷	C_6H_{14}	5.77×10^3	1.67	*
11	环戊烷	C_5H_{10}	2.16×10^3	0.63	
12	3-甲基戊烷	C_6H_{14}	4.08×10^3	1.18	*
13	正己烷	C_6H_{14}	7.77×10^3	2.25	*
14	2,2-二甲基戊烷	C_7H_{16}	1.86×10^2	0.05	
15	2,4-二甲基戊烷	C_7H_{16}	3.98×10^2	0.11	
16	甲基环戊烷	C_6H_{10}	3.52×10^3	1.02	*
17	2,2,3-三甲基丁烷	C_7H_{16}	4.97×10^1	0.01	
18	3,3-二甲基戊烷	C_7H_{16}	8.70×10^1	0.03	
19	2-甲基己烷	C_7H_{16}	1.57×10^3	0.45	
20	环己烷	C_6H_{12}	1.75×10^3	0.51	*
21	3-甲基己烷	C_7H_{16}	1.65×10^3	0.48	
22	1,1-二甲基环戊烷	C_7H_{14}	4.60×10^2	0.13	
23	苯	C_6H_6	2.90×10^3	0.84	
24	反-1,3-二甲基环戊烷	C_7H_{14}	8.45×10^2	0.24	
25	1,3-二甲基环戊烷	C_7H_{14}	1.38×10^3	0.40	
26	1,2-二甲基环戊烷	C_7H_{14}	3.42×10^3	0.99	
27	庚烷	C_7H_{16}	5.97×10^2	0.17	
28	1,1,3-三甲基环戊烷	C_8H_{16}	3.28×10^3	0.95	
29	甲基环己烷	C_7H_{14}	2.73×10^2	0.08	
30	乙基环戊烷	C_7H_{14}	3.11×10^2	0.09	
31	1,2,4-三甲基环戊烷	C_8H_{16}	4.85×10^2	0.14	
32	1,2,3-三甲基环戊烷	C_8H_{16}	4.97×10^1	0.01	

续上表

序号	化合物名称	分子式	体积浓度检测结果（μmol/mol）	归一化浓度（v%）	备注
33	2,3-二甲基己烷	C_8H_{18}	7.96×10^2	0.23	
34	2-甲基庚烷	C_8H_{18}	1.99×10^2	0.06	
35	4-甲基庚烷	C_8H_{18}	3.48×10^2	0.10	
36	3-甲基庚烷	C_8H_{18}	1.37×10^2	0.04	
37	1,1,2-三甲基环戊烷	C_8H_{16}	3.73×10^1	0.01	
38	顺-1,3-二甲基环己烷	C_8H_{16}	6.96×10^2	0.20	
39	1,4-二甲基环己烷	C_8H_{16}	2.36×10^2	0.07	
40	甲苯	C_7H_8	1.01×10^3	0.29	
41	辛烷	C_8H_{18}	9.45×10^2	0.27	
42	顺-1,2-二甲基环己烷	C_8H_{16}	1.49×10^2	0.04	
43	(Z)-2,3-二甲基-3-己烯	C_8H_{16}	7.46×10^1	0.02	
44	反-1,2-二甲基环己烷	C_8H_{16}	3.11×10^2	0.09	
45	反-1,3-二甲基环己烷	C_8H_{16}	1.37×10^2	0.04	
46	2,6-二甲基庚烷	C_9H_{20}	4.97×10^1	0.01	
47	1,1,2-三甲基环己烷	C_9H_{18}	7.46×10^1	0.02	
48	反-1,2-二甲基环己烷	C_8H_{16}	6.22×10^1	0.02	
49	乙基环己烷	C_8H_{16}	3.73×10^1	0.01	
50	1,1,3-三甲基环己烷	C_9H_{18}	2.24×10^2	0.06	
51	2,3-二甲基庚烷	C_9H_{20}	4.10×10^2	0.12	
52	4-甲基辛烷	C_9H_{20}	1.12×10^2	0.03	
53	1,3,5-三甲基环己烷	C_9H_{18}	1.24×10^2	0.04	
54	3-甲基辛烷	C_9H_{20}	9.94×10^1	0.03	
55	乙苯	C_8H_{10}	7.46×10^1	0.02	
56	壬烷	C_9H_{20}	1.12×10^2	0.03	
57	二甲苯	C_8H_{10}	3.73×10^2	0.11	
58	1-乙基-3-甲基环己烷	C_9H_{18}	2.86×10^2	0.08	
59	顺-1-乙基-3-甲基环己烷	C_9H_{18}	3.73×10^1	0.01	
60	3,5-二甲基-3-庚烯	C_9H_{18}	3.73×10^1	0.01	
61	2,6-二甲基辛烷	$C_{10}H_{22}$	8.70×10^1	0.03	
62	2,3-二甲基辛烷	$C_{10}H_{22}$	4.97×10^1	0.01	
63	丙基环己烷	C_9H_{18}	8.70×10^1	0.03	
64	1,1,2,3-四甲基环己烷	$C_{10}H_{20}$	3.73×10^1	0.01	

续上表

序号	化合物名称	分子式	体积浓度检测结果（μmol/mol）	归一化浓度（v%）	备注
65	1,2,3-三甲苯	C_9H_{12}	4.97×10^1	0.01	
66	正癸烷	$C_{10}H_{22}$	1.74×10^2	0.05	
67	1,2,4-三甲苯	C_9H_{12}	4.97×10^1	0.01	
68	1-乙基-4-甲基苯	C_9H_{12}	3.73×10^1	0.01	
69	1,3,5-三甲苯	C_9H_{12}	8.70×10^1	0.03	

原油（产地阿曼）上方气 VOCs 定性定量分析结果　　附表7

序号	化合物名称	分子式	体积浓度检测结果（μmol/mol）	归一化浓度（v%）	备注
1	甲烷	CH_4	9.64×10^2	0.17	*
2	乙烷	C_2H_6	4.23×10^4	7.61	*
3	丙烷	C_3H_8	1.73×10^5	31.16	*
4	异丁烷	C_4H_{10}	5.85×10^4	10.54	*
5	丁烷	C_4H_{10}	1.18×10^5	21.24	*
6	异戊烷	C_5H_{12}	4.95×10^4	8.91	*
7	戊烷	C_5H_{12}	4.42×10^4	7.95	*
8	2,2-二甲基丁烷	C_6H_{14}	1.57×10^3	0.28	
9	2-甲基戊烷	C_6H_{14}	7.38×10^3	1.33	*
10	环戊烷	C_5H_{10}	2.10×10^3	0.38	
11	3-甲基戊烷	C_6H_{14}	7.38×10^3	1.33	*
12	正己烷	C_6H_{14}	1.04×10^4	1.87	*
13	2,2-二甲基戊烷	C_7H_{16}	3.47×10^2	0.06	
14	2,4-二甲基戊烷	C_7H_{16}	6.44×10^2	0.12	
15	甲基环戊烷	C_6H_{10}	3.38×10^3	0.61	*
16	2,2,3-三甲基丁烷	C_7H_{16}	9.90×10^1	0.02	
17	3,3-二甲基戊烷	C_7H_{16}	1.49×10^2	0.03	
18	2-甲基己烷	C_7H_{16}	2.81×10^3	0.51	
19	环己烷	C_6H_{12}	1.76×10^3	0.32	*
20	3-甲基己烷	C_7H_{16}	2.97×10^3	0.53	
21	1,1,-二甲基环戊烷	C_7H_{14}	3.47×10^2	0.06	
22	苯	C_6H_6	4.79×10^3	0.86	
23	反-1,3-二甲基环戊烷	C_7H_{14}	7.76×10^2	0.14	
24	1,3-二甲基戊烷	C_7H_{14}	1.19×10^3	0.21	

续上表

序号	化合物名称	分子式	体积浓度检测结果（μmol/mol）	归一化浓度（v%）	备注
25	1,2-二甲基环戊烷	C_7H_{14}	$4.62×10^3$	0.83	
26	庚烷	C_7H_{16}	$6.60×10^1$	0.01	
27	1,1,3-三甲基环戊烷	C_8H_{16}	$2.64×10^2$	0.05	
28	甲基环己烷	C_7H_{14}	$3.62×10^3$	0.65	
29	乙基环戊烷	C_7H_{14}	$4.62×10^2$	0.08	
30	1,2,4-三甲基环戊烷	C_8H_{16}	$2.97×10^2$	0.05	
31	1,2,3-三甲基环戊烷	C_8H_{16}	$3.63×10^2$	0.07	
32	2,3-二甲基己烷	C_8H_{18}	$1.32×10^2$	0.02	
33	2-甲基庚烷	C_8H_{18}	$1.19×10^3$	0.21	
34	4-甲基庚烷	C_8H_{18}	$3.63×10^2$	0.07	
35	3-甲基庚烷	C_8H_{18}	$6.93×10^2$	0.12	
36	1,1,2-三甲基环戊烷	C_8H_{16}	$1.65×10^2$	0.03	
37	顺-1,3-二甲基环己烷	C_8H_{16}	$5.94×10^2$	0.11	
38	1,4-二甲基环己烷	C_8H_{16}	$2.31×10^2$	0.04	
39	甲苯	C_7H_8	$2.29×10^3$	0.41	
40	辛烷	C_8H_{18}	$1.12×10^3$	0.20	
41	顺-1,2-二甲基环己烷	C_8H_{16}	$1.49×10^2$	0.03	
42	(Z)-2,3-二甲基-3-己烯	C_8H_{16}	$4.95×10^1$	0.01	
43	反-1,2-二甲基环己烷	C_8H_{16}	$2.31×10^2$	0.04	
44	反-1,3-二甲基环己烷	C_8H_{16}	$1.16×10^2$	0.02	
45	2,6-二甲基庚烷	C_9H_{20}	$1.98×10^2$	0.04	
46	1,1,2-三甲基环己烷	C_9H_{18}	$8.25×10^1$	0.01	
47	乙基环己烷	C_8H_{16}	$2.15×10^2$	0.04	
48	1,1,3-三甲基环己烷	C_9H_{18}	$3.14×10^2$	0.06	
49	2,3-二甲基庚烷	C_9H_{20}	$1.49×10^2$	0.03	
50	4-甲基辛烷	C_9H_{20}	$2.31×10^2$	0.04	
51	1,3,5-三甲基环己烷	C_9H_{18}	$4.95×10^1$	0.01	
52	3-甲基辛烷	C_9H_{20}	$1.49×10^2$	0.03	
53	乙苯	C_8H_{10}	$2.31×10^2$	0.04	
54	壬烷	C_9H_{20}	$3.30×10^2$	0.06	
55	二甲苯	C_8H_{10}	$6.28×10^2$	0.12	
56	3,5-二甲基-3-庚烯	C_9H_{18}	$8.25×10^1$	0.01	

续上表

序号	化合物名称	分子式	体积浓度检测结果（μmol/mol）	归一化浓度（v%）	备注
57	2,6-二甲基辛烷	$C_{10}H_{22}$	9.90×10^1	0.02	
58	2,3-二甲基辛烷	$C_{10}H_{22}$	9.90×10^1	0.02	
59	1,2,3-三甲苯	C_9H_{12}	6.60×10^1	0.01	
60	正癸烷	$C_{10}H_{22}$	2.48×10^2	0.04	
61	1,2,4-三甲苯	C_9H_{12}	4.95×10^1	0.01	
62	1-乙基-4-甲基苯	C_9H_{12}	4.95×10^1	0.01	
63	1,3,5-三甲苯	C_9H_{12}	1.16×10^2	0.02	

原油[产地马瑞原油(Merey)]上方气 VOCs 定性定量分析结果　　附表 8

序号	化合物名称	分子式	体积浓度检测结果（μmol/mol）	归一化浓度（v%）	备注
1	甲烷	CH_4	6.25×10^3	3.68	*
2	乙烷	C_2H_6	6.36×10^3	3.75	*
3	丙烷	C_3H_8	2.61×10^4	15.40	
4	异丁烷	C_4H_{10}	1.35×10^4	7.94	*
5	丁烷	C_4H_{10}	3.27×10^4	19.29	*
6	新戊烷	C_5H_{12}	2.67×10^2	0.16	
7	异戊烷	C_5H_{12}	1.83×10^4	10.78	*
8	戊烷	C_5H_{12}	1.80×10^4	10.60	*
9	2,2-二甲基丁烷	C_6H_{14}	6.08×10^2	0.36	*
10	2-甲基戊烷	C_6H_{14}	4.87×10^3	2.87	*
11	环戊烷	C_5H_{10}	1.16×10^3	0.68	*
12	3-甲基戊烷	C_6H_{14}	3.77×10^3	2.22	
13	正己烷	C_6H_{14}	6.00×10^3	3.54	*
14	2,2-二甲基戊烷	C_7H_{16}	1.93×10^2	0.11	
15	2,4-二甲基戊烷	C_7H_{16}	3.87×10^2	0.23	
16	甲基环戊烷	C_6H_{10}	2.65×10^3	1.56	*
17	2,2,3-三甲基丁烷	C_7H_{16}	5.53×10^1	0.03	
18	3,3-二甲基戊烷	C_7H_{16}	1.11×10^2	0.07	
19	2-甲基己烷	C_7H_{16}	1.80×10^3	1.06	
20	环己烷	C_6H_{12}	2.97×10^3	1.75	*
21	3-甲基己烷	C_7H_{16}	1.91×10^3	1.12	
22	1,1-二甲基环戊烷	C_7H_{14}	3.41×10^2	0.20	

续上表

序号	化合物名称	分子式	体积浓度检测结果（μmol/mol）	归一化浓度（v%）	备注
23	苯	C_6H_6	2.77×10^3	1.63	
24	1,3-二甲基环戊烷	C_7H_{14}	6.54×10^2	0.39	
25	1,2-二甲基环戊烷	C_7H_{14}	1.00×10^3	0.59	
26	庚烷	C_7H_{16}	2.92×10^3	1.72	
27	1,1,3-三甲基环戊烷	C_8H_{16}	4.70×10^2	0.28	
28	甲基环己烷	C_7H_{14}	3.33×10^3	1.96	
29	乙基环戊烷	C_7H_{14}	2.95×10^2	0.17	
30	1,2,4-三甲基环戊烷	C_8H_{16}	2.76×10^2	0.16	
31	1,2,3-三甲基环戊烷	C_8H_{16}	3.32×10^2	0.20	
32	2,3-二甲基己烷	C_8H_{18}	8.29×10^1	0.05	
33	2-甲基庚烷	C_8H_{18}	9.02×10^2	0.53	
34	4-甲基庚烷	C_8H_{18}	2.49×10^2	0.15	
35	3-甲基庚烷	C_8H_{18}	4.97×10^2	0.29	
36	1,1,2-三甲基环戊烷	C_8H_{16}	1.47×10^2	0.09	
37	顺-1,3-二甲基环己烷	C_8H_{16}	5.89×10^2	0.35	
38	1,4-二甲基环己烷	C_8H_{16}	2.12×10^2	0.12	
39	甲苯	C_7H_8	1.88×10^3	1.11	
40	辛烷	C_8H_{18}	9.67×10^2	0.57	
41	顺-1,2-二甲基环己烷	C_8H_{16}	2.30×10^2	0.14	
42	(Z)-2,3-二甲基-3-己烯	C_8H_{16}	6.45×10^1	0.04	
43	反-1,2-二甲基环己烷	C_8H_{16}	2.39×10^2	0.14	
44	反-1,3-二甲基环己烷	C_8H_{16}	1.38×10^2	0.08	
45	2,6-二甲基庚烷	C_9H_{20}	2.03×10^2	0.12	
46	1,1,2-三甲基环己烷	C_9H_{18}	5.53×10^1	0.03	
47	反-1,2-二甲基环己烷	C_8H_{16}	1.47×10^2	0.09	
48	乙基环己烷	C_8H_{16}	2.03×10^2	0.12	
49	1,1,3-三甲基环己烷	C_9H_{18}	2.76×10^1	0.02	
50	2,3-二甲基庚烷	C_9H_{20}	1.20×10^2	0.07	
51	4-甲基辛烷	C_9H_{20}	1.84×10^2	0.11	
52	1,3,5-三甲基环己烷	C_9H_{18}	5.53×10^1	0.03	
53	3-甲基辛烷	C_9H_{20}	1.20×10^2	0.07	
54	乙苯	C_8H_{10}	1.47×10^2	0.09	

续上表

序号	化合物名称	分子式	体积浓度检测结果 ($\mu mol/mol$)	归一化浓度 ($v\%$)	备注
55	壬烷	C_9H_{20}	2.67×10^2	0.16	
56	二甲苯	C_8H_{10}	6.72×10^2	0.40	
57	顺-1-乙基-3-甲基环己烷	C_9H_{18}	5.53×10^1	0.03	
58	3,5-二甲基-3-庚烯	C_9H_{18}	8.29×10^1	0.05	
59	2,6-二甲基辛烷	$C_{10}H_{22}$	7.37×10^1	0.04	
60	1,1,2,3-四甲基环己烷	$C_{10}H_{20}$	2.76×10^1	0.02	
61	1,2,3-三甲苯	C_9H_{12}	5.53×10^1	0.03	
62	正癸烷	$C_{10}H_{22}$	1.38×10^2	0.08	
63	1,2,4-三甲苯	C_9H_{12}	5.53×10^1	0.03	
64	1-乙基-4-甲基苯	C_9H_{12}	2.76×10^1	0.02	
65	1,3,5-三甲苯	C_9H_{12}	8.29×10^1	0.05	

原油（产地麦诺）上方气 VOCs 定性定量分析结果　　　　附表9

序号	化合物名称	分子式	体积浓度检测结果 ($\mu mol/mol$)	归一化浓度 ($v\%$)	备注
1	甲烷	CH_4	1.83×10^3	0.44	*
2	乙烷	C_2H_6	4.85×10^4	11.58	*
3	丙烷	C_3H_8	1.59×10^5	38.13	*
4	异丁烷	C_4H_{10}	3.69×10^4	8.82	*
5	丁烷	C_4H_{10}	8.25×10^4	19.73	*
6	新戊烷	C_5H_{12}	2.60×10^2	0.06	
7	异戊烷	C_5H_{12}	2.03×10^4	4.86	*
8	戊烷	C_5H_{12}	2.66×10^4	6.36	*
9	2,2-二甲基丁烷	C_6H_{14}	2.50×10^2	0.06	*
10	2-甲基戊烷	C_6H_{14}	4.65×10^3	1.11	*
11	环戊烷	C_5H_{10}	2.20×10^3	0.53	*
12	3-甲基戊烷	C_6H_{14}	2.27×10^3	0.54	*
13	正己烷	C_6H_{14}	6.55×10^3	1.56	*
14	2,2-二甲基戊烷	C_7H_{16}	8.33×10^1	0.02	
15	2,4-二甲基戊烷	C_7H_{16}	2.39×10^2	0.06	
16	甲基环戊烷	C_6H_{10}	4.00×10^3	0.96	*
17	3,3-二甲基戊烷	C_7H_{16}	4.16×10^1	0.01	
18	2-甲基己烷	C_7H_{16}	1.12×10^3	0.27	

续上表

序号	化合物名称	分子式	体积浓度检测结果（μmol/mol）	归一化浓度（v%）	备注
19	环己烷	C_6H_{12}	2.65×10^3	0.63	*
20	3-甲基己烷	C_7H_{16}	1.18×10^3	0.28	
21	1,1-二甲基环戊烷	C_7H_{14}	2.08×10^2	0.05	
22	苯	C_6H_6	5.62×10^2	0.13	
23	反-1,3-二甲基环戊烷	C_7H_{14}	7.70×10^2	0.18	
24	1,3-二甲基环戊烷	C_7H_{14}	6.35×10^2	0.15	
25	1,2-二甲基环戊烷	C_7H_{14}	1.12×10^3	0.27	
26	庚烷	C_7H_{16}	2.99×10^3	0.71	
27	1,1,3-三甲基环戊烷	C_8H_{16}	3.85×10^2	0.09	
28	甲基环己烷	C_7H_{14}	2.62×10^3	0.63	
29	乙基环戊烷	C_7H_{14}	3.23×10^2	0.08	
30	1,2,4-三甲基环戊烷	C_8H_{16}	2.71×10^2	0.06	
31	1,2,3-三甲基环戊烷	C_8H_{16}	4.79×10^2	0.11	
32	2-甲基庚烷	C_8H_{18}	7.08×10^2	0.17	
33	4-甲基庚烷	C_8H_{18}	1.77×10^2	0.04	
34	3-甲基庚烷	C_8H_{18}	2.39×10^2	0.06	
35	1,1,2-三甲基环戊烷	C_8H_{16}	9.37×10^1	0.02	
36	1,3-二甲基环己烷 cis	C_8H_{16}	5.41×10^2	0.13	
37	1,4-二甲基环己烷	C_8H_{16}	1.67×10^2	0.04	
38	甲苯	C_7H_8	5.83×10^2	0.14	
39	辛烷	C_8H_{18}	8.33×10^2	0.20	
40	顺-1,2-二甲基环己烷	C_8H_{16}	1.56×10^2	0.04	
41	(Z)-2,3-二甲基-3-己烯	C_8H_{16}	6.24×10^1	0.01	
42	反-1,2-二甲基环己烷	C_8H_{16}	2.81×10^2	0.07	
43	反-1,3-二甲基环己烷	C_8H_{16}	1.04×10^2	0.02	
44	2,6-二甲基庚烷	C_9H_{20}	1.35×10^2	0.03	
45	1,1,2-三甲基环己烷	C_9H_{18}	6.24×10^1	0.01	
46	反-1,2-二甲基环己烷	C_8H_{16}	3.12×10^1	0.01	
47	乙基环己烷	C_8H_{16}	2.08×10^2	0.05	
48	1,1,3-三甲基环己烷	C_9H_{18}	3.33×10^2	0.08	
49	2,3-二甲基庚烷	C_9H_{20}	9.37×10^1	0.02	
50	4-甲基辛烷	C_9H_{20}	1.04×10^2	0.02	

续上表

序号	化合物名称	分子式	体积浓度检测结果 (μmol/mol)	归一化浓度 ($v\%$)	备注
51	1,3,5-三甲基环己烷	C_9H_{18}	7.28×10^1	0.02	
52	3-甲基辛烷	C_9H_{20}	6.24×10^1	0.01	
53	乙苯	C_8H_{10}	1.04×10^2	0.02	
54	壬烷	C_9H_{20}	2.39×10^2	0.06	
55	间二甲苯	C_8H_{10}	6.87×10^2	0.05	
56	1-乙基-3-甲基环己烷	C_9H_{18}	3.12×10^1	0.01	
57	顺-1-乙基-3-甲基环己烷	C_9H_{18}	3.12×10^1	0.01	
58	3,5-二甲基-3-庚烯	C_9H_{18}	4.16×10^1	0.01	
59	2,6-二甲基辛烷	$C_{10}H_{22}$	4.16×10^1	0.01	
60	2,3-二甲基辛烷	$C_{10}H_{22}$	8.33×10^1	0.02	
61	丙基环己烷	C_9H_{18}	4.16×10^1	0.01	
62	1,1,2,3-四甲基环己烷	$C_{10}H_{20}$	4.16×10^1	0.01	
63	正癸烷	$C_{10}H_{22}$	1.77×10^2	0.04	

原油(产地索科尔)上方气VOCs定性定量分析结果　　　　附表10

序号	化合物名称	分子式	体积浓度检测结果 (μmol/mol)	归一化浓度 ($v\%$)	备注
1	甲烷	CH_4	2.19×10^2	0.08	*
2	乙烷	C_2H_6	1.12×10^4	4.04	*
3	丙烷	C_3H_8	5.78×10^4	20.88	*
4	异丁烷	C_4H_{10}	3.12×10^4	11.29	*
5	丁烷	C_4H_{10}	5.57×10^4	20.13	*
6	新戊烷	C_5H_{12}	4.09×10^2	0.15	*
7	异戊烷	C_5H_{12}	2.96×10^4	10.71	*
8	戊烷	C_5H_{12}	1.98×10^4	7.17	*
9	2,2-二甲基丁烷	C_6H_{14}	1.05×10^3	0.38	*
10	2-甲基戊烷	C_6H_{14}	5.20×10^3	1.88	*
11	环戊烷	C_5H_{10}	3.19×10^3	1.15	*
12	3-甲基戊烷	C_6H_{14}	5.39×10^3	1.95	*
13	正己烷	C_6H_{14}	5.29×10^3	1.91	*
14	2,2-二甲基戊烷	C_7H_{16}	2.81×10^2	0.10	*
15	2,4-二甲基戊烷	C_7H_{16}	4.21×10^2	0.15	*
16	甲基环戊烷	C_6H_{10}	6.38×10^3	2.31	*

续上表

序号	化合物名称	分子式	体积浓度检测结果（$\mu mol/mol$）	归一化浓度（$v\%$）	备注
17	2,2,3-三甲基丁烷	C_7H_{16}	7.66×10^1	0.03	
18	3,3-二甲基戊烷	C_7H_{16}	1.53×10^2	0.06	
19	2-甲基己烷	C_7H_{16}	1.69×10^3	0.61	
20	环己烷	C_6H_{12}	5.11×10^3	1.85	*
21	3-甲基己烷	C_7H_{16}	1.95×10^3	0.71	
22	1,1-二甲基环戊烷	C_7H_{14}	8.94×10^2	0.32	
23	苯	C_6H_6	2.76×10^3	1.00	
24	反-1,3-二甲基环戊烷	C_7H_{14}	1.37×10^3	0.49	
25	1,3-二甲基环戊烷	C_7H_{14}	1.43×10^3	0.52	
26	1,2-二甲基环戊烷	C_7H_{14}	2.25×10^3	0.81	
27	庚烷	C_7H_{16}	2.16×10^3	0.78	
28	1,1,3-三甲基环戊烷	C_8H_{16}	1.29×10^3	0.47	
29	甲基环己烷	C_7H_{14}	5.48×10^3	1.98	
30	乙基环戊烷	C_7H_{14}	4.85×10^2	0.18	
31	1,2,4-三甲基环戊烷	C_8H_{16}	6.77×10^2	0.24	
32	1,2,3-三甲基环戊烷	C_8H_{16}	7.91×10^2	0.29	
33	2,3-二甲基己烷	C_8H_{18}	1.02×10^2	0.04	
34	2-甲基庚烷	C_8H_{18}	7.53×10^2	0.27	
35	4-甲基庚烷	C_8H_{18}	2.43×10^2	0.09	
36	3-甲基庚烷	C_8H_{18}	5.11×10^2	0.18	
37	1,1,2-三甲基环戊烷	C_8H_{16}	2.68×10^2	0.10	
38	顺-1,3-二甲基环己烷	C_8H_{16}	1.07×10^3	0.39	
39	1,4-二甲基环己烷	C_8H_{16}	4.09×10^2	0.15	
40	甲苯	C_7H_8	3.68×10^3	1.33	
41	辛烷	C_8H_{18}	6.89×10^2	0.25	
42	顺-1,2-二甲基环己烷	C_8H_{16}	4.85×10^2	0.18	
43	(Z)-2,3-二甲基-3-己烯	C_8H_{16}	1.79×10^2	0.06	
44	反-1,2-二甲基环己烷	C_8H_{16}	5.49×10^2	0.20	
45	反-1,3-二甲基环己烷	C_8H_{16}	2.81×10^2	0.10	
46	2,6-二甲基庚烷	C_9H_{20}	2.04×10^2	0.07	
47	1,1,2-三甲基环己烷	C_9H_{18}	1.02×10^2	0.04	
48	反-1,2-二甲基环己烷	C_8H_{16}	1.02×10^2	0.04	

续上表

序号	化合物名称	分子式	体积浓度检测结果 ($\mu mol/mol$)	归一化浓度 ($v\%$)	备注
49	乙基环己烷	C_8H_{16}	4.72×10^2	0.17	
50	1,1,3 三甲基环己烷	C_9H_{18}	5.62×10^2	0.20	
51	2,3-二甲基庚烷	C_9H_{20}	2.17×10^2	0.08	
52	4 甲基辛烷	C_9H_{20}	1.53×10^2	0.06	
53	1,3,5-三甲基环己烷	C_9H_{18}	1.40×10^2	0.05	
54	3-甲基辛烷	C_9H_{20}	1.02×10^2	0.04	
55	乙苯	C_8H_{10}	3.06×10^2	0.11	
56	壬烷	C_9H_{20}	1.66×10^2	0.06	
57	二甲苯	C_8H_{10}	1.28×10^3	0.47	
58	顺-1-乙基-3-甲基环己烷	C_9H_{18}	6.38×10^1	0.02	
59	3,5-二甲基-3-庚烯	C_9H_{18}	1.53×10^2	0.06	
60	2,6-二甲基辛烷	$C_{10}H_{22}$	8.94×10^1	0.03	
61	2,3-二甲基辛烷	$C_{10}H_{22}$	1.28×10^2	0.05	
62	丙基环己烷	C_9H_{18}	6.38×10^1	0.02	
63	1,1,2,3-四甲基环己烷	$C_{10}H_{20}$	6.38×10^1	0.02	
64	1,2,3-三甲苯	C_9H_{12}	8.94×10^1	0.03	
65	正癸烷	$C_{10}H_{22}$	1.40×10^2	0.05	
66	1,2,4-三甲苯	C_9H_{12}	1.15×10^2	0.04	
67	1-乙基-4-甲基苯	C_9H_{12}	5.11×10^1	0.02	
68	1,3,5-三甲苯	C_9H_{12}	1.91×10^2	0.07	

原油(产地卢拉)上方气 VOCs 定性定量分析结果　　附表 11

序号	化合物名称	分子式	体积浓度检测结果 ($\mu mol/mol$)	归一化浓度 ($v\%$)	备注
1	甲烷	CH_4	7.89×10^2	0.20	*
2	乙烷	C_2H_6	3.48×10^4	8.65	*
3	丙烷	C_3H_8	1.39×10^5	34.67	*
4	异丁烷	C_4H_{10}	4.19×10^4	10.42	*
5	丁烷	C_4H_{10}	8.63×10^4	21.47	*
6	新戊烷	C_5H_{12}	3.33×10^2	0.08	
7	异戊烷	C_5H_{12}	2.39×10^4	5.95	*
8	戊烷	C_5H_{12}	2.97×10^4	7.39	*
9	2,2-二甲基丁烷	C_6H_{14}	3.68×10^2	0.09	

续上表

序号	化合物名称	分子式	体积浓度检测结果（μmol/mol）	归一化浓度（v%）	备注
10	2-甲基戊烷	C_6H_{14}	$5.47×10^3$	1.36	*
11	环戊烷	C_5H_{10}	$2.30×10^3$	0.57	*
12	3-甲基戊烷	C_6H_{14}	$2.62×10^3$	0.65	*
13	正己烷	C_6H_{14}	$7.46×10^3$	1.85	*
14	2,2-二甲基戊烷	C_7H_{16}	$1.15×10^2$	0.03	
15	2,4-二甲基戊烷	C_7H_{16}	$2.87×10^2$	0.07	
16	甲基环戊烷	C_6H_{10}	$3.30×10^3$	0.82	*
17	2,2,3-三甲基丁烷	C_7H_{16}	$3.45×10^1$	0.01	
18	3,3-二甲基戊烷	C_7H_{16}	$5.74×10^1$	0.01	
19	2-甲基己烷	C_7H_{16}	$1.37×10^3$	0.34	
20	环己烷	C_6H_{12}	$1.60×10^3$	0.40	*
21	3-甲基己烷	C_7H_{16}	$1.36×10^3$	0.34	
22	1,1-二甲基环戊烷	C_7H_{14}	$2.53×10^2$	0.06	
23	苯	C_6H_6	$9.88×10^2$	0.25	
24	反-1,3-二甲基环戊烷	C_7H_{14}	$7.35×10^2$	0.18	
25	1,3-二甲基环戊烷	C_7H_{14}	$6.55×10^2$	0.16	
26	1,2-二甲基环戊烷	C_7H_{14}	$1.18×10^3$	0.29	
27	庚烷	C_7H_{16}	$3.39×10^3$	0.84	
28	1,1,3-三甲基环戊烷	C_8H_{16}	$4.14×10^2$	0.10	
29	甲基环己烷	C_7H_{14}	$3.11×10^3$	0.77	
30	乙基环戊烷	C_7H_{14}	$3.22×10^2$	0.08	
31	1,2,4-三甲基环戊烷	C_8H_{16}	$2.76×10^2$	0.07	
32	1,2,3-三甲基环戊烷	C_8H_{16}	$4.48×10^2$	0.11	
33	2-甲基庚烷	C_8H_{18}	$6.55×10^2$	0.16	
34	4-甲基庚烷	C_8H_{18}	$9.19×10^1$	0.02	
35	3-甲基庚烷	C_8H_{18}	$2.76×10^2$	0.07	
36	1,1,2-三甲基环戊烷	C_8H_{18}	$1.03×10^2$	0.03	
37	顺-1,3-二甲基环己烷	C_8H_{16}	$6.09×10^2$	0.15	
38	1,4-二甲基环己烷	C_8H_{16}	$1.95×10^2$	0.05	
39	甲苯	C_8H_{16}	$8.39×10^2$	0.21	
40	辛烷	C_7H_8	$9.19×10^2$	0.23	
41	顺-1,2-二甲基环己烷	C_8H_{18}	$1.49×10^2$	0.04	

续上表

序号	化合物名称	分子式	体积浓度检测结果 ($\mu mol/mol$)	归一化浓度 ($v\%$)	备注
42	(Z)-2,3-二甲基-3-己烯	C_8H_{16}	5.74×10^1	0.01	
43	反-1,2-二甲基环己烷	C_8H_{16}	3.10×10^2	0.08	
44	反-1,3-二甲基环己烷	C_8H_{16}	1.15×10^2	0.03	
45	2,6-二甲基庚烷	C_9H_{20}	1.61×10^2	0.04	
46	1,1,2-三甲基环己烷	C_9H_{18}	6.89×10^1	0.02	
47	反-1,2-二甲基环己烷	C_8H_{16}	3.45×10^1	0.01	
48	乙基环己烷	C_8H_{16}	2.30×10^2	0.06	
49	1,1,3三甲基环己烷	C_9H_{18}	3.33×10^2	0.08	
50	2,3-二甲基庚烷	C_9H_{20}	1.03×10^2	0.03	
51	4-甲基辛烷	C_9H_{20}	1.15×10^2	0.03	
52	1,3,5-三甲基环己烷	C_9H_{18}	8.04×10^1	0.02	
53	3-甲基辛烷	C_9H_{20}	6.89×10^1	0.02	
54	乙苯	C_8H_{10}	1.03×10^2	0.03	
55	壬烷	C_9H_{20}	2.41×10^2	0.06	
56	二甲苯	C_8H_{10}	2.29×10^2	0.05	
57	顺-1-乙基-3甲基环己烷	C_9H_{18}	5.74×10^1	0.01	
58	3,5-二甲基-3-庚烯	C_9H_{18}	5.74×10^1	0.01	
59	2,6-二甲基辛烷	$C_{10}H_{22}$	4.60×10^1	0.01	
60	2,3-二甲基辛烷	$C_{10}H_{22}$	8.04×10^1	0.02	
61	丙基环己烷	C_9H_{18}	4.60×10^1	0.01	
62	1,1,2,3-四甲基环己烷	$C_{10}H_{20}$	4.60×10^1	0.01	
63	正癸烷	$C_{10}H_{22}$	1.15×10^2	0.03	
64	1,3,5-三甲苯	C_9H_{12}	6.89×10^1	0.02	

原油(产地布齐奥斯)上方气 VOCs 定性定量分析结果　　附表 12

序号	化合物名称	分子式	体积浓度检测结果 ($\mu mol/mol$)	归一化浓度 ($v\%$)	备注
1	甲烷	CH_4	2.22×10^3	0.47	*
2	乙烷	C_2H_6	2.70×10^4	5.69	*
3	丙烷	C_3H_8	1.42×10^5	29.86	*
4	异丁烷	C_4H_{10}	4.47×10^4	9.42	*
5	丁烷	C_4H_{10}	1.27×10^5	26.79	*
6	新戊烷	C_5H_{12}	3.49×10^2	0.07	

续上表

序号	化合物名称	分子式	体积浓度检测结果($\mu mol/mol$)	归一化浓度($v\%$)	备注
7	异戊烷	C_5H_{12}	3.39×10^4	7.14	*
8	戊烷	C_5H_{12}	4.32×10^4	9.10	*
9	2,2-二甲基丁烷	C_6H_{14}	4.22×10^2	0.09	*
10	2-甲基戊烷	C_6H_{14}	6.11×10^3	1.29	*
11	环戊烷	C_5H_{10}	1.58×10^3	0.33	*
12	3-甲基戊烷	C_6H_{14}	5.69×10^3	1.20	*
13	正己烷	C_6H_{14}	1.12×10^4	2.37	*
14	2,2-二甲基戊烷	C_7H_{16}	1.31×10^2	0.03	
15	2,4-二甲基戊烷	C_7H_{16}	3.93×10^2	0.08	
16	甲基环戊烷	C_6H_{10}	2.12×10^3	0.45	*
17	3,3-二甲基戊烷	C_7H_{16}	5.82×10^1	0.01	
18	2-甲基己烷	C_7H_{16}	2.55×10^3	0.54	
19	环己烷	C_6H_{12}	9.51×10^2	0.20	*
20	3-甲基己烷	C_7H_{16}	2.63×10^3	0.55	
21	1,1-二甲基环戊烷	C_7H_{14}	1.45×10^2	0.03	
22	苯	C_6H_6	1.82×10^3	0.38	
23	1,3-二甲基环戊烷	C_7H_{14}	4.22×10^2	0.09	
24	1,2-二甲基环戊烷	C_7H_{14}	5.81×10^3	1.22	
25	1,1,3-三甲基环戊烷	C_8H_{16}	3.06×10^2	0.06	
26	甲基环己烷	C_7H_{14}	2.07×10^3	0.44	
27	乙基环戊烷	C_7H_{14}	3.20×10^2	0.07	
28	1,2,4-三甲基环戊烷	C_8H_{16}	1.60×10^2	0.03	
29	1,2,3-三甲基环戊烷	C_8H_{16}	2.04×10^2	0.04	
30	2,3-二甲基己烷	C_8H_{18}	1.31×10^2	0.03	
31	2-甲基庚烷	C_8H_{18}	1.06×10^3	0.22	
32	4-甲基庚烷	C_8H_{18}	3.93×10^2	0.08	
33	3-甲基庚烷	C_8H_{18}	6.84×10^2	0.14	
34	1,1,2-三甲基环戊烷	C_8H_{18}	1.16×10^2	0.02	
35	顺-1,3-二甲基环己烷	C_8H_{16}	2.76×10^2	0.06	
36	1,4-二甲基环己烷	C_8H_{16}	1.16×10^2	0.02	
37	甲苯	C_8H_{16}	1.34×10^3	0.28	
38	辛烷	C_7H_8	1.69×10^3	0.36	

续上表

序号	化合物名称	分子式	体积浓度检测结果（μmol/mol）	归一化浓度（$v\%$）	备注
39	顺-1,2-二甲基环己烷	C_8H_{18}	1.60×10^2	0.03	
40	反-1,2-二甲基环己烷	C_8H_{16}	1.16×10^2	0.02	
41	反-1,3-二甲基环己烷	C_8H_{16}	7.27×10^1	0.02	
42	2,6-二甲基庚烷	C_9H_{20}	1.45×10^2	0.03	
43	1,1,2-三甲基环己烷	C_8H_{16}	5.82×10^1	0.01	
44	乙基环己烷	C_8H_{16}	1.31×10^2	0.03	
45	1,1,3-三甲基环己烷	C_9H_{18}	1.16×10^2	0.02	
46	2,3-二甲基庚烷	C_9H_{20}	1.16×10^2	0.02	
47	4-甲基辛烷	C_9H_{20}	2.47×10^2	0.05	
48	3-甲基辛烷	C_9H_{20}	1.60×10^2	0.03	
49	乙苯	C_8H_{10}	2.62×10^2	0.06	
50	壬烷	C_9H_{20}	4.66×10^2	0.10	
51	间二甲苯	C_8H_{10}	4.36×10^2	0.09	
52	1-乙基-3-甲基环己烷	C_9H_{18}	4.36×10^1	0.01	
53	3,5-二甲基-3-庚烯	C_9H_{18}	4.36×10^1	0.01	
54	2,6-二甲基辛烷	$C_{10}H_{22}$	5.82×10^1	0.01	
55	丙基环己烷	C_9H_{18}	7.27×10^1	0.02	
56	1,2,3-三甲苯	C_9H_{12}	7.27×10^1	0.02	
57	正癸烷	$C_{10}H_{22}$	2.47×10^2	0.05	
58	1-乙基-4-甲基苯	C_9H_{12}	8.73×10^1	0.02	
59	1,3,5-三甲苯	C_9H_{12}	7.27×10^1	0.02	

原油（产地图皮）上方气 VOCs 定性定量分析结果　　　　附表13

序号	化合物名称	分子式	体积浓度检测结果（μmol/mol）	归一化浓度（$v\%$）	备注
1	甲烷	CH_4	1.52×10^3	0.39	*
2	乙烷	C_2H_6	2.82×10^4	7.30	*
3	丙烷	C_3H_8	1.22×10^5	31.51	*
4	异丁烷	C_4H_{10}	4.06×10^4	10.50	*
5	丁烷	C_4H_{10}	8.91×10^4	23.04	*
6	新戊烷	C_5H_{12}	3.82×10^2	0.10	*
7	异戊烷	C_5H_{12}	2.56×10^4	6.63	*
8	戊烷	C_5H_{12}	3.22×10^4	8.32	*

续上表

序号	化合物名称	分子式	体积浓度检测结果（μmol/mol）	归一化浓度（v%）	备注
9	2,2-二甲基丁烷	C_6H_{14}	$3.82×10^2$	0.10	*
10	2-甲基戊烷	C_6H_{14}	$5.75×10^3$	1.49	*
11	环戊烷	C_5H_{10}	$2.39×10^3$	0.62	*
12	3-甲基戊烷	C_6H_{14}	$2.80×10^3$	0.72	*
13	正己烷	C_6H_{14}	$7.86×10^3$	2.03	*
14	2,2-二甲基戊烷	C_7H_{16}	$1.19×10^2$	0.03	
15	2,4-二甲基戊烷	C_7H_{16}	$2.98×10^2$	0.08	
16	甲基环戊烷	C_6H_{10}	$3.38×10^3$	0.87	*
17	2,2,3-三甲基丁烷	C_7H_{16}	$3.58×10^1$	0.01	
18	3,3-二甲基戊烷	C_7H_{16}	$5.96×10^1$	0.02	
19	2-甲基己烷	C_7H_{16}	$1.43×10^3$	0.37	
20	环己烷	C_6H_{12}	$1.59×10^3$	0.41	*
21	3-甲基己烷	C_7H_{16}	$1.42×10^3$	0.37	
22	1,1-二甲基环戊烷	C_7H_{14}	$2.62×10^2$	0.07	
23	苯	C_6H_6	$1.10×10^3$	0.28	
24	反-1,3-二甲基环戊烷	C_7H_{14}	$7.39×10^2$	0.19	
25	1,3-二甲基环戊烷	C_7H_{14}	$6.80×10^2$	0.18	
26	1,2-二甲基环戊烷	C_7H_{14}	$1.19×10^3$	0.31	
27	庚烷	C_7H_{16}	$3.55×10^3$	0.92	
28	1,1,3-三甲基环戊烷	C_8H_{16}	$4.05×10^2$	0.10	
29	甲基环己烷	C_7H_{14}	$3.20×10^3$	0.83	
30	乙基环戊烷	C_7H_{14}	$3.34×10^2$	0.09	
31	1,2,4-三甲基环戊烷	C_8H_{16}	$2.86×10^2$	0.07	
32	1,2,3-三甲基环戊烷	C_8H_{16}	$4.65×10^2$	0.12	
33	2,3-二甲基己烷	C_8H_{18}	$5.96×10^1$	0.02	
34	2-甲基庚烷	C_8H_{18}	$8.35×10^2$	0.22	
35	4-甲基庚烷	C_8H_{18}	$2.03×10^2$	0.05	
36	3-甲基庚烷	C_8H_{18}	$2.98×10^2$	0.08	
37	1,1,2-三甲基环戊烷	C_8H_{16}	$1.07×10^2$	0.03	
38	顺-1,3-二甲基环己烷	C_8H_{16}	$6.20×10^2$	0.16	
39	1,4-二甲基环己烷	C_8H_{16}	$2.03×10^2$	0.05	
40	甲苯	C_8H_{16}	$8.94×10^2$	0.23	

续上表

序号	化合物名称	分子式	体积浓度检测结果 (μmol/mol)	归一化浓度 ($v\%$)	备注
41	辛烷	C_7H_8	9.90×10^2	0.26	
42	顺-1,2-二甲基环己烷	C_8H_{18}	1.55×10^2	0.04	
43	(Z)-2,3-二甲基-3-己烯	C_8H_{16}	5.96×10^1	0.02	
44	反-1,2-二甲基环己烷	C_8H_{16}	3.10×10^2	0.08	
45	反-1,3-二甲基环己烷	C_8H_{16}	1.19×10^2	0.03	
46	2,6-二甲基庚烷	C_9H_{20}	1.55×10^2	0.04	
47	1,1,2-三甲基环己烷	C_9H_{18}	5.96×10^1	0.02	
48	反-1,2-二甲基环己烷	C_8H_{16}	2.27×10^2	0.06	
49	1,1,3-三甲基环己烷	C_9H_{18}	3.34×10^2	0.09	
50	2,3-二甲基庚烷	C_9H_{20}	9.54×10^1	0.02	
51	4-甲基辛烷	C_9H_{20}	1.19×10^2	0.03	
52	1,3,5-三甲基环己烷	C_9H_{18}	7.15×10^1	0.02	
53	3-甲基辛烷	C_9H_{20}	7.15×10^1	0.02	
54	乙苯	C_8H_{10}	1.19×10^2	0.03	
55	壬烷	C_9H_{20}	2.98×10^2	0.08	
56	二甲苯	C_8H_{10}	3.34×10^2	0.08	
57	1-乙基-3甲基环己烷	C_9H_{18}	3.58×10^1	0.01	
58	顺-1-乙基-3甲基环己烷	C_9H_{18}	3.58×10^1	0.01	
59	3,5-二甲基-3庚烯	C_9H_{18}	7.15×10^1	0.02	
60	2,6-二甲基辛烷	$C_{10}H_{22}$	5.96×10^1	0.02	
61	2,3-二甲基辛烷	$C_{10}H_{22}$	8.35×10^1	0.02	
62	丙基环己烷	C_9H_{18}	4.77×10^1	0.01	
63	1,1,2,3-四甲基环己烷	$C_{10}H_{20}$	4.77×10^1	0.01	
64	正癸烷	$C_{10}H_{22}$	1.31×10^2	0.03	
65	1-乙基-4-甲基苯	C_9H_{12}	3.58×10^1	0.01	
66	1,3,5-三甲苯	C_9H_{12}	8.35×10^1	0.02	

原油(产地福塔金)上方气 VOCs 定性定量分析结果　　　　附表 14

序号	化合物名称	分子式	体积浓度检测结果 (μmol/mol)	归一化浓度 ($v\%$)	备注
1	甲烷	CH_4	5.30×10^1	0.01	*
2	乙烷	C_2H_6	1.62×10^3	0.44	*
3	丙烷	C_3H_8	9.19×10^4	24.99	*

续上表

序号	化合物名称	分子式	体积浓度检测结果（μmol/mol）	归一化浓度（v%）	备注
4	异丁烷	C_4H_{10}	2.98×10^4	8.09	*
5	丁烷	C_4H_{10}	1.07×10^5	29.03	*
6	新戊烷	C_5H_{12}	1.91×10^2	0.05	*
7	异戊烷	C_5H_{12}	3.35×10^4	9.11	*
8	戊烷	C_5H_{12}	3.88×10^4	10.55	*
9	2,2-二甲基丁烷	C_6H_{14}	2.94×10^2	0.08	*
10	2-甲基戊烷	C_6H_{14}	6.31×10^3	1.72	*
11	环戊烷	C_5H_{10}	3.01×10^3	0.82	
12	3-甲基戊烷	C_6H_{14}	5.81×10^3	1.58	*
13	正己烷	C_6H_{14}	9.53×10^3	2.59	
14	2,2-二甲基戊烷	C_7H_{16}	1.30×10^2	0.04	
15	2,4-二甲基戊烷	C_7H_{16}	4.20×10^2	0.11	
16	甲基环戊烷	C_6H_{10}	5.63×10^3	1.53	*
17	2,2,3-三甲基丁烷	C_7H_{16}	4.34×10^1	0.01	
18	3,3-二甲基戊烷	C_7H_{16}	5.79×10^1	0.02	
19	2-甲基己烷	C_7H_{16}	2.07×10^3	0.56	
20	环己烷	C_6H_{12}	2.33×10^3	0.63	*
21	3-甲基己烷	C_7H_{16}	2.39×10^3	0.65	
22	1,1-二甲基环戊烷	C_7H_{14}	4.05×10^2	0.11	
23	苯	C_6H_6	1.49×10^3	0.41	
24	反-1,3-二甲基环戊烷	C_7H_{14}	1.29×10^3	0.35	
25	1,3-二甲基环戊烷	C_7H_{14}	1.11×10^3	0.30	
26	1,2-二甲基环戊烷	C_7H_{14}	1.94×10^3	0.53	
27	庚烷	C_7H_{16}	4.07×10^3	1.11	
28	甲基环己烷	C_7H_{14}	3.88×10^3	1.05	
29	乙基环戊烷	C_7H_{14}	5.93×10^2	0.16	
30	1,2,4-三甲基环戊烷	C_8H_{16}	4.05×10^2	0.11	
31	1,2,3-三甲基环戊烷	C_8H_{16}	5.93×10^2	0.16	
32	2,3-二甲基己烷	C_8H_{18}	1.01×10^2	0.03	
33	2-甲基庚烷	C_8H_{18}	1.01×10^3	0.28	
34	4-甲基庚烷	C_8H_{18}	2.89×10^2	0.08	
35	3-甲基庚烷	C_8H_{18}	5.21×10^2	0.14	

续上表

序号	化合物名称	分子式	体积浓度检测结果（μmol/mol）	归一化浓度（v%）	备注
36	1,1,2-三甲基环戊烷	C_8H_{18}	$1.59×10^2$	0.04	
37	顺-1,3-二甲基环己烷	C_8H_{16}	$7.52×10^2$	0.20	
38	1,4-二甲基环己烷	C_8H_{16}	$2.75×10^2$	0.07	
39	甲苯	C_8H_{16}	$1.45×10^3$	0.39	
40	辛烷	C_7H_8	$1.45×10^3$	0.39	
41	顺-1,2-二甲基环己烷	C_8H_{18}	$3.91×10^2$	0.11	
42	(Z)-2,3-二甲基-3 己烯	C_8H_{16}	$8.68×10^1$	0.02	
43	反-1,2-二甲基环己烷	C_8H_{16}	$3.91×10^2$	0.11	
44	反-1,3-二甲基环己烷	C_8H_{16}	$1.59×10^2$	0.04	
45	2,6-二甲基庚烷	C_9H_{20}	$2.03×10^2$	0.06	
46	1,1,2-三甲基环己烷	C_9H_{18}	$1.16×10^2$	0.03	
47	反-1,2-二甲基环己烷	C_8H_{16}	$5.79×10^1$	0.02	
48	乙基环己烷	C_8H_{16}	$4.05×10^2$	0.11	
49	1,1,3 三甲基环己烷	C_9H_{18}	$4.05×10^2$	0.11	
50	2,3-二甲基庚烷	C_9H_{20}	$2.03×10^2$	0.06	
51	4-甲基辛烷	C_9H_{20}	$2.03×10^2$	0.06	
52	1,3,5-三甲基环己烷	C_9H_{18}	$7.23×10^1$	0.02	
53	3-甲基辛烷	C_9H_{20}	$1.30×10^2$	0.04	
54	乙苯	C_8H_{10}	$2.75×10^2$	0.07	
55	壬烷	C_9H_{20}	$4.34×10^2$	0.12	
56	间二甲苯	C_8H_{10}	$4.92×10^2$	0.14	
57	1-乙基-3 甲基环己烷	C_9H_{18}	$7.23×10^1$	0.02	
58	顺-1-乙基-3-甲基环己烷	C_9H_{18}	$1.01×10^2$	0.03	
59	3,5-二甲基-3 庚烯	C_9H_{18}	$7.23×10^1$	0.02	
60	2,6-二甲基辛烷	$C_{10}H_{22}$	$7.23×10^1$	0.02	
61	2,3-二甲基辛烷	$C_{10}H_{22}$	$1.16×10^2$	0.03	
62	丙基环己烷	C_9H_{18}	$7.23×10^1$	0.02	
63	1,1,2,3-四甲基环己烷	$C_{10}H_{20}$	$4.34×10^1$	0.01	
64	1,2,3-三甲苯	C_9H_{12}	$4.34×10^1$	0.01	
65	正癸烷	$C_{10}H_{22}$	$2.31×10^2$	0.06	
66	1-乙基-4-甲基苯	C_9H_{12}	$4.34×10^1$	0.01	
67	1,3,5-三甲苯	C_9H_{12}	$7.23×10^1$	0.02	

原油（产地曼吉）上方气 VOCs 定性定量分析结果　　　　附表 15

序号	化合物名称	分子式	体积浓度检测结果（μmol/mol）	归一化浓度（v%）	备注
1	甲烷	CH_4	2.95×10^3	1.00	*
2	乙烷	C_2H_6	2.20×10^4	7.49	*
3	丙烷	C_3H_8	8.88×10^4	30.14	*
4	异丁烷	C_4H_{10}	3.23×10^4	10.98	*
5	丁烷	C_4H_{10}	6.11×10^4	20.75	*
6	新戊烷	C_5H_{12}	3.39×10^2	0.12	
7	异戊烷	C_5H_{12}	2.57×10^4	8.74	*
8	戊烷	C_5H_{12}	2.15×10^4	7.29	*
9	2,2-二甲基丁烷	C_6H_{14}	2.44×10^2	0.08	
10	2-甲基戊烷	C_6H_{14}	5.28×10^3	1.79	*
11	环戊烷	C_5H_{10}	1.88×10^3	0.64	
12	3-甲基戊烷	C_6H_{14}	4.09×10^3	1.39	*
13	正己烷	C_6H_{14}	5.30×10^3	1.80	*
14	2,2-二甲基戊烷	C_7H_{16}	2.25×10^2	0.08	
15	2,4-二甲基戊烷	C_7H_{16}	4.19×10^2	0.14	
16	甲基环戊烷	C_6H_{10}	3.59×10^3	1.22	*
17	2,2,3-三甲基丁烷	C_7H_{16}	7.24×10^1	0.02	
18	3,3-二甲基戊烷	C_7H_{16}	8.05×10^1	0.03	
19	2-甲基己烷	C_7H_{16}	1.29×10^3	0.44	
20	环己烷	C_6H_{12}	2.06×10^3	0.70	*
21	3-甲基己烷	C_7H_{16}	1.33×10^3	0.45	
22	1,1-二甲基环戊烷	C_7H_{14}	2.25×10^2	0.08	
23	苯	C_6H_6	5.07×10^2	0.17	
24	反-1,3-二甲基环戊烷	C_7H_{14}	7.24×10^2	0.25	
25	1,3-二甲基环戊烷	C_7H_{14}	5.80×10^2	0.20	
26	1,2-二甲基环戊烷	C_7H_{14}	9.82×10^2	0.33	
27	庚烷	C_7H_{16}	1.80×10^3	0.61	
28	1,1,3-三甲基环戊烷	C_8H_{16}	4.02×10^2	0.14	
29	甲基环己烷	C_7H_{14}	2.45×10^3	0.83	
30	乙基环戊烷	C_7H_{14}	2.17×10^2	0.07	
31	1,2,4-三甲基环戊烷	C_8H_{16}	2.17×10^2	0.07	
32	1,2,3-三甲基环戊烷	C_8H_{16}	2.74×10^2	0.09	

续上表

序号	化合物名称	分子式	体积浓度检测结果（μmol/mol）	归一化浓度（v%）	备注
33	2,3-二甲基己烷	C_8H_{18}	$7.24×10^1$	0.02	
34	2甲基庚烷	C_8H_{18}	$6.04×10^2$	0.20	
35	4-甲基庚烷	C_8H_{18}	$1.61×10^2$	0.05	
36	3-甲基庚烷	C_8H_{18}	$3.46×10^2$	0.12	
37	1,1,2-三甲基环戊烷	C_8H_{16}	$9.66×10^1$	0.03	
38	顺-1,3-二甲基环己烷	C_8H_{16}	$4.59×10^2$	0.16	
39	1,4-二甲基环己烷	C_8H_{16}	$1.77×10^2$	0.06	
40	甲苯	C_7H_8	$4.83×10^2$	0.16	
41	辛烷	C_8H_{18}	$4.99×10^2$	0.17	
42	顺-1,2-二甲基环己烷	C_8H_{16}	$8.85×10^1$	0.03	
43	(Z)-2,3-二甲基-3-己烯	C_8H_{16}	$4.02×10^1$	0.01	
44	反-1,2-二甲基环己烷	C_8H_{16}	$1.93×10^2$	0.07	
45	反-1,3-二甲基环己烷	C_8H_{16}	$1.21×10^2$	0.04	
46	2,6-二甲基庚烷	C_9H_{20}	$1.05×10^2$	0.04	
47	1,1,2-三甲基环己烷	C_9H_{18}	$4.83×10^1$	0.02	
48	反-1,2-二甲基环己烷	C_8H_{16}	$3.22×10^1$	0.01	
49	乙基环己烷	C_8H_{16}	$1.61×10^2$	0.05	
50	1,1,3-三甲基环己烷	C_9H_{18}	$2.41×10^2$	0.08	
51	2,3-二甲基庚烷	C_9H_{20}	$8.85×10^1$	0.03	
52	4-甲基辛烷	C_9H_{20}	$1.29×10^2$	0.04	
53	1,3,5-三甲基环己烷	C_9H_{18}	$4.83×10^1$	0.02	
54	3-甲基辛烷	C_9H_{20}	$7.24×10^1$	0.02	
55	乙苯	C_8H_{10}	$8.85×10^1$	0.03	
56	壬烷	C_9H_{20}	$1.61×10^2$	0.05	
57	二甲苯	C_8H_{10}	$1.75×10^2$	0.08	
58	1-乙基-3-甲基环己烷	C_9H_{18}	$2.41×10^1$	0.01	
59	顺-1-乙基-3-甲基环己烷	C_9H_{18}	$2.41×10^1$	0.01	
60	3,5-二甲基-3-庚烯	C_9H_{18}	$5.63×10^1$	0.02	
61	2,6-二甲基辛烷	$C_{10}H_{22}$	$4.02×10^1$	0.01	
62	2,3-二甲基辛烷	$C_{10}H_{22}$	$4.83×10^1$	0.02	
63	1,1,2,3-四甲基环己烷	$C_{10}H_{20}$	$2.41×10^1$	0.01	
64	1,2,3-三甲苯	C_9H_{12}	$2.41×10^1$	0.01	

续上表

序号	化合物名称	分子式	体积浓度检测结果（μmol/mol）	归一化浓度（v%）	备注
65	正癸烷	$C_{10}H_{22}$	8.85×10^1	0.03	
66	1,2,4-三甲苯	C_9H_{12}	3.22×10^1	0.01	
67	1,3,5-三甲苯	C_9H_{12}	4.83×10^1	0.02	

原油（产地 ESPO）上方气 VOCs 定性定量分析结果　　附表 16

序号	化合物名称	分子式	体积浓度检测结果（μmol/mol）	归一化浓度（v%）	备注
1	甲烷	CH_4	2.65×10^3	0.65	*
2	乙烷	C_2H_6	3.12×10^4	7.68	*
3	丙烷	C_3H_8	1.18×10^5	29.13	*
4	异丁烷	C_4H_{10}	4.27×10^4	10.50	*
5	丁烷	C_4H_{10}	9.16×10^4	22.54	*
6	新戊烷	C_5H_{12}	6.55×10^2	0.16	
7	异戊烷	C_5H_{12}	3.15×10^4	7.76	*
8	戊烷	C_5H_{12}	3.45×10^4	8.48	*
9	2,2-二甲基丁烷	C_6H_{14}	3.93×10^2	0.10	
10	2-甲基戊烷	C_6H_{14}	6.26×10^3	1.54	*
11	环戊烷	C_5H_{10}	1.61×10^3	0.40	*
12	3-甲基戊烷	C_6H_{14}	4.78×10^3	1.17	*
13	正己烷	C_6H_{14}	9.16×10^3	2.25	*
14	2,2-二甲基戊烷	C_7H_{16}	2.14×10^2	0.05	
15	2,4-二甲基戊烷	C_7H_{16}	4.82×10^2	0.12	
16	甲基环戊烷	C_6H_{10}	2.99×10^3	0.74	*
17	2,2,3-三甲基丁烷	C_7H_{16}	6.69×10^1	0.02	
18	3,3-二甲基戊烷	C_7H_{16}	1.07×10^2	0.03	
19	2-甲基己烷	C_7H_{16}	2.18×10^3	0.54	
20	环己烷	C_6H_{12}	1.67×10^3	0.41	*
21	3-甲基己烷	C_7H_{16}	2.25×10^3	0.55	
22	1,1-二甲基环戊烷	C_7H_{14}	2.54×10^2	0.06	
23	苯	C_6H_6	1.39×10^3	0.34	
24	反-1,3-二甲基环戊烷	C_7H_{14}	5.75×10^2	0.14	
25	1,3-二甲基环戊烷	C_7H_{14}	5.89×10^2	0.14	
26	1,2-二甲基环戊烷	C_7H_{14}	8.96×10^2	0.22	

续上表

序号	化合物名称	分子式	体积浓度检测结果（$\mu mol/mol$）	归一化浓度（$v\%$）	备注
27	庚烷	C_7H_{16}	4.24×10^3	1.04	
28	1,1,3-三甲基环戊烷	C_8H_{16}	1.87×10^2	0.05	
29	甲基环己烷	C_7H_{14}	3.71×10^3	0.91	
30	已基环戊烷	C_7H_{14}	3.75×10^2	0.09	
31	1,2,4-三甲基环戊烷	C_8H_{16}	2.14×10^2	0.05	
32	1,2,3-三甲基环戊烷	C_8H_{16}	2.41×10^2	0.06	
33	2,3-二甲基己烷	C_8H_{18}	9.36×10^1	0.02	
34	2-甲基庚烷	C_8H_{18}	9.76×10^2	0.24	
35	4-甲基庚烷	C_8H_{18}	3.08×10^2	0.08	
36	3-甲基庚烷	C_8H_{18}	5.62×10^2	0.14	
37	1,1,2-三甲基环戊烷	C_8H_{16}	1.34×10^2	0.03	
38	顺-1,3-二甲基环己烷	C_8H_{16}	5.75×10^2	0.14	
39	1,4-二甲基环己烷	C_8H_{16}	2.27×10^2	0.06	
40	甲苯	C_7H_8	9.10×10^2	0.22	
41	辛烷	C_8H_{18}	1.16×10^3	0.29	
42	顺-1,2-二甲基环己烷	C_8H_{16}	1.20×10^2	0.03	
43	（E）-2,3-二甲基-3己烯	C_8H_{16}	4.01×10^1	0.01	
44	反-1,2-二甲基环己烷	C_8H_{16}	2.41×10^2	0.06	
45	反-1,3-二甲基环己烷	C_8H_{16}	1.34×10^2	0.03	
46	2,6-二甲基庚烷	C_9H_{20}	1.61×10^2	0.04	
47	1,1,2-三甲基环己烷	C_9H_{18}	6.69×10^1	0.02	
48	反-1,2-二甲基环己烷	C_8H_{16}	2.27×10^2	0.06	
49	1,1,3-三甲基环己烷	C_9H_{18}	1.61×10^2	0.04	
50	2,3-二甲基庚烷	C_9H_{20}	8.03×10^1	0.02	
51	4-甲基辛烷	C_9H_{20}	2.01×10^2	0.05	
52	1,3,5-三甲基环己烷	C_9H_{18}	4.01×10^1	0.01	
53	3-甲基辛烷	C_9H_{20}	1.34×10^2	0.03	
54	乙苯	C_8H_{10}	1.20×10^2	0.03	
55	壬烷	C_9H_{20}	3.34×10^2	0.08	
56	二甲苯	C_8H_{10}	3.08×10^2	0.08	
57	1-乙基-3-甲基环己烷	C_8H_{10}	4.01×10^1	0.01	
58	顺-1-乙基-3-甲基环己烷	C_9H_{18}	5.35×10^1	0.01	

续上表

序号	化合物名称	分子式	体积浓度检测结果（$\mu mol/mol$）	归一化浓度（$v\%$）	备注
59	3,5-二甲基-3-庚烯	C_9H_{18}	5.35×10^1	0.01	
60	2,6-二甲基辛烷	$C_{10}H_{22}$	5.35×10^1	0.01	
61	2,3-二甲基辛烷	$C_{10}H_{22}$	5.35×10^1	0.01	
62	丙基环己烷	$C_9H_{18}O$	4.01×10^1	0.01	
63	1,2,3-三甲苯	C_9H_{12}	4.01×10^1	0.01	
64	正癸烷	$C_{10}H_{22}$	1.87×10^2	0.05	
65	1-乙基-4-甲基苯	C_9H_{12}	4.01×10^1	0.01	
66	1,3,5-三甲苯	C_9H_{12}	4.01×10^1	0.01	

原油（产地科威特）上方气 VOCs 定性定量分析结果　　附表 17

序号	化合物名称	分子式	体积浓度检测结果（$\mu mol/mol$）	归一化浓度（$v\%$）	备注
1	甲烷	CH_4	4.58×10^2	0.11	*
2	乙烷	C_2H_6	1.71×10^4	4.25	*
3	丙烷	C_3H_8	1.07×10^5	26.72	*
4	异丁烷	C_4H_{10}	3.28×10^4	8.14	*
5	丁烷	C_4H_{10}	1.01×10^5	25.01	*
6	顺-2-丁烯	C_4H_8	3.46×10^2	0.09	*
7	新戊烷	C_5H_{12}	4.04×10^2	0.10	*
8	异戊烷	C_5H_{12}	3.34×10^4	8.31	*
9	戊烷	C_5H_{12}	4.34×10^4	10.78	*
10	2,2-二甲基丁烷	C_6H_{14}	6.46×10^2	0.16	*
11	2-甲基戊烷	C_6H_{14}	6.44×10^3	1.60	*
12	环戊烷	C_5H_{10}	1.38×10^3	0.34	*
13	3-甲基戊烷	C_6H_{14}	8.09×10^3	2.01	*
14	正己烷	C_6H_{14}	1.34×10^4	3.33	*
15	2,2-二甲基戊烷	C_7H_{16}	1.94×10^2	0.05	
16	2,4-二甲基戊烷	C_7H_{16}	5.81×10^2	0.14	
17	甲基环戊烷	C_6H_{10}	2.03×10^3	0.50	*
18	3,3-二甲基戊烷	C_7H_{16}	1.13×10^2	0.03	
19	2-甲基己烷	C_7H_{16}	3.26×10^3	0.81	
20	环己烷	C_6H_{12}	1.03×10^3	0.26	*
21	3-甲基己烷	C_7H_{16}	3.76×10^3	0.94	

续上表

序号	化合物名称	分子式	体积浓度检测结果 ($\mu mol/mol$)	归一化浓度 ($v\%$)	备注
22	1,1-二甲基环戊烷	C_7H_{14}	1.78×10^2	0.04	
23	苯	C_6H_6	1.82×10^3	0.45	
24	1,3-二甲基环戊烷	C_7H_{14}	4.52×10^2	0.11	
25	1,2-二甲基环戊烷	C_7H_{14}	6.30×10^2	0.16	
26	庚烷	C_7H_{16}	6.54×10^3	1.63	
27	1,1,3-三甲基环戊烷	C_8H_{16}	3.39×10^2	0.08	
28	甲基环己烷	C_7H_{14}	2.65×10^3	0.66	
29	已基环戊烷	C_7H_{14}	3.88×10^2	0.10	
30	1,2,4-三甲基环戊烷	C_8H_{16}	1.94×10^2	0.05	
31	1,2,3-三甲基环戊烷	C_8H_{16}	2.58×10^2	0.06	
32	2,3-二甲基己烷	C_8H_{18}	1.94×10^2	0.05	
33	2-甲基庚烷	C_8H_{18}	1.37×10^3	0.34	
34	4-甲基庚烷	C_8H_{18}	5.17×10^2	0.13	
35	3-甲基庚烷	C_8H_{18}	1.02×10^3	0.25	
36	1,1,2-三甲基环戊烷	C_8H_{16}	1.94×10^2	0.05	
37	顺-1,3-二甲基环己烷	C_8H_{16}	3.55×10^2	0.09	
38	1,4-二甲基环己烷	C_8H_{16}	1.61×10^2	0.04	
39	甲苯	C_7H_8	1.42×10^3	0.35	
40	辛烷	C_8H_{18}	2.05×10^3	0.51	
41	顺-1,2-二甲基环己烷	C_8H_{16}	1.29×10^2	0.03	
42	反-1,2-二甲基环己烷	C_8H_{16}	1.61×10^2	0.04	
43	反-1,3-二甲基环己烷	C_8H_{16}	8.07×10^1	0.02	
44	2,6-二甲基庚烷	C_9H_{20}	2.10×10^2	0.05	
45	1,1,2-三甲基环己烷	C_9H_{18}	8.07×10^1	0.02	
46	乙基环己烷	C_8H_{16}	1.78×10^2	0.04	
47	1,1,3-三甲基环己烷	C_9H_{18}	2.10×10^2	0.05	
48	2,3-二甲基庚烷	C_9H_{20}	1.45×10^2	0.04	
49	4-甲基辛烷	C_9H_{20}	3.71×10^2	0.09	
50	3-甲基辛烷	C_9H_{20}	2.74×10^2	0.07	
51	乙苯	C_8H_{10}	2.26×10^2	0.06	
52	壬烷	C_9H_{20}	5.97×10^2	0.15	
53	二甲苯	C_8H_{10}	6.45×10^2	0.16	

续上表

序号	化合物名称	分子式	体积浓度检测结果（μmol/mol）	归一化浓度（v%）	备注
54	顺-1-乙基-3-甲基环己烷	C_9H_{18}	$4.84×10^1$	0.01	
55	3,5-二甲基-3-庚烯	C_9H_{18}	$4.84×10^1$	0.01	
56	2,6-二甲基辛烷	$C_{10}H_{22}$	$8.07×10^1$	0.02	
57	2,3-二甲基辛烷	$C_{10}H_{22}$	$8.07×10^1$	0.02	
58	1,2,3-三甲苯	C_9H_{12}	$8.07×10^1$	0.02	
59	正癸烷	$C_{10}H_{22}$	$3.07×10^2$	0.08	
60	1,2,4-三甲苯	C_9H_{12}	$4.84×10^1$	0.01	
61	1-乙基-4-甲基苯	C_9H_{12}	$8.07×10^1$	0.02	
62	1,3,5-三甲苯	C_9H_{12}	$1.13×10^2$	0.03	

原油[产地沙特中质原油（Saudi medium）]上方气 VOCs 定性定量分析结果　　附表 18

序号	化合物名称	分子式	体积浓度检测结果（μmol/mol）	归一化浓度（v%）	备注
1	甲烷	CH_4	$8.85×10^1$	0.03	*
2	乙烷	C_2H_6	$7.01×10^3$	2.17	*
3	丙烷	C_3H_8	$6.60×10^4$	20.46	*
4	异丁烷	C_4H_{10}	$2.62×10^4$	8.11	*
5	丁烷	C_4H_{10}	$8.95×10^4$	27.76	*
6	新戊烷	C_5H_{12}	$3.27×10^2$	0.10	
7	异戊烷	C_5H_{12}	$3.07×10^4$	9.51	*
8	戊烷	C_5H_{12}	$4.12×10^4$	12.79	*
9	2,2-二甲基丁烷	C_6H_{14}	$5.20×10^2$	0.16	
10	2-甲基戊烷	C_6H_{14}	$6.26×10^3$	1.94	*
11	环戊烷	C_5H_{10}	$1.23×10^3$	0.38	
12	3-甲基戊烷	C_6H_{14}	$6.98×10^3$	2.16	*
13	正己烷	C_6H_{14}	$1.30×10^4$	4.02	*
14	2,2-二甲基戊烷	C_7H_{16}	$1.64×10^2$	0.05	
15	2,4-二甲基戊烷	C_7H_{16}	$5.06×10^2$	0.16	
16	甲基环戊烷	C_6H_{10}	$1.85×10^3$	0.57	*
17	3,3-二甲基戊烷	C_7H_{16}	$8.92×10^1$	0.03	
18	2-甲基己烷	C_7H_{16}	$3.02×10^3$	0.94	
19	环己烷	C_6H_{12}	$9.26×10^2$	0.29	*
20	3-甲基己烷	C_7H_{16}	$3.35×10^3$	1.04	

续上表

序号	化合物名称	分子式	体积浓度检测结果（$\mu mol/mol$）	归一化浓度（$v\%$）	备注
21	1,1-二甲基环戊烷	C_7H_{14}	1.64×10^2	0.05	
22	苯	C_6H_6	1.64×10^3	0.51	
23	1,3-二甲基环戊烷	C_7H_{14}	4.16×10^2	0.13	
24	庚烷	C_7H_{16}	6.92×10^3	2.14	
25	1,1,3-三甲基环戊烷	C_8H_{16}	2.97×10^2	0.09	
26	甲基环己烷	C_7H_{14}	2.28×10^3	0.71	
27	已基环戊烷	C_7H_{14}	3.57×10^2	0.11	
28	1,2,4-三甲基环戊烷	C_8H_{16}	1.64×10^2	0.05	
29	1,2,3-三甲基环戊烷	C_8H_{16}	2.38×10^2	0.07	
30	2,3-二甲基己烷	C_8H_{18}	1.64×10^2	0.05	
31	2-甲基庚烷	C_8H_{18}	1.25×10^3	0.39	
32	4-甲基庚烷	C_8H_{18}	4.76×10^2	0.15	
33	3-甲基庚烷	C_8H_{18}	8.63×10^2	0.27	
34	1,1,2-三甲基环戊烷	C_8H_{16}	1.64×10^2	0.05	
35	顺-1,3-二甲基环己烷	C_8H_{16}	3.12×10^2	0.10	
36	1,4-二甲基环己烷	C_8H_{16}	1.34×10^2	0.04	
37	甲苯	C_7H_8	1.34×10^3	0.42	
38	辛烷	C_8H_{18}	1.95×10^3	0.60	
39	顺-1,2-二甲基环己烷	C_8H_{16}	1.49×10^2	0.05	
40	反-1,2-二甲基环己烷	C_8H_{16}	1.34×10^2	0.04	
41	反-1,3-二甲基环己烷	C_8H_{16}	7.44×10^1	0.02	
42	2,6-二甲基庚烷	C_9H_{20}	1.93×10^2	0.06	
43	1,1,2-三甲基环己烷	C_9H_{18}	7.44×10^1	0.02	
44	乙基环己烷	C_8H_{16}	1.64×10^2	0.05	
45	1,1,3-三甲基环己烷	C_9H_{18}	1.93×10^2	0.06	
46	2,3-二甲基庚烷	C_9H_{20}	1.34×10^2	0.04	
47	4-甲基辛烷	C_9H_{20}	3.12×10^2	0.10	
48	3-甲基辛烷	C_9H_{20}	2.23×10^2	0.07	
49	乙苯	C_8H_{10}	2.23×10^2	0.07	
50	壬烷	C_9H_{20}	5.65×10^2	0.18	
51	二甲苯	C_8H_{10}	6.10×10^2	0.19	
52	顺-1-乙基-3-甲基环己烷	C_9H_{18}	5.95×10^1	0.02	

续上表

序号	化合物名称	分子式	体积浓度检测结果（μmol/mol）	归一化浓度（v%）	备注
53	2,6-二甲基辛烷	$C_{10}H_{22}$	5.95×10^1	0.02	
54	2,3 二甲基辛烷	$C_{10}H_{22}$	8.92×10^1	0.03	
55	1,2,3-三甲苯	C_9H_{12}	7.44×10^1	0.02	
56	正癸烷	$C_{10}H_{22}$	3.12×10^2	0.10	
57	1,2,4-三甲苯	C_9H_{12}	4.46×10^1	0.01	
58	1-乙基-4-甲基苯	C_9H_{12}	7.44×10^1	0.02	
59	1,3,5-三甲苯	C_9H_{12}	1.19×10^2	0.04	
60	顺-2-丁烯	C_4H_8	2.76×10^2	0.09	

原油[产地穆尔班原油（Murban）]上方气 VOCs 定性定量分析结果　　附表 19

序号	化合物名称	分子式	体积浓度检测结果（μmol/mol）	归一化浓度（v%）	备注
1	甲烷	CH_4	2.00×10^3	0.49	*
2	乙烷	C_2H_6	1.56×10^4	3.83	*
3	丙烷	C_3H_8	8.74×10^4	21.39	*
4	异丁烷	C_4H_{10}	4.31×10^4	10.54	*
5	丁烷	C_4H_{10}	1.05×10^5	25.72	*
6	顺-2-丁烯	C_4H_8	6.01×10^2	0.15	*
7	新戊烷	C_5H_{12}	6.01×10^2	0.15	*
8	异戊烷	C_5H_{12}	3.86×10^4	9.44	*
9	戊烷	C_5H_{12}	4.32×10^4	10.57	*
10	2,2-二甲基丁烷	C_6H_{14}	4.02×10^2	0.10	*
11	2-甲基戊烷	C_6H_{14}	7.11×10^3	1.74	*
12	环戊烷	C_5H_{10}	1.97×10^3	0.48	*
13	3-甲基戊烷	C_6H_{14}	6.56×10^3	1.61	*
14	正己烷	C_6H_{14}	1.28×10^4	3.14	*
15	2,2-二甲基戊烷	C_7H_{16}	2.80×10^2	0.07	*
16	2,4-二甲基戊烷	C_7H_{16}	6.27×10^2	0.15	*
17	甲基环戊烷	C_6H_{10}	4.50×10^3	1.10	*
18	2,2,3-三甲基丁烷	C_7H_{16}	4.95×10^1	0.01	*
19	3,3-二甲基戊烷	C_7H_{16}	1.48×10^2	0.04	*
20	2-甲基己烷	C_7H_{16}	3.28×10^3	0.80	*
21	环己烷	C_6H_{12}	3.69×10^3	0.90	*

续上表

序号	化合物名称	分子式	体积浓度检测结果 ($\mu mol/mol$)	归一化浓度 ($v\%$)	备注
22	3-甲基己烷	C_7H_{16}	2.94×10^3	0.72	
23	1,1-二甲基环戊烷	C_7H_{14}	2.97×10^2	0.07	
24	苯	C_6H_6	3.05×10^3	0.75	
25	反-1,3-二甲基环戊烷	C_7H_{14}	5.94×10^2	0.15	
26	1,3-二甲基环戊烷	C_7H_{14}	8.08×10^2	0.20	
27	1,2-二甲基环戊烷	C_7H_{14}	6.10×10^3	1.49	
28	庚烷	C_7H_{16}	4.95×10^1	0.01	
29	1,1,3-三甲基环戊烷	C_8H_{16}	1.65×10^2	0.04	
30	甲基环己烷	C_7H_{14}	3.30×10^3	0.81	
31	乙基环戊烷	C_7H_{14}	3.13×10^2	0.08	
32	1,2,4-三甲基环戊烷	C_8H_{16}	1.98×10^2	0.05	
33	1,2,3-三甲基环戊烷	C_8H_{16}	2.80×10^2	0.07	
34	2,3-二甲基己烷	C_8H_{18}	1.48×10^2	0.04	
35	2-甲基庚烷	C_8H_{18}	1.27×10^3	0.31	
36	4-甲基庚烷	C_8H_{18}	3.79×10^2	0.09	
37	3-甲基庚烷	C_8H_{18}	7.59×10^2	0.19	
38	1,1,2-三甲基环戊烷	C_8H_{16}	1.48×10^2	0.04	
39	顺-1,3-二甲基环己烷	C_8H_{16}	4.29×10^2	0.10	
40	1,4-二甲基环己烷	C_8H_{16}	1.81×10^2	0.04	
41	甲苯	C_7H_8	2.52×10^3	0.62	
42	辛烷	C_8H_{18}	1.91×10^3	0.47	
43	顺-1,2-二甲基环己烷	C_8H_{16}	1.98×10^2	0.05	
44	反-1,2-二甲基环己烷	C_8H_{16}	1.81×10^2	0.04	
45	反-1,3-二甲基环己烷	C_8H_{16}	1.15×10^2	0.03	
46	2,6-二甲基庚烷	C_9H_{20}	1.81×10^2	0.04	
47	1,1,2-三甲基环己烷	C_9H_{18}	6.60×10^1	0.02	
48	乙基环己烷	C_8H_{16}	2.14×10^2	0.05	
49	1,1,3-三甲基环己烷	C_9H_{18}	1.48×10^2	0.04	
50	2,3-二甲基庚烷	C_9H_{20}	1.32×10^2	0.03	
51	4-甲基辛烷	C_9H_{20}	2.97×10^2	0.07	
52	3-甲基辛烷	C_9H_{20}	1.81×10^2	0.04	
53	乙苯	C_8H_{10}	3.30×10^2	0.08	

续上表

序号	化合物名称	分子式	体积浓度检测结果（μmol/mol）	归一化浓度（v%）	备注
54	壬烷	C_9H_{20}	$5.77×10^2$	0.14	
55	二甲苯	C_8H_{10}	$9.57×10^2$	0.24	
56	顺-1-乙基-3-甲基环己烷	C_9H_{18}	$6.60×10^1$	0.02	
57	2,6-二甲基辛烷	$C_{10}H_{22}$	$4.95×10^1$	0.01	
58	1,2,3-三甲苯	C_9H_{12}	$1.15×10^2$	0.03	
59	正癸烷	$C_{10}H_{22}$	$3.30×10^2$	0.08	
60	1,2,4-三甲苯	C_9H_{12}	$6.60×10^1$	0.02	
61	1-乙基-4-甲基苯	C_9H_{12}	$8.25×10^1$	0.02	
62	1,3,5-三甲苯	C_9H_{12}	$1.48×10^2$	0.04	

原油（产地拉中伍）上方气VOCs定性定量分析结果　　附表20

序号	化合物名称	分子式	体积浓度检测结果（μmol/mol）	归一化浓度（v%）	备注
1	甲烷	CH_4	$2.15×10^3$	0.50	*
2	乙烷	C_2H_6	$1.01×10^4$	2.35	*
3	丙烷	C_3H_8	$4.35×10^4$	10.11	*
4	异丁烷	C_4H_{10}	$5.37×10^4$	12.48	*
5	丁烷	C_4H_{10}	$1.06×10^5$	24.58	*
6	新戊烷	C_5H_{12}	$1.36×10^3$	0.31	
7	异戊烷	C_5H_{12}	$8.06×10^4$	18.72	*
8	顺-2-丁烯	C_4H_8	$1.39×10^3$	0.32	*
9	戊烷	C_5H_{12}	$7.12×10^4$	16.54	*
10	2,2-二甲基丁烷	C_6H_{14}	$1.57×10^3$	0.37	
11	2-甲基戊烷	C_6H_{14}	$8.22×10^3$	1.91	*
12	环戊烷	C_5H_{10}	$2.42×10^3$	0.56	
13	3-甲基戊烷	C_6H_{14}	$7.85×10^3$	1.82	*
14	正己烷	C_6H_{14}	$1.07×10^4$	2.49	*
15	2,2-二甲基戊烷	C_7H_{16}	$2.99×10^2$	0.07	
16	2,4-二甲基戊烷	C_7H_{16}	$5.36×10^2$	0.12	
17	甲基环戊烷	C_6H_{10}	$3.34×10^3$	0.78	*
18	2,2,3-三甲基丁烷	C_7H_{16}	$7.88×10^1$	0.02	
19	3,3-二甲基戊烷	C_7H_{16}	$1.42×10^2$	0.03	
20	2-甲基己烷	C_7H_{16}	$2.21×10^3$	0.51	

续上表

序号	化合物名称	分子式	体积浓度检测结果 ($\mu mol/mol$)	归一化浓度 ($v\%$)	备注
21	环己烷	C_6H_{12}	1.94×10^3	0.45	*
22	3-甲基己烷	C_7H_{16}	2.22×10^3	0.52	
23	1,1-二甲基环戊烷	C_7H_{14}	3.94×10^2	0.09	
24	苯	C_6H_6	1.62×10^3	0.38	
25	反-1,3-二甲基环戊烷	C_7H_{14}	7.25×10^2	0.17	
26	1,3-二甲基环戊烷	C_7H_{14}	6.78×10^2	0.16	
27	1,2-二甲基环戊烷	C_7H_{14}	9.61×10^2	0.22	
28	庚烷	C_7H_{16}	3.62×10^3	0.84	
29	1,1,3-三甲基环戊烷	C_8H_{16}	4.57×10^2	0.11	
30	甲基环己烷	C_7H_{14}	3.42×10^3	0.79	
31	乙基环戊烷	C_7H_{14}	2.99×10^2	0.07	
32	1,2,4-三甲基环戊烷	C_8H_{16}	2.52×10^2	0.06	
33	1,2,3-三甲基环戊烷	C_8H_{16}	2.84×10^2	0.07	
34	2,3-二甲基己烷	C_8H_{18}	7.88×10^1	0.02	
35	2-甲基庚烷	C_8H_{18}	8.04×10^2	0.19	
36	4-甲基庚烷	C_8H_{18}	2.21×10^2	0.05	
37	3-甲基庚烷	C_8H_{18}	4.10×10^2	0.10	
38	1,1,2-三甲基环戊烷	C_8H_{16}	1.26×10^2	0.03	
39	顺-1,3-二甲基环己烷	C_8H_{16}	5.04×10^2	0.12	
40	1,4-二甲基环己烷	C_8H_{16}	1.89×10^2	0.04	
41	甲苯	C_7H_8	1.15×10^3	0.27	
42	辛烷	C_8H_{18}	7.56×10^2	0.18	
43	顺-1,2-二甲基环己烷	C_8H_{16}	1.10×10^2	0.03	
44	反-1,2-二甲基环己烷	C_8H_{16}	2.05×10^2	0.05	
45	反-1,3-二甲基环己烷	C_8H_{16}	1.26×10^2	0.03	
46	2,6-二甲基庚烷	C_9H_{20}	1.42×10^2	0.03	
47	1,1,2-三甲基环己烷	C_9H_{18}	4.73×10^1	0.01	
48	乙基环己烷	C_8H_{16}	1.73×10^2	0.04	
49	1,1,3-三甲基环己烷	C_9H_{18}	2.05×10^2	0.05	
50	2,3-二甲基庚烷	C_9H_{20}	6.30×10^1	0.01	
51	4-甲基辛烷	C_9H_{20}	1.10×10^2	0.03	
52	3-甲基辛烷	C_9H_{20}	7.88×10^1	0.02	

续上表

序号	化合物名称	分子式	体积浓度检测结果（μmol/mol）	归一化浓度（v%）	备注
53	乙苯	C_8H_{10}	$9.45×10^1$	0.02	
54	壬烷	C_9H_{20}	$1.89×10^2$	0.04	
55	二甲苯	C_8H_{10}	$3.78×10^2$	0.08	
56	3,5-二甲基-3-庚烯	C_9H_{18}	$4.73×10^1$	0.01	
57	正癸烷	$C_{10}H_{22}$	$9.45×10^1$	0.02	

原油(产地冷湖)上方气 VOCs 定性定量分析结果　　　　　　　　附表 21

序号	化合物名称	分子式	体积浓度检测结果（μmol/mol）	归一化浓度（v%）	备注
1	甲烷	CH_4	$2.19×10^3$	0.41	*
2	乙烷	C_2H_6	$6.74×10^3$	1.25	*
3	丙烷	C_3H_8	$3.89×10^4$	7.20	*
4	异丁烷	C_4H_{10}	$1.07×10^5$	19.83	*
5	丁烷	C_4H_{10}	$1.68×10^5$	31.17	*
6	顺-2-丁烯	C_4H_8	$1.59×10^3$	0.29	*
7	新戊烷	C_5H_{12}	$1.56×10^3$	0.29	*
8	异戊烷	C_5H_{12}	$7.35×10^4$	13.62	*
9	戊烷	C_5H_{12}	$6.79×10^4$	12.58	*
10	2,2-二甲基丁烷	C_6H_{14}	$1.82×10^3$	0.34	*
11	2-甲基戊烷	C_6H_{14}	$8.77×10^3$	1.62	*
12	环戊烷	C_5H_{10}	$2.52×10^3$	0.47	*
13	3-甲基戊烷	C_6H_{14}	$8.04×10^3$	1.49	*
14	正己烷	C_6H_{14}	$1.18×10^4$	2.18	*
15	2,2-二甲基戊烷	C_7H_{16}	$3.81×10^2$	0.07	*
16	2,4-二甲基戊烷	C_7H_{16}	$6.24×10^2$	0.12	
17	甲基环戊烷	C_6H_{10}	$5.62×10^3$	1.04	*
18	2,2,3-三甲基丁烷	C_7H_{16}	$8.67×10^1$	0.02	
19	3,3-二甲基戊烷	C_7H_{16}	$1.73×10^2$	0.03	
20	2-甲基己烷	C_7H_{16}	$2.53×10^3$	0.47	*
21	环己烷	C_6H_{12}	$4.63×10^3$	0.86	*
22	3-甲基己烷	C_7H_{16}	$2.50×10^3$	0.46	
23	1,1-二甲基环戊烷	C_7H_{14}	$5.55×10^2$	0.10	
24	苯	C_6H_6	$3.12×10^3$	0.58	

续上表

序号	化合物名称	分子式	体积浓度检测结果 ($\mu mol/mol$)	归一化浓度 ($v\%$)	备注
25	反-1,3-二甲基环戊烷	C_7H_{14}	8.15×10^2	0.15	
26	1,3-二甲基环戊烷	C_7H_{14}	1.14×10^3	0.21	
27	1,2-二甲基环戊烷	C_7H_{14}	3.93×10^3	0.73	
28	庚烷	C_7H_{16}	5.20×10^1	0.01	
29	1,1,3-三甲基环戊烷	C_8H_{16}	5.72×10^2	0.11	
30	甲基环己烷	C_7H_{14}	4.09×10^3	0.76	
31	乙基环戊烷	C_7H_{14}	3.47×10^2	0.06	
32	1,2,4-三甲基环戊烷	C_8H_{16}	2.77×10^2	0.05	
33	1,2,3-三甲基环戊烷	C_8H_{16}	2.77×10^2	0.05	
34	2,3-二甲基己烷	C_8H_{18}	8.67×10^1	0.02	
35	2-甲基庚烷	C_8H_{18}	8.15×10^2	0.15	
36	4-甲基庚烷	C_8H_{18}	2.43×10^2	0.04	
37	3-甲基庚烷	C_8H_{18}	4.51×10^2	0.08	
38	1,1,2-三甲基环戊烷	C_8H_{16}	1.39×10^2	0.03	
39	顺-1,3-二甲基环己烷	C_8H_{16}	5.55×10^2	0.10	
40	1,4-二甲基环己烷	C_8H_{16}	2.25×10^2	0.04	
41	甲苯	C_7H_8	1.65×10^3	0.31	
42	辛烷	C_8H_{18}	7.63×10^2	0.14	
43	顺-1,2-二甲基环己烷	C_8H_{16}	6.93×10^1	0.01	
44	(Z)-2,3-二甲基-3-己烯	C_8H_{16}	5.20×10^1	0.01	
45	反-1,2-二甲基环己烷	C_8H_{16}	1.91×10^2	0.04	
46	反-1,3-二甲基环己烷	C_8H_{16}	1.39×10^2	0.03	
47	2,6-二甲基庚烷	C_9H_{20}	1.39×10^2	0.03	
48	1,1,2-三甲基环己烷	C_9H_{18}	5.20×10^1	0.01	
49	乙基环己烷	C_8H_{16}	1.73×10^2	0.03	
50	1,1,3-三甲基环己烷	C_9H_{18}	1.73×10^2	0.03	
51	2,3-二甲基庚烷	C_9H_{20}	6.93×10^1	0.01	
52	4-甲基辛烷	C_9H_{20}	1.21×10^2	0.02	
53	1,3,5-三甲基环己烷	C_9H_{18}	3.47×10^1	0.01	
54	3-甲基辛烷	C_9H_{20}	8.67×10^1	0.02	
55	乙苯	C_8H_{10}	1.04×10^2	0.02	
56	壬烷	C_9H_{20}	1.91×10^2	0.04	

续上表

序号	化合物名称	分子式	体积浓度检测结果（μmol/mol）	归一化浓度（v%）	备注
57	二甲苯	C_8H_{10}	$4.68×10^2$	0.08	
58	顺-1-乙基-3-甲基环己烷	C_9H_{18}	$3.47×10^1$	0.01	
59	2,6-二甲基辛烷	$C_{10}H_{22}$	$3.47×10^1$	0.01	
60	1,2,3-三甲苯	C_9H_{12}	$3.47×10^1$	0.01	
61	正癸烷	$C_{10}H_{22}$	$8.67×10^1$	0.02	
62	1,2,4-三甲苯	C_9H_{12}	$3.47×10^1$	0.01	
63	1,3,5-三甲苯	C_9H_{12}	$5.20×10^1$	0.01	

原油（产地上扎库姆）上方气 VOCs 定性定量分析结果　　附表22

序号	化合物名称	分子式	体积浓度检测结果（μmol/mol）	归一化浓度（v%）	备注
1	甲烷	CH_4	$9.00×10^2$	0.19	*
2	乙烷	C_2H_6	$2.17×10^4$	4.49	*
3	丙烷	C_3H_8	$1.40×10^5$	28.87	*
4	异丁烷	C_4H_{10}	$5.10×10^4$	10.54	*
5	丁烷	C_4H_{10}	$1.13×10^5$	23.35	*
6	新戊烷	C_5H_{12}	$7.10×10^2$	0.15	
7	异戊烷	C_5H_{12}	$3.93×10^4$	8.12	*
8	戊烷	C_5H_{12}	$4.20×10^4$	8.67	*
9	2,2-二甲基丁烷	C_6H_{14}	$4.19×10^2$	0.09	*
10	2-甲基戊烷	C_6H_{14}	$7.50×10^3$	1.55	
11	环戊烷	C_5H_{10}	$2.03×10^3$	0.42	*
12	3-甲基戊烷	C_6H_{14}	$7.02×10^3$	1.45	
13	正己烷	C_6H_{14}	$1.25×10^4$	2.58	*
14	2,2-二甲基戊烷	C_7H_{16}	$2.94×10^2$	0.06	
15	2,4-二甲基戊烷	C_7H_{16}	$7.10×10^2$	0.15	
16	甲基环戊烷	C_6H_{10}	$3.21×10^3$	0.66	*
17	2,2,3-三甲基丁烷	C_7H_{16}	$6.93×10^1$	0.01	
18	3,3-二甲基戊烷	C_7H_{16}	$1.39×10^2$	0.03	
19	2-甲基己烷	C_7H_{16}	$3.58×10^3$	0.74	
20	环己烷	C_6H_{12}	$1.61×10^3$	0.33	*
21	3-甲基己烷	C_7H_{16}	$3.41×10^3$	0.70	
22	1,1-二甲基环戊烷	C_7H_{14}	$3.64×10^2$	0.08	

续上表

序号	化合物名称	分子式	体积浓度检测结果（μmol/mol）	归一化浓度（v%）	备注
23	苯	C_6H_6	3.46×10^3	0.72	
24	1,3-二甲基环戊烷	C_7H_{14}	7.62×10^2	0.16	
25	1,2-二甲基环戊烷	C_7H_{14}	1.04×10^3	0.21	
26	庚烷	C_7H_{16}	6.35×10^3	1.31	
27	1,1,3-三甲基环戊烷	C_8H_{16}	2.42×10^2	0.05	
28	甲基环己烷	C_7H_{14}	3.90×10^3	0.80	
29	已基环戊烷	C_7H_{14}	4.33×10^2	0.09	
30	1,2,4-三甲基环戊烷	C_8H_{16}	2.94×10^2	0.06	
31	1,2,3-三甲基环戊烷	C_8H_{16}	3.46×10^2	0.07	
32	2,3-二甲基己烷	C_8H_{18}	1.73×10^2	0.04	
33	2-甲基庚烷	C_8H_{18}	1.56×10^3	0.32	
34	4-甲基庚烷	C_8H_{18}	4.85×10^2	0.10	
35	3-甲基庚烷	C_8H_{18}	9.52×10^2	0.20	
36	1,1,2-三甲基环戊烷	C_8H_{16}	1.90×10^2	0.04	
37	顺-1,3-二甲基环己烷	C_8H_{16}	6.06×10^2	0.13	
38	1,4-二甲基环己烷	C_8H_{16}	2.42×10^2	0.05	
39	甲苯	C_7H_8	2.89×10^3	0.60	
40	辛烷	C_8H_{18}	2.22×10^3	0.46	
41	顺-1,2-二甲基环己烷	C_8H_{16}	2.77×10^2	0.06	
42	(Z)-2,3-二甲基-3-己烯	C_8H_{16}	5.19×10^1	0.01	
43	反-1,2-二甲基环己烷	C_8H_{16}	2.60×10^2	0.05	
44	反-1,3-二甲基环己烷	C_8H_{16}	1.39×10^2	0.03	
45	2,6-二甲基庚烷	C_9H_{20}	2.60×10^2	0.05	
46	1,1,2-三甲基环己烷	C_9H_{18}	1.04×10^2	0.02	
47	反-1,2-二甲基环己烷	C_8H_{16}	3.12×10^2	0.06	
48	1,1,3-三甲基环己烷	C_9H_{18}	2.94×10^2	0.06	
49	2,3-二甲基庚烷	C_9H_{20}	1.90×10^2	0.04	
50	4-甲基辛烷	C_9H_{20}	3.98×10^2	0.08	
51	1,3,5-三甲基环己烷	C_9H_{18}	6.93×10^1	0.01	
52	3-甲基辛烷	C_9H_{20}	2.42×10^2	0.05	
53	乙苯	C_8H_{10}	4.33×10^2	0.09	
54	壬烷	C_9H_{20}	6.58×10^2	0.14	

续上表

序号	化合物名称	分子式	体积浓度检测结果（μmol/mol）	归一化浓度（v%）	备注
55	二甲苯	C_8H_{10}	$8.31×10^2$	0.22	
56	顺1-乙基-3-甲基环己烷	C_9H_{18}	$3.46×10^2$	0.02	
57	3,5-二甲基-3-庚烯	C_9H_{18}	$5.19×10^1$	0.01	
58	2,6-二甲基辛烷	$C_{10}H_{22}$	$6.93×10^1$	0.01	
59	1,2,3-三甲苯	C_9H_{12}	$1.04×10^2$	0.02	
60	正癸烷	$C_{10}H_{22}$	$3.12×10^2$	0.06	
61	1,2,4-三甲苯	C_9H_{12}	$6.93×10^1$	0.01	
62	1-乙基-4-甲基苯	C_9H_{12}	$8.66×10^1$	0.02	
63	1,3,5-三甲苯	C_9H_{12}	$1.56×10^2$	0.03	

MGO（产地中石化舟山）上方气VOCs定性定量分析结果　　　　附表23

序号	化合物名称	分子式	体积浓度检测结果（μmol/mol）	归一化浓度（v%）	备注
1	丙烷	C_3H_8	$6.91×10^1$	2.16	*
2	异丁烷	C_4H_{10}	$6.49×10^1$	2.03	*
3	异丁烯	C_4H_8	$1.32×10^1$	0.41	*
4	丁烷	C_4H_{10}	$7.30×10^1$	2.28	*
5	2-丁烯	C_4H_8	$2.09×10^1$	0.65	*
6	1-丁烯	C_4H_8	$1.01×10^1$	0.32	
7	异戊烷	C_6H_{14}	$1.67×10^2$	5.23	*
8	戊烷	C_5H_{12}	$1.54×10^2$	4.82	
9	1,2-二甲基环丙烷	C_5H_{10}	6.20	0.19	
10	2-戊烯	C_5H_{10}	$1.05×10^1$	0.33	*
11	2,2-二甲基丁烷	C_6H_{14}	7.70	0.24	*
12	2-甲基戊烷	C_6H_{14}	$7.63×10^1$	2.38	*
13	1-戊烯	C_5H_{10}	$1.30×10^1$	0.41	*
14	3-甲基戊烷	C_6H_{14}	$4.28×10^1$	1.34	
15	正己烷	C_6H_{14}	$1.08×10^2$	3.36	
16	甲基环戊烷	C_6H_{10}	$4.79×10^1$	1.50	*
17	3,3-二甲基戊烷	C_7H_{16}	$9.28×10^{-1}$	0.03	
18	2-甲基己烷	C_7H_{16}	$3.37×10^1$	1.05	
19	环己烷	C_7H_{14}	$2.12×10^1$	0.66	

附录　部分原油、成品油的VOCs组分谱库

续上表

序号	化合物名称	分子式	体积浓度检测结果（$\mu mol/mol$）	归一化浓度（$v\%$）	备注
20	3-甲基己烷	C_7H_{16}	4.11×10^1	1.28	*
21	1,1-二甲基环戊烷	C_7H_{14}	2.47	0.08	
22	苯	C_6H_6	2.41×10^1	0.75	
23	顺-1,3-二甲基环戊烷	C_7H_{14}	1.76×10^1	0.55	
24	反-1,3-二甲基环戊烷	C_7H_{14}	1.17×10^1	0.37	
25	庚烷	C_7H_{14}	1.10×10^2	3.44	
26	1,1,3-三甲基环戊烷	C_8H_{16}	4.02	0.13	
27	甲基环己烷	C_7H_{12}	8.13×10^1	2.54	
28	乙基环戊烷	C_7H_{12}	2.07×10^1	0.65	
29	1,2,4-三甲基环戊烷	C_8H_{16}	7.42	0.23	
30	1,2,3-三甲基环戊烷	C_8H_{16}	6.80	0.21	
31	2-甲基庚烷	C_8H_{18}	2.32×10^1	0.72	
32	4-甲基庚烷	C_8H_{18}	1.24	0.04	
33	3-甲基庚烷	C_8H_{18}	2.32×10^1	0.72	
34	1,1,2-三甲基环戊烷	C_8H_{16}	5.57	0.17	
35	1,3-二甲基环己烷	C_8H_{16}	2.13×10^1	0.67	
36	1,4-二甲基环己烷	C_8H_{16}	6.80	0.21	
37	甲苯	C_7H_8	8.01×10^1	2.50	
38	辛烷	C_8H_{18}	7.67×10^1	2.40	
39	顺-1,2-二甲基环己烷	C_8H_{16}	8.35	0.26	
40	(Z)-2,3-二甲基-3-己烯	C_8H_{16}	2.16	0.07	
41	反-1,2-二甲基环己烷	C_8H_{16}	1.02×10^1	0.32	
42	反-1,3-二甲基环己烷	C_8H_{16}	1.30×10^1	0.41	
43	乙基环己烷	C_8H_{16}	1.73×10^1	0.54	
44	1,1,3-三甲基环己烷	C_9H_{18}	1.89×10^1	0.59	
45	2,3-二甲基庚烷	C_9H_{20}	9.28	0.29	
46	4-甲基辛烷	C_8H_{18}	2.72×10^1	0.85	
47	1,3,5-三甲基环己烷	C_9H_{18}	5.57	0.17	
48	3-甲基辛烷	C_8H_{18}	2.07×10^1	0.65	
49	乙苯	C_8H_{10}	2.66×10^1	0.83	
50	壬烷	C_9H_{20}	9.28×10^1	2.90	
51	二甲苯	C_8H_{10}	9.74×10^1	3.05	

续上表

序号	化合物名称	分子式	体积浓度检测结果（$\mu mol/mol$）	归一化浓度（$v\%$）	备注
52	顺-1-乙基-3-甲基环己烷	C_9H_{18}	1.48×10^1	0.46	
53	3,5-二甲基-3-庚烯	C_9H_{18}	3.03×10^1	0.95	
54	2,6-二甲基辛烷	$C_{10}H_{22}$	2.54×10^1	0.79	
55	2,3-二甲基辛烷	$C_{10}H_{22}$	3.34×10^1	1.04	
56	4-甲基壬烷	$C_{10}H_{22}$	2.10×10^1	0.66	
57	2-甲基壬烷	$C_{10}H_{22}$	2.01×10^1	0.63	
58	3-甲基壬烷	$C_{10}H_{22}$	2.47×10^1	0.77	
59	丙基苯	C_9H_{12}	1.17×10^1	0.37	
60	1-甲基-3-乙基苯	C_9H_{12}	3.12×10^1	0.98	
61	正癸烷	$C_{10}H_{22}$	1.72×10^2	5.38	
62	1-甲基-2-乙基苯	C_9H_{12}	4.33	0.14	
63	1,3,5-三甲苯	C_9H_{12}	6.40×10^1	2.00	
64	3-甲基癸烷	$C_{11}H_{24}$	3.86×10^1	1.21	
65	1,2-二乙基苯	C_9H_{12}	2.57×10^1	0.80	
66	正十一烷	$C_{11}H_{24}$	1.21×10^2	3.77	
67	1-甲基-4-丙基苯	$C_{10}H_{14}$	2.63×10^1	0.82	
68	1-乙基-2,4-二甲基苯	$C_{10}H_{14}$	2.44×10^1	0.76	
69	1-甲基-2异丙基苯	$C_{10}H_{14}$	2.60×10^1	0.81	
70	正十二烷	$C_{12}H_{26}$	7.91×10^1	2.48	

汽油（产地青州）上方气 VOCs 定性定量分析结果　　　　附表 24

序号	化合物名称	分子式	体积浓度检测结果（$\mu mol/mol$）	归一化浓度（$v\%$）	备注
1	乙烷	C_2H_6	1.87×10^2	0.03	*
2	丙烯	C_3H_6	3.92×10^2	0.06	*
3	丙烷	C_3H_8	4.84×10^2	0.07	*
4	异丁烷	C_4H_{10}	3.20×10^4	4.88	*
5	丁烷	C_4H_{10}	2.27×10^4	3.47	*
6	反-2-丁烯	C_4H_{10}	3.84×10^4	5.87	*
7	1-丁烯	C_4H_{10}	1.28×10^4	1.95	*
8	异丁烯	C_4H_{10}	9.01×10^3	1.37	*
9	顺-2-丁烯	C_4H_{10}	2.36×10^4	3.61	*
10	2-戊烯	C_5H_{10}	2.59×10^3	0.40	*

续上表

序号	化合物名称	分子式	体积浓度检测结果 ($\mu mol/mol$)	归一化浓度 ($v\%$)	备注
11	异戊烷	C_5H_{12}	2.12×10^5	32.42	*
12	1-戊烯	C_5H_{10}	4.72×10^3	0.72	*
13	戊烷	C_5H_{12}	4.84×10^4	7.38	*
14	(E)-2-戊烯	C_5H_{10}	1.40×10^4	2.14	
15	(Z)-2-戊烯	C_5H_{10}	7.78×10^3	1.19	
16	2-甲基-2-丁烯	C_5H_{10}	1.67×10^4	2.56	*
17	2,2-二甲基丁烷	C_6H_{14}	2.16×10^4	3.29	
18	2,3-二甲基丁烷	C_6H_{14}	6.91×10^3	1.06	
19	1,1-二甲基环丙烷	C_5H_{10}	4.26×10^3	0.65	
20	1,2-二甲基环丙烷	C_5H_{10}	6.31×10^3	0.96	*
21	顺-1,2-二甲基环丙烷	C_5H_{10}	7.34×10^3	1.12	
22	3-甲基-1-戊烯	C_6H_{12}	6.84×10^2	0.10	
23	2-甲基戊烷	C_6H_{14}	1.58×10^4	2.41	*
24	2,3-二甲基-2-丁烯	C_6H_{12}	2.23×10^3	0.34	
25	环戊烷	C_5H_{10}	4.89×10^3	0.75	*
26	3-甲基戊烷	C_6H_{14}	3.09×10^4	4.72	*
27	环己烷	C_6H_{12}	1.84×10^3	0.28	*
28	正己烷	C_6H_{14}	1.31×10^4	2.01	*
29	3-己烯	C_6H_{12}	1.37×10^3	0.21	
30	(E)3-己烯	C_6H_{12}	1.80×10^3	0.27	
31	4-甲基-2-戊烯	C_6H_{12}	2.77×10^3	0.42	
32	3-甲基-2-戊烯	C_6H_{12}	1.87×10^3	0.29	
33	2-己烯	C_6H_{12}	7.56×10^2	0.12	
34	3-甲基环戊烯	C_6H_{12}	6.12×10^2	0.09	
35	3-甲基-2-戊烯	C_6H_{12}	4.00×10^3	0.61	
36	2,4-二甲基戊烷	C_7H_{16}	1.66×10^3	0.25	
37	甲基环戊烷	C_6H_{12}	8.93×10^3	1.36	*
38	2,2,3-三甲基丁烷	C_7H_{16}	2.52×10^2	0.04	
39	3,3-二甲基戊烷	C_7H_{16}	7.92×10^2	0.12	
40	2-甲基-1,4-戊二烯	C_6H_{10}	2.56×10^3	0.39	
41	2-甲基己烷	C_7H_{16}	5.91×10^3	0.90	
42	2,3-二甲基戊烷	C_7H_{16}	3.82×10^3	0.58	

续上表

序号	化合物名称	分子式	体积浓度检测结果（μmol/mol）	归一化浓度（v%）	备注
43	3-甲基己烷	C_8H_{18}	6.09×10^3	0.93	
44	苯	C_6H_6	2.85×10^3	0.43	
45	叔戊基甲基醚	$C_6H_{14}O$	8.14×10^3	1.24	
46	1,3-二甲基环戊烷	C_7H_{14}	1.48×10^3	0.23	
47	1,2-二甲基环戊烷	C_7H_{14}	6.84×10^2	0.10	
48	庚烷	C_7H_{16}	3.53×10^3	0.54	
49	2甲基-2-己烯	C_7H_{14}	6.48×10^2	0.10	
50	4,4-二甲基环戊烯	C_7H_{12}	7.56×10^2	0.12	
51	1,5-二甲基环戊烯	C_7H_{12}	5.76×10^2	0.09	
52	3-甲基-2-己烯	C_7H_{12}	3.24×10^2	0.05	
53	3,5-二甲基环戊烯	C_7H_{12}	3.60×10^2	0.05	
54	1,3-二甲基环戊烷	C_7H_{14}	1.04×10^3	0.16	
55	甲基环己烷	C_7H_{14}	1.58×10^3	0.24	
56	乙基环戊烷	C_7H_{14}	6.48×10^2	0.10	
57	1,2,4-三甲基环戊烷	C_8H_{16}	2.88×10^2	0.04	
58	1,2,3-三甲基环戊烷	C_8H_{16}	2.88×10^2	0.04	
59	2,3-二甲基己烷	C_8H_{18}	7.92×10^2	0.12	
60	2-甲基庚烷	C_8H_{18}	8.64×10^2	0.13	
61	4-甲基庚烷	C_8H_{18}	3.96×10^2	0.06	
62	3-甲基庚烷	C_8H_{18}	7.92×10^2	0.12	
63	1,1,2-三甲基环戊烷	C_8H_{16}	1.80×10^2	0.03	
64	甲苯	C_7H_8	5.51×10^3	0.84	
65	辛烷	C_8H_{18}	3.96×10^2	0.06	
66	顺-1,2-二甲基环己烷	C_8H_{16}	2.16×10^2	0.03	
67	反-1,3-二甲基环己烷	C_8H_{16}	3.96×10^2	0.06	
68	4-甲基辛烷	C_9H_{20}	1.44×10^2	0.02	
69	3-甲基辛烷	C_9H_{20}	1.08×10^2	0.02	
70	乙苯	C_8H_{10}	1.94×10^3	0.30	
71	壬烷	C_9H_{20}	7.20×10^1	0.01	
72	二甲苯	C_8H_{10}	1.21×10^4	1.71	
73	1,2,3-三甲苯	C_9H_{12}	2.88×10^2	0.04	
74	正癸烷	$C_{10}H_{22}$	1.44×10^2	0.02	

续上表

序号	化合物名称	分子式	体积浓度检测结果 ($\mu mol/mol$)	归一化浓度 ($v\%$)	备注
75	1,2,4-三甲苯	C_9H_{12}	1.44×10^2	0.02	
76	1-乙基-4-甲基苯	C_9H_{12}	1.08×10^2	0.02	
77	1,2,3-三甲苯	C_9H_{12}	5.04×10^2	0.08	

石脑油(丽东化工)上方气 VOCs 定性定量分析结果　　　　附表 25

序号	化合物名称	分子式	体积浓度检测结果 ($\mu mol/mol$)	归一化浓度 ($v\%$)	备注
1	乙烷	C_2H_6	5.46×10^1	0.03	*
2	丙烷	C_3H_8	3.25×10^2	0.15	*
3	异丁烷	C_4H_{10}	2.36×10^2	0.11	*
4	丁烷	C_4H_{10}	9.07×10^2	0.42	*
5	异戊烷	C_5H_{12}	1.10×10^3	0.51	*
6	戊烷	C_5H_{12}	1.12×10^3	0.52	*
7	2,2-二甲基丁烷	C_6H_{14}	4.64×10^1	0.02	*
8	2-甲基戊烷	C_6H_{14}	2.48×10^3	1.15	*
9	环戊烷	C_5H_{10}	1.07×10^2	0.05	*
10	3-甲基戊烷	C_6H_{14}	3.84×10^3	1.78	
11	正己烷	C_6H_{14}	1.56×10^4	7.23	*
12	2,2-二甲基戊烷	C_7H_{16}	9.74×10^2	0.45	
13	2,4-二甲基戊烷	C_7H_{16}	2.00×10^3	0.93	*
14	甲基环戊烷	C_6H_{10}	8.82×10^3	4.09	*
15	2,2,3-三甲基丁烷	C_7H_{16}	2.09×10^2	0.10	
16	3,3-二甲基戊烷	C_7H_{16}	6.73×10^2	0.31	
17	2-甲基己烷	C_7H_{16}	1.01×10^4	4.69	
18	环己烷	C_6H_{12}	9.15×10^3	4.25	*
19	3-甲基己烷	C_7H_{16}	1.11×10^4	5.16	
20	1,1-二甲基环戊烷	C_7H_{14}	2.27×10^3	1.05	
21	苯	C_6H_6	7.29×10^3	3.38	
22	反-1,3-二甲基环戊烷	C_7H_{14}	4.45×10^3	2.07	
23	1,3-二甲基环戊烷	C_7H_{14}	4.36×10^3	2.02	
24	1,2-二甲基环戊烷	C_7H_{14}	6.19×10^3	2.87	
25	庚烷	C_7H_{16}	1.74×10^4	8.06	
26	1,1,3-三甲基环戊烷	C_8H_{16}	2.44×10^3	1.13	

续上表

序号	化合物名称	分子式	体积浓度检测结果（μmol/mol）	归一化浓度（v%）	备注
27	甲基环己烷	C_7H_{14}	$2.12×10^4$	9.83	
28	乙基环戊烷	C_7H_{14}	$3.16×10^3$	1.46	
29	1,2,4-三甲基环戊烷	C_8H_{16}	$2.23×10^3$	1.03	
30	1,2,3-三甲基环戊烷	C_8H_{16}	$2.69×10^3$	1.25	
31	2,3-二甲基己烷	C_8H_{18}	$9.28×10^2$	0.43	
32	2-甲基庚烷	C_8H_{18}	$6.26×10^3$	2.91	
33	4-甲基庚烷	C_8H_{18}	$2.30×10^3$	1.07	
34	3-甲基庚烷	C_8H_{18}	$4.29×10^3$	1.99	
35	1,1,2-三甲基环戊烷	C_8H_{16}	$1.30×10^3$	0.60	
36	顺-1,3-二甲基环己烷	C_8H_{16}	$4.94×10^3$	2.29	
37	1,4-二甲基环己烷	C_8H_{16}	$1.90×10^3$	0.88	
38	甲苯	C_7H_8	$1.26×10^4$	5.83	
39	辛烷	C_8H_{18}	$8.63×10^3$	4.00	
40	顺-1,2-二甲基环己烷	C_8H_{16}	$2.20×10^3$	1.02	
41	（E)2,3-二甲基-3-己烯	C_8H_{16}	$4.87×10^2$	0.23	
42	反-1,2-二甲基环己烷	C_8H_{16}	$2.18×10^3$	1.01	
43	反-1,3-二甲基环己烷	C_8H_{16}	$1.23×10^3$	0.57	
44	2,6-二甲基庚烷	C_9H_{20}	$1.25×10^3$	0.58	
45	1,1,2-三甲基环己烷	C_9H_{18}	$6.50×10^2$	0.30	
46	反-1,2-二甲基环己烷	C_8H_{16}	$3.25×10^2$	0.15	
47	乙基环己烷	C_8H_{16}	$2.25×10^3$	1.04	
48	1,1,3-三甲基环己烷	C_9H_{18}	$1.65×10^3$	0.76	
49	2,3-二甲基庚烷	C_9H_{20}	$8.58×10^2$	0.40	
50	4-甲基辛烷	C_9H_{20}	$1.37×10^3$	0.64	
51	1,3,5-三甲基环己烷	C_9H_{18}	$3.25×10^2$	0.15	
52	3-甲基辛烷	C_9H_{20}	$8.82×10^2$	0.41	
53	乙苯	C_8H_{10}	$1.39×10^2$	0.06	
54	壬烷	C_9H_{20}	$1.74×10^3$	0.81	
55	二甲苯	C_8H_{10}	$2.74×10^3$	1.27	
56	1-乙基-3-甲基环己烷	C_9H_{18}	$4.32×10^3$	2.00	
57	顺-1-乙基-3-甲基环己烷	C_9H_{18}	$3.02×10^2$	0.14	
58	3,5-二甲基-3-庚烯	C_9H_{18}	$1.62×10^2$	0.08	

续上表

序号	化合物名称	分子式	体积浓度检测结果 ($\mu mol/mol$)	归一化浓度 ($v\%$)	备注
59	2,6-二甲基辛烷	$C_{10}H_{22}$	9.28×10^1	0.04	
60	2,3-二甲基辛烷	$C_{10}H_{22}$	1.62×10^2	0.08	
61	丙基环己烷	C_9H_{18}	1.16×10^2	0.05	
62	1,2,3-三甲苯	C_9H_{12}	1.16×10^2	0.05	
63	正癸烷	$C_{10}H_{22}$	1.39×10^2	0.06	
64	1,2,4-三甲苯	C_9H_{12}	6.96×10^1	0.03	
65	1-乙基-4-甲基苯	C_9H_{12}	4.64×10^1	0.02	
66	1,3,5-三甲苯	C_9H_{12}	6.96×10^1	0.03	

汽油(产地中石油)上方气VOCs定性定量分析结果 附表26

序号	化合物名称	分子式	体积浓度检测结果 ($\mu mol/mol$)	归一化浓度 ($v\%$)	备注
1	甲烷	CH_4	2.63×10^2	0.05	*
2	乙烷	C_2H_6	2.40×10^2	0.04	*
3	丙烷	C_3H_8	7.20×10^2	0.13	*
4	丙烯	C_3H_6	2.21×10^3	0.41	*
5	异丁烷	C_4H_{10}	3.07×10^4	5.63	*
6	丁烷	C_4H_{10}	8.30×10^4	15.21	
7	反-2-丁烯	C_4H_8	2.74×10^4	5.02	*
8	1-丁烯	C_4H_8	4.67×10^3	0.86	*
9	异丁烯	C_4H_8	2.78×10^3	0.51	
10	顺-2-丁烯	C_4H_8	1.46×10^4	2.68	*
11	2-戊烯	C_5H_{10}	1.50×10^3	0.27	
12	异戊烷	C_5H_{12}	1.59×10^5	29.18	*
13	1-戊烯	C_5H_{10}	2.53×10^3	0.46	*
14	戊烷	C_5H_{12}	3.28×10^4	6.01	
15	(E)-2-戊烯	C_5H_{10}	8.53×10^3	1.56	
16	(Z)-2-戊烯	C_5H_{10}	6.33×10^3	1.16	*
17	2-甲基-2-丁烯	C_5H_{10}	2.23×10^4	4.09	
18	2,3-二甲基丁烷	C_6H_{14}	6.36×10^3	1.17	
19	2,2-二甲基丁烷	C_6H_{14}	5.00×10^3	0.92	
20	3-甲基-1-戊烯	C_6H_{12}	7.75×10^1	0.01	*
21	4-甲基-1-戊烯	C_6H_{12}	3.61×10^2	0.07	

续上表

序号	化合物名称	分子式	体积浓度检测结果（μmol/mol）	归一化浓度（v%）	备注
22	3-甲基-1-戊烯	C_6H_{12}	6.20×10^2	0.11	
23	2-甲基戊烷	C_6H_{12}	1.25×10^4	2.29	
24	2,3-二甲基二丁烯	C_6H_{12}	2.84×10^3	0.52	
25	环戊烷	C_5H_{10}	2.27×10^3	0.42	
26	3-甲基戊烷	C_6H_{14}	2.13×10^4	3.91	
27	环己烷	C_6H_{12}	1.27×10^3	0.23	
28	正己烷	C_6H_{14}	6.48×10^3	1.19	
29	3-己烯	C_6H_{12}	1.65×10^3	0.30	
30	（E）-3-己烯	C_6H_{12}	2.94×10^3	0.54	
31	4-甲基-2-戊烯	C_6H_{12}	2.48×10^3	0.45	
32	3-甲基-2-戊烯	C_6H_{12}	1.68×10^3	0.31	
33	2-己烯	C_6H_{12}	1.03×10^3	0.19	
34	3-甲基环戊烯	C_6H_{10}	3.87×10^2	0.07	
35	3-甲基-2-戊烯	C_6H_{12}	2.97×10^3	0.54	
36	2,4-二甲基戊烷	C_7H_{16}	2.01×10^3	0.37	
37	甲基环戊烷	C_7H_{14}	6.66×10^3	1.22	
38	2,2,3-三甲基丁烷	C_7H_{16}	2.32×10^2	0.04	
39	2,4-二甲基-1-戊烯	C_7H_{14}	7.75×10^1	0.01	
40	3,4-二甲基2-戊烯	C_7H_{14}	3.10×10^2	0.06	
41	2-甲基-1,4-戊二烯	C_6H_{10}	2.09×10^3	0.38	
42	2-甲基己烷	C_7H_{16}	4.55×10^3	0.83	
43	4-甲基-2-己烯	C_7H_{14}	1.55×10^2	0.03	
44	2,3-二甲基戊烷	C_7H_{16}	2.43×10^3	0.45	
45	3-甲基己烷	C_7H_{16}	4.21×10^3	0.77	
46	1,1-二甲基环戊烷	C_7H_{14}	1.55×10^2	0.03	
47	环庚烷	C_7H_{14}	1.03×10^2	0.02	
48	苯	C_6H_6	1.96×10^3	0.36	
49	叔戊基甲基醚	$C_6H_{14}O$	1.21×10^4	2.23	
50	1,3-二甲基环戊烷	C_7H_{14}	1.14×10^3	0.21	
51	1,2-二甲基环戊烷	C_7H_{14}	5.68×10^2	0.10	
52	庚烷	C_7H_{16}	2.20×10^3	0.40	
53	2-甲基-2 己烯	C_7H_{14}	8.26×10^2	0.15	

续上表

序号	化合物名称	分子式	体积浓度检测结果 ($\mu mol/mol$)	归一化浓度 ($v\%$)	备注
54	4,4-二甲基环戊烯	C_7H_{12}	8.01×10^2	0.15	
55	1,5-二甲基环戊烯	C_7H_{12}	4.65×10^2	0.09	
56	3-甲基-2-己烯	C_7H_{14}	3.62×10^2	0.07	
57	2-乙基-3-甲基-1-丁烯	C_7H_{14}	2.58×10^2	0.05	
58	3,5-二甲基环戊烯	C_7H_{12}	1.81×10^2	0.03	
59	2,5-二甲基己烷	C_8H_{18}	7.49×10^2	0.14	
60	甲基环己烷	C_7H_{14}	2.32×10^3	0.43	
61	2,2,3-三甲基戊烷	C_8H_{18}	2.32×10^2	0.04	
62	乙基环戊烷	C_7H_{14}	4.91×10^2	0.09	
63	1,2,4-三甲基环戊烷	C_8H_{16}	2.32×10^2	0.04	
64	1,2,3-三甲基环戊烷	C_8H_{16}	2.40×10^3	0.44	
65	2,3,3-三甲基戊烷	C_8H_{18}	3.72×10^3	0.68	
66	4-甲基庚烷	C_8H_{18}	3.36×10^2	0.06	
67	3-甲基庚烷	C_8H_{18}	8.26×10^2	0.15	
68	1,1,2-三甲基环戊烷	C_8H_{16}	2.07×10^2	0.04	
69	2,3-二甲氧基-2-甲基丁烷	$C_7H_{16}O_2$	4.39×10^2	0.08	
70	2,2,4-三甲基己烷	C_9H_{20}	1.81×10^2	0.03	
71	1,2,4-三甲基环戊烷	C_8H_{16}	1.81×10^2	0.03	
72	顺-1,3-二甲基环己烷	C_8H_{16}	2.58×10^2	0.05	
73	甲苯	C_7H_8	7.77×10^3	1.43	
74	辛烷	C_8H_{18}	6.20×10^2	0.11	
75	顺-1,2-二甲基环己烷	C_8H_{16}	1.55×10^2	0.03	
76	反-1,3-二甲基环己烷	C_8H_{16}	2.58×10^2	0.05	
77	4-甲基辛烷	C_9H_{20}	2.32×10^2	0.04	
78	3-甲基辛烷	C_9H_{20}	1.29×10^2	0.02	
79	乙苯	C_8H_{10}	7.49×10^2	0.14	
80	壬烷	C_9H_{20}	7.75×10^1	0.01	
81	二甲苯	C_8H_{10}	3.65×10^3	0.67	
82	1,2,3-三甲苯	C_9H_{12}	6.46×10^2	0.12	
83	正葵烷	$C_{10}H_{22}$	3.10×10^2	0.06	
84	1,2,4-三甲苯	C_9H_{12}	2.84×10^2	0.05	
85	1-乙基-4-甲基苯	C_9H_{12}	2.32×10^2	0.04	

续上表

序号	化合物名称	分子式	体积浓度检测结果（μmol/mol）	归一化浓度（v%）	备注
86	1,2,3-三甲苯	C_9H_{12}	1.08×10^3	0.20	
87	1,3,5-三甲苯	C_9H_{12}	3.10×10^2	0.06	
88	1-甲基-3-丙基苯	$C_{10}H_{14}$	1.55×10^2	0.03	
89	茚	C_9H_8	1.29×10^2	0.02	

柴油（产地中石油）上方气 VOCs 定性定量分析结果　　附表 27

序号	化合物名称	分子式	体积浓度检测结果（μmol/mol）	归一化浓度（v%）	备注
1	甲烷	CH_4	1.42	0.58	*
2	乙烷	C_2H_6	8.29×10^{-1}	0.34	*
3	丙烷	C_3H_8	3.50	1.42	*
4	异丁烷	C_4H_{10}	7.90	3.20	*
5	丁烷	C_4H_{10}	1.63×10^1	6.61	*
6	新戊烷	C_5H_{12}	2.70	1.09	
7	异戊烷	C_5H_{12}	2.42×10^1	9.81	*
8	戊烷	C_5H_{12}	7.10	2.88	*
9	2,2-二甲基丁烷	C_6H_{14}	4.00×10^{-1}	0.16	
10	2-甲基戊烷	C_6H_{14}	3.90	1.58	*
11	环戊烷	C_5H_{10}	6.00×10^{-1}	0.24	
12	3-甲基戊烷	C_6H_{14}	2.50	1.01	*
13	正己烷	C_6H_{14}	3.20	1.30	*
14	2,2-二甲基戊烷	C_7H_{16}	2.57×10^{-1}	0.10	
15	2,4-二甲基戊烷	C_7H_{16}	4.44×10^{-1}	0.18	
16	甲基环戊烷	C_6H_{12}	2.00	0.81	*
17	3,3-二甲基戊烷	C_7H_{14}	9.34×10^{-1}	0.04	
18	2-甲基己烷	C_7H_{16}	1.47	0.60	
19	环己烷	C_6H_{12}	1.80	0.73	*
20	3-甲基己烷	C_7H_{16}	1.71	0.69	
21	1,1-二甲基环戊烷	C_7H_{14}	9.34×10^{-2}	0.04	
22	苯	C_6H_6	2.36	0.96	
23	1,3-二甲基环戊烷	C_7H_{14}	4.91×10^{-1}	0.20	
24	庚烷	C_7H_{14}	4.27	1.73	
25	1,1,3-三甲基环戊烷	C_8H_{16}	6.77×10^{-1}	0.27	

续上表

序号	化合物名称	分子式	体积浓度检测结果（μmol/mol）	归一化浓度（v%）	备注
26	甲基环己烷	C_7H_{14}	6.19	2.51	
27	乙基环戊烷	C_7H_{14}	1.14	0.46	
28	1,2,4-三甲基环戊烷	C_8H_{16}	5.14×10^{-1}	0.21	
29	1,2,3-三甲基环戊烷	C_8H_{16}	4.91×10^{-1}	0.20	
30	2-甲基庚烷	C_8H_{18}	1.24	0.50	
31	4-甲基庚烷	C_8H_{18}	4.20×10^{-1}	0.17	
32	3-甲基庚烷	C_8H_{18}	1.24	0.50	
33	1,1,2-三甲基环戊烷	C_8H_{16}	2.80×10^{-1}	0.11	
34	1,3-二甲基环己烷 cis	C_8H_{16}	2.71	1.10	
35	1,4-二甲基环己烷	C_8H_{16}	8.64×10^{-1}	0.35	
36	甲苯	C_7H_8	5.16	2.09	
37	辛烷	C_8H_{18}	5.70	2.31	
38	顺-1,2-二甲基环己烷	C_8H_{16}	4.91×10^{-1}	0.20	
39	（E)-2,3-二甲基-3-己烯	C_8H_{16}	1.87×10^{-1}	0.08	
40	反-1,2-二甲基环己烷	C_8H_{16}	1.24	0.50	
41	反-1,3-二甲基环己烷	C_8H_{16}	1.92	0.78	
42	2,6-二甲基庚烷	C_9H_{20}	6.31×10^{-1}	0.26	
43	1,1,2-三甲基环己烷	C_9H_{18}	7.71×10^{-1}	0.31	
44	反-1,2-二甲基环己烷	C_8H_{16}	4.44×10^{-1}	0.18	
45	乙基环己烷	C_8H_{16}	1.54	0.63	
46	1,1,3-三甲基环己烷	C_9H_{18}	1.10	0.45	
47	2,3-二甲基庚烷	C_9H_{20}	6.07×10^{-1}	0.25	
48	4-甲基辛烷	C_9H_{20}	1.82	0.74	
49	1,3,5-三甲基环己烷	C_9H_{18}	7.94×10^{-1}	0.32	
50	3-甲基辛烷	C_9H_{20}	1.33	0.54	
51	乙苯	C_8H_{10}	2.55	1.03	
52	壬烷	C_9H_{20}	5.33	2.16	
53	间二甲苯	C_8H_{10}	8.55	3.47	
54	顺-1-乙基-3-甲基环己烷	C_9H_{18}	1.03	0.42	
55	3,5-二甲基-3-庚烯	C_9H_{18}	4.44×10^{-1}	0.18	
56	2,6-二甲基辛烷	$C_{10}H_{22}$	9.58×10^{-1}	0.39	
57	丙基环己烷	C_9H_{18}	2.10	0.85	

续上表

序号	化合物名称	分子式	体积浓度检测结果（μmol/mol）	归一化浓度（v%）	备注
58	1-甲基-3-乙基苯	C_9H_{12}	5.37×10^{-1}	0.22	
59	1,1,2,3-四甲基环己烷	$C_{10}H_{20}$	7.94×10^{-1}	0.32	
60	1,2,3-三甲苯	C_9H_{12}	2.52	1.02	
61	正癸烷	$C_{10}H_{22}$	6.96	2.82	
62	1,2,4-三甲苯	C_9H_{12}	2.22	0.90	
63	1-乙基-4-甲基苯	C_9H_{12}	1.59	0.64	
64	1,3,5-三甲苯	C_9H_{12}	4.48	1.82	
65	1-乙基-3,5-二甲基苯	$C_{10}H_{14}$	3.06	1.24	
66	正十一烷	$C_{11}H_{24}$	8.25	3.34	
67	正十二烷	$C_{12}H_{26}$	4.62	1.88	
68	1-烯丙基-2-甲苯	$C_{10}H_{12}$	2.55	1.03	
69	1,2,3,4-四氢萘	$C_{10}H_{12}$	3.22	1.31	

汽油上方气 VOCs 定性定量分析结果　　　　　　　　　　　　　　附表 28

序号	化合物名称	分子式	体积浓度检测结果（μmol/mol）	归一化浓度（v%）	备注
1	乙烷	C_2H_6	1.02×10^2	0.02	*
2	丙烷	C_3H_8	3.95×10^3	0.72	*
3	异丁烷	C_4H_{10}	1.40×10^4	2.54	*
4	丁烷	C_4H_{10}	3.46×10^4	6.28	*
5	反 2-丁烯	C_4H_8	1.15×10^4	2.09	*
6	1-丁烯	C_4H_8	2.82×10^3	0.51	*
7	异丁烯	C_4H_8	1.61×10^3	0.29	
8	顺 2-丁烯	C_4H_8	7.58×10^3	1.38	*
9	2-戊烯	C_5H_{10}	2.73×10^3	0.50	
10	异戊烷	C_5H_{12}	1.87×10^5	34.02	*
11	1-戊烯	C_5H_{10}	3.57×10^3	0.65	
12	戊烷	C_5H_{12}	4.74×10^4	8.61	*
13	(E)-2-戊烯	C_5H_{10}	8.43×10^3	1.53	
14	(Z)-2-戊烯	C_5H_{10}	3.69×10^3	0.67	
15	2 甲基-2-丁烯	C_5H_{10}	1.82×10^4	3.31	
16	2,2-二甲基丁烷	C_6H_{14}	5.88×10^3	1.07	*
17	1,1-二甲基环丙烷	C_5H_{10}	3.94×10^3	0.72	

续上表

序号	化合物名称	分子式	体积浓度检测结果 ($\mu mol/mol$)	归一化浓度 ($v\%$)	备注
18	1,2-二甲基环丙烷	C_5H_{10}	3.69×10^3	0.67	
19	顺-1,2-二甲基环丙烷	C_5H_{10}	7.89×10^3	1.43	
20	4-甲基-1-戊烯	C_6H_{12}	5.06×10^2	0.09	*
21	3-甲基-1-戊烯	C_6H_{12}	8.99×10^2	0.16	
22	2-甲基戊烷	C_6H_{14}	1.46×10^4	2.65	*
23	2,3-二甲基-2-丁烯	C_6H_{12}	2.92×10^3	0.53	
24	环戊烷	C_5H_{10}	3.58×10^3	0.65	*
25	3-甲基戊烷	C_6H_{14}	2.65×10^4	4.81	*
26	环己烷	C_6H_{12}	2.65×10^4	4.81	*
27	正己烷	C_6H_{14}	9.89×10^3	1.80	*
28	3-己烯	C_6H_{12}	1.63×10^3	0.30	
29	(E)-3-己烯	C_6H_{12}	2.47×10^3	0.45	
30	4-甲基-2-戊烯	C_6H_{12}	2.53×10^3	0.46	
31	3-甲基-2-戊烯	C_6H_{12}	1.71×10^3	0.31	
32	2-己烯	C_6H_{12}	1.01×10^3	0.18	
33	3-甲基环戊烯	C_6H_{10}	6.74×10^2	0.12	
34	3-甲基-2-戊烯	C_6H_{10}	3.54×10^3	0.64	
35	2,4-二甲基戊烷	C_7H_{16}	1.74×10^3	0.32	
36	甲基环戊烷	C_6H_{12}	5.72×10^3	1.04	*
37	2,2,3-三甲基丁烷	C_7H_{16}	1.69×10^2	0.03	
38	2,4-二甲基-1-戊烯	C_7H_{14}	8.43×10^1	0.02	
39	3,4-二甲基-2-戊烯	C_7H_{14}	2.81×10^2	0.05	
40	3,3-二甲基戊烷	C_7H_{16}	4.78×10^2	0.09	
41	2-甲基-1,4-戊二烯	C_6H_{10}	2.39×10^3	0.43	
42	2-甲基己烷	C_7H_{16}	4.35×10^3	0.79	
43	4-甲基-2-己烯	C_7H_{14}	1.97×10^2	0.04	
44	2,3-二甲基戊烷	C_7H_{16}	2.84×10^3	0.52	
45	3-甲基己烷	C_7H_{16}	4.27×10^3	0.78	
46	1,1-二甲基环戊烷	C_7H_{14}	1.97×10^2	0.04	
47	环庚烷	C_7H_{14}	8.43×10^1	0.02	
48	苯	C_6H_6	2.73×10^3	0.50	
49	叔戊基甲基醚	$C_6H_{14}O$	1.24×10^4	2.26	

续上表

序号	化合物名称	分子式	体积浓度检测结果（μmol/mol）	归一化浓度（v%）	备注
50	1,3-二甲基环戊烷	C_7H_{14}	$1.29×10^3$	0.23	
51	1,2-二甲基环戊烷	C_7H_{14}	$6.18×10^2$	0.11	
52	庚烷	C_7H_{16}	$2.28×10^3$	0.41	
53	2甲基-2己烯	C_7H_{14}	$7.02×10^2$	0.13	
54	4,4-二甲基环戊烯	C_7H_{12}	$7.87×10^2$	0.14	
55	1,5-二甲基环戊烯	C_7H_{12}	$5.34×10^2$	0.10	
56	3-甲基-2-己烯	C_7H_{14}	$3.09×10^2$	0.06	
57	2-乙基-3-甲基-1-丁烯	C_8H_{16}	$1.97×10^2$	0.04	
58	3,5-二甲基环戊烯	C_7H_{12}	$2.25×10^2$	0.04	
59	2,5-二甲基己烷	C_8H_{18}	$4.21×10^2$	0.08	
60	1,2-二甲基环戊烷	C_7H_{14}	$8.99×10^2$	0.16	
61	甲基环己烷	C_7H_{14}	$1.26×10^3$	0.23	
62	2,2,3-三甲基戊烷	C_8H_{18}	$1.69×10^2$	0.03	
63	乙基环戊烷	C_7H_{14}	$4.78×10^2$	0.09	
64	1,2,4-三甲基环戊烷	C_8H_{16}	$2.25×10^2$	0.04	
65	1,2,3-三甲基环戊烷	C_8H_{16}	$1.32×10^3$	0.24	
66	2,3,3-三甲基戊烷	C_8H_{18}	$2.56×10^3$	0.46	
67	4-甲基庚烷	C_8H_{18}	$2.53×10^2$	0.05	
68	3-甲基庚烷	C_8H_{18}	$5.34×10^2$	0.10	
69	1,1,2-三甲基环戊烷	C_8H_{16}	$1.40×10^2$	0.03	
70	2,2,4-三甲基己烷	C_9H_{20}	$3.37×10^2$	0.06	
71	顺-1,3-二甲基环己烷	C_8H_{16}	$2.53×10^2$	0.05	
72	甲苯	C_7H_8	$1.08×10^4$	1.97	
73	反-1,3-二甲基环己烷	C_8H_{16}	$2.81×10^2$	0.05	
74	4-甲基辛烷	C_9H_{20}	$1.12×10^2$	0.02	
75	3-甲基辛烷	C_9H_{20}	$8.43×10^1$	0.02	
76	乙苯	C_8H_{10}	$5.62×10^2$	0.10	
77	二甲苯	C_8H_{10}	$3.04×10^3$	0.55	
78	丙基苯	C_9H_{12}	$1.12×10^2$	0.02	
79	1,2,3-三甲苯	C_9H_{12}	$4.21×10^2$	0.08	
80	正癸烷	$C_{10}H_{22}$	$1.97×10^2$	0.04	
81	1,2,4-三甲苯	C_9H_{12}	$1.69×10^2$	0.03	
82	1,3,5-三甲苯	C_9H_{12}	$6.46×10^2$	0.12	

柴油上方气 VOCs 定性定量分析结果　　附表 29

序号	化合物名称	分子式	体积浓度检测结果（μmol/mol）	归一化浓度（v%）	备注
1	甲烷	CH_4	3.40	1.02	*
2	乙烷	C_2H_6	2.00	0.60	*
3	丙烷	C_3H_8	4.20	1.26	*
4	异丁烷	C_4H_{10}	7.80	2.34	*
5	丁烷	C_4H_{10}	1.52×10^1	4.56	*
6	新戊烷	C_5H_{12}	1.10	0.33	
7	1-丁烯	C_4H_8	7.00×10^{-1}	0.21	*
8	异戊烷	C_5H_{12}	3.57×10^1	10.70	*
9	戊烷	C_5H_{12}	1.86×10^1	5.58	*
10	2-戊烯	C_5H_{10}	1.40	0.42	
11	2-戊烯 cis	C_5H_{10}	5.00×10^{-1}	0.15	
12	1,2-二甲基环丙烷	C_5H_{10}	5.00×10^{-1}	0.15	
13	2,2-二甲基丁烷	C_6H_{14}	7.00×10^{-1}	0.21	*
14	2-甲基戊烷	C_6H_{14}	1.02×10^1	3.06	*
15	环戊烷	C_5H_{10}	2.90	0.87	*
16	3-甲基戊烷	C_6H_{14}	6.40	1.92	*
17	正己烷	C_6H_{14}	1.12×10^1	3.36	*
18	2,2-二甲基戊烷	C_7H_{16}	3.05×10^{-1}	0.09	
19	2,4-二甲基戊烷	C_7H_{16}	7.02×10^{-1}	0.21	
20	甲基环戊烷	C_6H_{12}	9.10	2.73	*
21	3,3-二甲基戊烷	C_7H_{16}	1.53×10^{-1}	0.05	
22	2-甲基己烷	C_7H_{16}	4.79	1.44	
23	环己烷	C_6H_{12}	1.09×10^1	3.27	*
24	3-甲基己烷	C_7H_{16}	5.43	1.63	
25	1,1-二甲基环戊烷	C_7H_{14}	5.49×10^{-1}	0.16	
26	苯	C_6H_6	3.14	0.94	
27	1,3-二甲基环戊烷	C_7H_{14}	3.30	0.99	
28	顺-1,3-二甲基环戊烷	C_7H_{14}	1.92	0.58	
29	庚烷	C_7H_{16}	8.94	2.68	
30	甲基环己烷	C_7H_{14}	2.22×10^1	6.64	
31	乙基环戊烷	C_7H_{14}	2.56	0.77	
32	1,2,4-三甲基环戊烷	C_8H_{16}	1.16	0.35	

续上表

序号	化合物名称	分子式	体积浓度检测结果（μmol/mol）	归一化浓度（v%）	备注
33	1,2,3-三甲基环戊烷	C_8H_{16}	1.07	0.32	
34	2-甲基庚烷	C_8H_{18}	4.00	1.20	
35	4-甲基庚烷	C_8H_{18}	1.22	0.37	
36	3-甲基庚烷	C_8H_{18}	2.81	0.84	
37	1,1,2-三甲基环戊烷	C_8H_{16}	7.63×10^{-1}	0.23	
38	顺-1,3-二甲基环己烷	C_8H_{16}	4.58	1.37	
39	1,4-二甲基环己烷	C_8H_{16}	1.65	0.49	
40	甲苯	C_7H_8	8.67	2.60	
41	辛烷	C_8H_{18}	3.17	0.95	
42	顺-1,2-二甲基环己烷	C_8H_{16}	1.13	0.34	
43	2,3-二甲基-3-己烯 Z	C_8H_{16}	4.27×10^{-1}	0.13	
44	反-1,2-二甲基环己烷	C_8H_{16}	2.14	0.64	
45	反-1,3-二甲基环己烷	C_8H_{16}	2.87	0.86	
46	2,6-二甲基庚烷	C_9H_{20}	7.93×10^{-1}	0.24	
47	1,1,2-三甲基环己烷	C_9H_{18}	8.85×10^{-1}	0.27	
48	反-1,2-二甲基环己烷	C_8H_{16}	5.19×10^{-1}	0.16	
49	乙基环己烷	C_8H_{16}	2.35	0.70	
50	1,1,3-三甲基环己烷	C_9H_{18}	1.25	0.38	
51	2,3-二甲基庚烷	C_9H_{20}	8.24×10^{-1}	0.25	
52	4-甲基辛烷	C_9H_{20}	2.14	0.64	
53	1,3,5-三甲基环己烷	C_9H_{18}	1.04	0.31	
54	3-甲基辛烷	C_9H_{20}	1.68	0.50	
55	乙苯	C_7H_8	2.78	0.83	
56	壬烷	C_9H_{20}	4.27	1.28	
57	二甲苯	C_8H_{10}	8.61	1.95	
58	顺-1-乙基-3甲基环己烷	C_9H_{18}	1.07	0.95	
59	3,5-二甲基-3庚烯	C_9H_{18}	3.36×10^{-1}	0.10	
60	2,6-二甲基辛烷	$C_{10}H_{22}$	1.16	0.35	
61	丙基环己烷	C_9H_{18}	9.46×10^{-1}	0.28	
62	1-甲基-3乙基苯	C_9H_{12}	2.44×10^{-1}	0.07	
63	1,1,2,3-四甲基环己烷	$C_{10}H_{22}$	4.58×10^{-1}	0.14	
64	1,2,3-三甲苯	C_9H_{12}	8.85×10^{-1}	0.27	

续上表

序号	化合物名称	分子式	体积浓度检测结果（μmol/mol）	归一化浓度（v%）	备注
65	正癸烷	$C_{10}H_{22}$	3.14	0.94	
66	1,2,4-三甲苯	C_9H_{12}	1.83×10^{-1}	0.05	
67	1-乙基-4-甲基苯	C_9H_{12}	1.59	0.48	
68	1,3,5-三甲苯	C_9H_{12}	3.94	1.18	
69	1,2,3-三甲苯	C_9H_{12}	2.14	0.64	
70	1-乙基-3,5-二甲基苯	$C_{10}H_{14}$	2.11	0.63	
71	正十一烷	$C_{11}H_{24}$	4.97	1.49	
72	正十二烷	$C_{12}H_{26}$	1.98	0.59	
73	1-烯丙基-2-甲苯	$C_{10}H_{12}$	1.13	0.34	
74	1,2,3,4-四氢萘	$C_{10}H_{12}$	1.53	0.46	

航煤上方气 VOCs 定性定量分析结果　　　　　　　　附表 30

序号	化合物名称	分子式	体积浓度检测结果（μmol/mol）	归一化浓度（v%）	备注
1	甲烷	CH_4	3.80×10^1	0.37	*
2	乙烷	C_2H_6	7.53×10^1	0.74	*
3	丙烷	C_3H_8	5.73×10^1	0.56	*
4	异丁烷	C_4H_{10}	3.74×10^1	0.37	*
5	丁烷	C_4H_{10}	6.48×10^1	0.64	*
6	新戊烷	C_5H_{12}	5.00	0.05	
7	1-丁烯	C_4H_8	3.00	0.03	*
8	异戊烷	C_5H_{12}	1.53×10^2	1.51	*
9	戊烷	C_5H_{12}	1.71×10^2	1.68	
10	(Z)-2-戊烯	C_5H_{10}	4.00	0.04	
11	1,2-二甲基环丙烷	C_5H_{10}	1.00	0.01	
12	2,2-二甲基丁烷	C_6H_{14}	5.00	0.05	*
13	2-甲基戊烷	C_6H_{14}	7.38×10^1	0.72	*
14	环戊烷	C_5H_{10}	2.13×10^1	0.21	
15	3-甲基戊烷	C_6H_{14}	3.98×10^1	0.39	*
16	正己烷	C_6H_{14}	1.41×10^2	1.38	*
17	2,4-二甲基戊烷	C_7H_{16}	5.98	0.06	
18	甲基环戊烷	C_6H_{12}	6.64×10^1	0.65	*
19	2-甲基己烷	C_7H_{16}	9.17×10^1	0.90	

续上表

序号	化合物名称	分子式	体积浓度检测结果（$\mu mol/mol$）	归一化浓度（$v\%$）	备注
20	环己烷	C_6H_{12}	5.53×10^1	0.54	*
21	3-甲基己烷	C_7H_{16}	1.37×10^2	1.34	
22	1,3-二甲基环戊烷	C_7H_{14}	7.97×10^1	0.78	
23	顺1,3-二甲基环戊烷	C_7H_{14}	3.79×10^1	0.37	
24	庚烷	C_7H_{16}	3.93×10^2	3.85	
25	甲基环己烷	C_7H_{14}	3.94×10^2	3.86	
26	乙基环戊烷	C_7H_{14}	7.97×10^1	0.78	
27	1,2,4-三甲基戊烷	C_8H_{18}	5.08×10^1	0.50	
28	1,2,3-三甲基环戊烷	C_8H_{16}	5.08×10^1	0.50	
29	2,3-二甲基正己烷	C_8H_{18}	2.89×10^1	0.28	
30	2-甲基庚烷	C_8H_{18}	2.45×10^2	2.41	
31	4-甲基庚烷	C_8H_{18}	9.17×10^1	0.90	
32	3-甲基庚烷	C_8H_{18}	1.91×10^2	1.88	
33	3-乙基己烷	C_8H_{18}	4.09×10^1	0.40	
34	1,1,4-三甲基环己烷	C_9H_{18}	1.59×10^1	0.16	
35	顺-1,3-二甲基环己烷	C_8H_{16}	1.71×10^2	1.68	
36	1,4-二甲基环己烷	C_8H_{16}	6.58×10^1	0.65	
37	甲苯	C_7H_8	2.68×10^2	2.63	
38	辛烷	C_8H_{18}	5.98×10^2	5.87	
39	顺-1,2-二甲基环己烷	C_8H_{16}	7.77×10^1	0.76	
40	反-1,2-二甲基环己烷	C_8H_{16}	7.47×10^1	0.73	
41	反-1,3-二甲基环己烷	C_8H_{16}	8.87×10^1	0.87	
42	2,4-二甲基己烷	C_8H_{18}	2.29×10^1	0.23	
43	2,6-二甲基庚烷	C_9H_{20}	7.37×10^1	0.72	
44	3,5-二甲基己烷	C_8H_{18}	7.37×10^1	0.72	
45	3,5-二甲基己烷	C_8H_{18}	2.39×10^1	0.23	
46	1,1,2-三甲基环己烷	C_9H_{18}	5.48×10^1	0.54	
47	1,2-二甲基环己烷	C_8H_{16}	2.89×10^1	0.28	
48	乙基环己烷	C_8H_{18}	1.26×10^2	1.23	
49	1,1,3-三甲基环己烷	C_9H_{18}	1.43×10^2	1.41	
50	2,3-二甲基庚烷	C_9H_{20}	7.57×10^1	0.74	
51	4-甲基辛烷	C_9H_{20}	1.99×10^2	1.96	

续上表

序号	化合物名称	分子式	体积浓度检测结果（μmol/mol）	归一化浓度（v%）	备注
52	1,3,5-三甲基环己烷	C_9H_{18}	4.28×10^1	0.42	
53	3-甲基辛烷	C_9H_{20}	1.44×10^2	1.42	
54	乙苯	C_8H_{10}	1.54×10^2	1.52	
55	壬烷	C_9H_{20}	4.59×10^2	4.51	
56	二甲苯	C_8H_{10}	4.96×10^2	4.87	
57	顺-1-乙基-3-甲基环己烷	C_9H_{18}	7.87×10^1	0.77	
58	2,6-二甲基辛烷	$C_{10}H_{22}$	1.04×10^2	1.02	
59	4-甲基壬烷	C_8H_{18}	7.57×10^1	0.74	
60	2-甲基壬烷	C_8H_{18}	6.98×10^1	0.68	
61	3-甲基壬烷	C_8H_{18}	7.47×10^1	0.73	
62	正癸烷	$C_{10}H_{22}$	4.95×10^2	4.86	
63	1-乙基-4-甲基苯	C_9H_{12}	1.07×10^2	1.05	
64	1,3,5-三甲苯	C_9H_{12}	1.78×10^2	1.75	
65	5-甲基癸烷	$C_{11}H_{24}$	8.37×10^1	0.82	
66	4-甲基癸烷	$C_{11}H_{24}$	5.18×10^1	0.51	
67	2-甲基癸烷	$C_{11}H_{24}$	4.78×10^1	0.47	
68	1,2,3-三甲苯	C_9H_{12}	1.12×10^2	1.10	
69	1,4-二乙基苯	$C_{10}H_{14}$	3.29×10^1	0.32	
70	1-甲基-3-丙基苯	$C_{10}H_{14}$	4.98×10^1	0.49	
71	1,2-二乙基苯	$C_{10}H_{14}$	8.67×10^1	0.85	
72	正十一烷	$C_{11}H_{24}$	2.60×10^2	2.55	
73	1-甲基-4-乙基苯	C_9H_{12}	6.68×10^1	0.66	
74	2-乙基-1,4-二甲基苯	$C_{10}H_{14}$	6.38×10^1	0.63	
75	1-乙基-2,4-二甲基苯	$C_{10}H_{14}$	7.77×10^1	0.76	
76	2-乙基-1,3-二甲基苯	$C_{10}H_{14}$	5.68×10^1	0.56	
77	1-乙烯基-3-乙基苯	$C_{10}H_{12}$	4.48×10^1	0.44	
78	4-乙基-1,2-二甲基苯	$C_{10}H_{14}$	5.88×10^1	0.58	
79	正十二烷	$C_{12}H_{26}$	6.68×10^1	0.66	
80	1,2,3,4-四甲苯	$C_{10}H_{14}$	4.38×10^1	0.43	

沥青混合物上方气 VOCs 定性定量分析结果　　　　附表31

序号	化合物名称	分子式	体积浓度检测结果（μmol/mol）	归一化浓度（v%）	备注
1	甲烷	CH_4	3.92×10^3	2.16	*

续上表

序号	化合物名称	分子式	体积浓度检测结果（μmol/mol）	归一化浓度（v%）	备注
2	乙烷	C_2H_6	9.53×10^3	5.25	*
3	丙烷	C_3H_8	3.98×10^4	21.93	*
4	异丁烷	C_4H_{10}	1.76×10^4	9.68	*
5	丁烷	C_4H_{10}	3.95×10^4	21.75	*
6	新戊烷	C_5H_{12}	2.01×10^2	0.11	*
7	2-丁烯	C_4H_8	2.51×10^1	0.01	*
8	异戊烷	C_5H_{12}	1.62×10^4	8.92	*
9	1-戊烯	C_5H_{10}	2.51×10^1	0.01	
10	戊烷	C_5H_{12}	1.70×10^4	9.37	*
11	2-甲基-2-丁烯	C_5H_{12}	3.34×10^1	0.02	
12	2-甲基-1-丁烯	C_5H_{12}	5.85×10^1	0.03	
13	2,2-二甲基丁烷	C_6H_{14}	3.93×10^2	0.22	
14	2-甲基戊烷	C_6H_{14}	3.85×10^3	2.12	*
15	环戊烷	C_5H_{10}	1.17×10^3	0.64	*
16	3-甲基戊烷	C_6H_{14}	2.60×10^3	1.43	*
17	正己烷	C_6H_{14}	5.31×10^3	2.92	*
18	2,2-二甲基戊烷	C_7H_{16}	1.50×10^2	0.08	
19	2,4-二甲基戊烷	C_7H_{16}	3.18×10^2	0.17	
20	甲基环戊烷	C_6H_{10}	2.44×10^3	1.34	
21	2,2,3-三甲基丁烷	C_7H_{16}	4.18×10^1	0.02	
22	3,3-二甲基戊烷	C_7H_{16}	6.69×10^1	0.04	
23	2-甲基己烷	C_7H_{16}	1.43×10^3	0.79	
24	环己烷	C_6H_{12}	1.27×10^3	0.70	*
25	3-甲基己烷	C_7H_{16}	1.58×10^3	0.87	
26	1,1-二甲基环戊烷	C_7H_{14}	2.34×10^2	0.13	
27	苯	C_6H_6	1.86×10^3	1.03	
28	1,3-二甲基环戊烷	C_7H_{14}	5.18×10^2	0.29	
29	1,2-二甲基环戊烷	C_7H_{14}	8.11×10^2	0.45	
30	庚烷	C_7H_{16}	2.47×10^3	1.36	
31	2,2-二甲基己烷	C_8H_{16}	2.51×10^1	0.01	
32	1,1,3-三甲基环戊烷	C_8H_{16}	3.43×10^2	0.19	
33	甲基环己烷	C_7H_{14}	2.62×10^3	1.44	

续上表

序号	化合物名称	分子式	体积浓度检测结果（μmol/mol）	归一化浓度（v%）	备注
34	乙基环戊烷	C_7H_{14}	$2.76×10^2$	0.15	
35	1,2,4-三甲基环戊烷	C_8H_{16}	$2.17×10^2$	0.12	
36	1,2,3-三甲基环戊烷	C_8H_{16}	$2.67×10^2$	0.15	
37	2,3-二甲基己烷	C_8H_{18}	$6.69×10^1$	0.04	
38	2-甲基庚烷	C_8H_{18}	$7.35×10^2$	0.40	
39	4-甲基庚烷	C_8H_{18}	$2.09×10^2$	0.12	
40	3-甲基庚烷	C_8H_{18}	$3.84×10^2$	0.21	
41	1,1,2-三甲基环戊烷	C_8H_{16}	$1.17×10^2$	0.06	
42	顺-1,3-二甲基环己烷	C_8H_{16}	$4.43×10^2$	0.24	
43	1,4-二甲基环己烷	C_8H_{16}	$1.59×10^2$	0.09	
44	甲苯	C_7H_8	$1.21×10^3$	0.67	
45	辛烷	C_8H_{18}	$8.19×10^2$	0.45	
46	顺-1,2-二甲基环己烷	C_8H_{16}	$2.01×10^2$	0.11	
47	(Z)-2,3-二甲基-3-己烯	C_8H_{16}	$5.01×10^1$	0.03	
48	反-1,2-二甲基环己烷	C_8H_{16}	$1.84×10^2$	0.10	
49	反-1,3-二甲基环己烷	C_8H_{16}	$1.09×10^2$	0.06	
50	2,6-二甲基庚烷	C_9H_{20}	$1.59×10^2$	0.09	
51	1,1,2-三甲基环己烷	C_9H_{18}	$5.01×10^1$	0.03	
52	反-1,2-二甲基环己烷	C_8H_{16}	$1.50×10^2$	0.08	
53	乙基环己烷	C_8H_{16}	$2.26×10^2$	0.12	
54	1,1,3-三甲基环己烷	C_9H_{18}	$2.51×10^1$	0.01	
55	2,3-二甲基庚烷	C_9H_{20}	$1.00×10^2$	0.06	
56	4-甲基辛烷	C_9H_{20}	$1.42×10^2$	0.08	
57	1,3,5-三甲基环己烷	C_9H_{18}	$4.18×10^1$	0.02	
58	3-甲基辛烷	C_9H_{20}	$1.00×10^2$	0.06	
59	乙苯	C_8H_{10}	$1.25×10^2$	0.07	
60	壬烷	C_9H_{20}	$2.42×10^2$	0.13	
61	二甲苯	C_8H_{10}	$4.68×10^2$	0.26	
62	顺-1-乙基-3-甲基环己烷	C_9H_{18}	$5.01×10^1$	0.03	
63	3,5-二甲基-3-庚烯	C_9H_{18}	$6.69×10^1$	0.04	
64	2,6-二甲基辛烷	$C_{10}H_{22}$	$5.85×10^1$	0.03	
65	2,3 二甲基辛烷	$C_{10}H_{22}$	$4.18×10^1$	0.02	

续上表

序号	化合物名称	分子式	体积浓度检测结果（μmol/mol）	归一化浓度（$v\%$）	备注
66	1,1,2,3-四甲基环己烷	$C_{10}H_{20}$	$3.34×10^1$	0.02	
67	1,2,3-三甲苯	C_9H_{12}	$4.18×10^1$	0.02	
68	正癸烷	$C_{10}H_{22}$	$1.42×10^2$	0.08	
69	1,2,4-三甲苯	C_9H_{12}	$5.01×10^1$	0.03	
70	1-乙基-4-甲基苯	C_9H_{12}	$2.51×10^1$	0.01	
71	4-甲基癸烷	$C_{11}H_{24}$	$2.51×10^1$	0.01	
72	1,3,5-三甲苯	C_9H_{12}	$7.52×10^1$	0.04	
73	丁基环己烷	$C_{10}H_{20}$	$2.51×10^1$	0.01	

参 考 文 献

[1] 李守信.挥发性有机物污染控制工程[M].北京:化学工业出版社,2017.
[2] 李守信.活性炭固定床处理VOCs设计运行管理[M].北京:化学工业出版社,2021.
[3] 邱春霞,高洁,耿红,等.码头油气回收系统关键技术[M].北京:人民交通出版社股份有限公司,2021.
[4] 陈晓珊.挥发性污染物气液两相挥发规律及对应关系研究[D].青岛:中国石油大学(华东),2016.
[5] 蔡雅雯.码头原油油气回收吸收法的技术研究[D].舟山:浙江海洋大学,2017.
[6] 国际海事组织.国际海上人命安全公约(《SOLAS公约》)[R].伦敦:国际海事组织,1974.
[7] 国际海事组织.73/78国际防止船舶造成污染公约(《MARPOL公约》)[R].伦敦:国际海事组织,1973.
[8] 生态环境部.2022年中国生态环境状况报告[R/OL].(2022-05-26)[2022-05-28]. https://www.gov.cn/xinwen/2022-05/28/content_5692799.htm.
[9] 交通运输部.2022年交通运输行业发展统计公报[R/OL].(2023-06-21)[2022-05-25]. https://www.gov.cn/xinwen/2022-05/25/content_5692174.htm.
[10] 英国石油公司.世界能源统计年鉴2022[R/OL].(2022-06-28)[2022-06-28]. https://www.bp.com/en/global/corporate/news-and-insights.
[11] 李又明.散装化学品水运与港口仓储数据手册[M].上海:同济大学出版社,2012.
[12] 梁颖.固定顶油罐油气损耗规律研究[D].西安:西安石油大学,2013.
[13] 邱春霞.我国码头油气回收发展现状分析[J].港口科技,2021(2):1-3,8.
[14] 国家环境保护局科技标准司.大气污染物综合排放标准详解[M].北京:中国环境科学出版社,1997.
[15] 国家市场监督管理总局.特种设备生产和充装单位许可规则:TSG 07—2019[S].北京:新华出版社有限责任公司,2019.
[16] 中华人民共和国国家质量监督检验检疫总局.压力管道安全技术监察规程—工业管道:TSG D0001—2009[S].北京:新华出版社有限责任公司,2009.
[17] 中华人民共和国国家质量监督检验检疫总局.固定式压力容器安全技术监察规程:TSG R0004—2009[S].北京:新华出版社有限责任公司,2009.
[18] 中华人民共和国国家卫生健康委员会.工作场所有害因素职业接触限值 第一部分:化学有害因素:GBZ 2.1—2019[S].北京:中国标准出版社,2019.
[19] 中华人民共和国卫生部.职业性接触毒害危害程度分级:GBZ 230—2010[S].北京:中国标准出版社,2010.
[20] 国家技术监督局.散装液态石油产品损耗:GB 11085—89[S].北京:中国标准出版社,1989.

[21] 国家环境保护局,国家技术监督局.恶臭污染物排放标准:GB 14554—1993[S].北京:中国标准质检出版社有限公司,1993.

[22] 中华人民共和国住房和城乡建设部,国家市场监督管理总局.油气回收处理设施技术标准:GB/T 50759—2022[S].北京:中国计划出版社有限公司,2022.

[23] 生态环境部,国家市场监督管理总局.储油库大气污染物排放标准:GB 20950—2020[S].北京:中国环境出版集团有限公司,2020.

[24] 生态环境部,国家市场监督管理总局.油品运输大气污染物排放标准:GB 20951—2020[S].北京:中国环境出版集团有限公司,2020.

[25] 生态环境部,国家市场监督管理总局.挥发性有机物无组织排放控制标准:GB 37822—2019[S].北京:中国环境出版集团有限公司,2019.

[26] 中华人民共和国交通运输部.油气化工码头设计防火规范:JTS 158—2019[S].北京:人民交通出版社股份有限公司,2019.

[27] 中华人民共和国交通运输部.码头油气回收处理设施建设技术规范:JTS/T 196—12—2023[S].北京:人民交通出版社股份有限公司,2023.

[28] 中华人民共和国交通运输部.码头油气回收船岸安全装置标准:JT/T 1333—2020[S].北京:人民交通出版社股份有限公司,2020.

[29] 中华人民共和国交通运输部.船舶油气回收安全技术要求:JT/T 1346—2020[S].北京:人民交通出版社股份有限公司,2020.

[30] 国家石油和化学工业局.石油库节能设计导则:SH/T 3002—2019[S].北京:中国石化出版社有限公司,2019.

[31] 环境保护部.固定污染源废气 总烃、甲烷和非甲烷总烃的测定气相色谱法:HJ38—2017[S].北京:中国环境出版社有限公司,2017.